Perdita Lübbe-Scheuermann
Frauke Loup
Barbara Schöning
Nadja Steffen
Kerstin Röhrs

Welpen

**Welpen richtig halten und erziehen
Hundesprache verstehen**

Kosmos

INHALT

Überlegungen vor dem Kauf ▸ 6
- 8 ▸ Eigenschaften eines Hundebesitzers
- 10 ▸ Ein neuer Lebensrhythmus beginnt
- 11 ▸ Sind Sie Welpen-Fit?
- 14 ▸ Die Wahl des richtigen Hundes

Der Welpe wird ausgesucht ▸ 20
- 21 ▸ Lassen sie sich Zeit
- 21 ▸ Ein Welpe vom Züchter
- 24 ▸ Hunde aus dem Tierheim
- 25 ▸ Welpen aus der Nachbarschaft
- 26 ▸ Vorsicht, Hundevermehrer!
- 26 ▸ Das Märchen vom »Alphahund«
- 28 ▸ Dieser Welpe soll es sein

Der Einzug rückt näher ▸ 30
- 31 ▸ Einkaufsliste
- 36 ▸ Haus und Garten welpensicher machen
- 38 ▸ Einen Namen aussuchen
- 38 ▸ Klarheit innerhalb der Familie
- 40 ▸ Hunde und Kinder
- 42 ▸ Welpen verstehen

Abholen und eingewöhnen ▸ 45
- 46 ▸ Den Welpen abholen
- 48 ▸ Zu Hause angekommen
- 49 ▸ Müder Welpe
- 50 ▸ Die ersten Tage
- 51 ▸ Hund, Katze, Nager & Co.
- 53 ▸ Spielregeln im täglichen Umgang

Das kann Ihr Welpe lernen ▸ 58
- 59 ▸ Beizeiten beginnen
- 60 ▸ Stubenreinheit
- 64 ▸ Alleine bleiben
- 67 ▸ Beißhemmung
- 68 ▸ Treppen steigen
- 69 ▸ Rein ins Leben – die ersten Spaziergänge
- 72 ▸ Warten lernen
- 72 ▸ »Hier«
- 77 ▸ »Bei« – an der lockeren Leine
- 80 ▸ »Sit«
- 83 ▸ »Platz«
- 86 ▸ »Nein« und »Aus«
- 88 ▸ Gemeinsame Outdoor-Beschäftigungen
- 92 ▸ Weniger gute Beschäftigungen

INHALT

Die Sozialisierung ▸ 93

- 95 ▸ Nutzen Sie Welpenspielstunden
- 95 ▸ Gute Welpenspielgruppen finden
- 98 ▸ Menschen aller Art
- 100 ▸ Artgenossen und andere Tiere
- 102 ▸ Auto fahren
- 102 ▸ Lärm
- 103 ▸ Unterschiedliche Bodenbeläge und Treppen

Ernährung und Pflege ▸ 104

- 105 ▸ Nährstoffbedarf
- 105 ▸ Fütterung
- 109 ▸ Körperpflege
- 113 ▸ Impfungen
- 114 ▸ Entwurmen
- 114 ▸ Äußere Parasiten

Die Mensch-Hund-Beziehung ▸ 115

- 116 ▸ Für ein harmonisches Miteinander
- 117 ▸ Wie sich Stimmungen übertragen
- 118 ▸ Gefahrenabwehr
- 119 ▸ Spaß und Grenzen

Was ist Kommunikation? ▸ 122

- 123 ▸ Nachrichtenaustausch
- 123 ▸ Biologische Systeme
- 124 ▸ Bedürfnisse des Hundes
- 125 ▸ Leben in fremden Kulturen
- 126 ▸ Lernen durch Kommunikation
- 126 ▸ Missverständnisse
- 127 ▸ Schluss mit »alten Hüten«

Informationssysteme ▸ 128

- 129 ▸ Das komplexe System
- 129 ▸ Sender, Empfänger und Information
- 130 ▸ Signale als Informationsträger
- 131 ▸ Wie Hunde Signale empfangen
- 132 ▸ Wie man funktionierende Kommunikation erkennt
- 134 ▸ Trainieren eines Signals

Wie funktioniert Kommunikation? ▸ 136

- 137 ▸ Entstehung
- 138 ▸ Gründe für Kommunikation
- 139 ▸ Das »egoistische« Gen
- 140 ▸ Fortpflanzung bei Wölfen
- 142 ▸ Entwicklung von Signalen
- 143 ▸ Signalausprägung
- 145 ▸ Ritualisierung von Signalen
- 146 ▸ Veränderung von Signalen
- 148 ▸ Täuschungssignale
- 150 ▸ Kommunikation zwischen verschiedenen Tierarten
- 152 ▸ »Games-Theory«

Der Hund – ein Rudeltier ▸ 155

- 156 ▸ Kommunikationsstrategien
- 156 ▸ Schadensvermeidung
- 159 ▸ Umgang mit Gefahr
- 159 ▸ Lernen durch Erfahrung
- 161 ▸ Bildung von Hierarchien
- 162 ▸ Begegnungen zwischen rudelfremden Tieren
- 164 ▸ Wie Welpen Hundesprache lernen
- 164 ▸ Soziale Spielregeln im Rudel
- 168 ▸ Geräusche, Nase und Körpersprache

Vom Wolf zum Hund ▸ 169

- 170 ▸ Sozialer Umgang
- 170 ▸ Verständigung
- 171 ▸ Körpersprache und Mimik
- 172 ▸ Unterschiede zwischen Wolf und Hund
- 176 ▸ Verstehen unterschiedlicher »Dialekte«
- 176 ▸ Sicheres/Unsicheres Verhalten

Hundesprache verstehen ▸ 180

- 182 ▸ Aktive Unterwerfung
- 183 ▸ Imponierverhalten
- 184 ▸ Imponierverhalten zwischen gleichgeschlechtlichen Tieren
- 184 ▸ Markieren
- 185 ▸ T-Sequenz
- 186 ▸ Offensives und defensives Verhalten
- 190 ▸ Drohverhalten
- 192 ▸ Angriff
- 194 ▸ Beschwichtigungsverhalten
- 195 ▸ Passive Demut
- 196 ▸ Spielverhalten
- 198 ▸ Die Beißhemmung
- 199 ▸ Übersprungshandlungen
- 199 ▸ Ranganmaßende Gesten
- 199 ▸ Rangzeigende Gesten

Mensch und Hund im Gespräch ▸ 200

- 201 ▸ Auf dem Weg zum Verständnis
- 202 ▸ Wo Probleme entstehen
- 202 ▸ Signalübertragung
- 204 ▸ Bedeutung von Sozialkontakten
- 204 ▸ Leben in der Gruppe
- 204 ▸ Sozialpartner Mensch
- 206 ▸ Begrüßungsrituale
- 207 ▸ Haben Hunde ein schlechtes Gewissen?
- 209 ▸ Spielverhalten
- 211 ▸ Rangordnung – Hierarchie zwischen Hunden und Menschen
- 213 ▸ Entwicklung von Rangunterschieden
- 214 ▸ Kinder und Hunde
- 215 ▸ Rangzeigende Gesten

Verständigung im Training ▸ 217

- 218 ▸ Wie Probleme entstehen
- 218 ▸ Unzureichend trainierte oder unklare Signale
- 220 ▸ Unbewusste Kommunikation beim Training
- 222 ▸ Ausüben von Druck und Bestrafung
- 222 ▸ Druck durch unbewusste Kommunikation
- 223 ▸ Druck durch bewusste Kommunikation
- 223 ▸ Rangordnung und Gehorsam
- 227 ▸ Verhaltensprobleme erkennen
- 227 ▸ Angst und Aggression
- 230 ▸ Individualdistanz
- 231 ▸ Lernen am Erfolg
- 233 ▸ Ein Wort zum Schluss

Service ▸ 234

- 234 ▸ Lexikon
- 236 ▸ Zum Weiterlesen
- 237 ▸ Nützliche Adressen
- 237 ▸ Register
- 240 ▸ Impressum

Überlegung vor dem Kauf

Überlegungen vor dem Kauf

8 ▸ Eigenschaften eines Hundebesitzers
10 ▸ Ein neuer Lebensrhythmus beginnt
11 ▸ Sind Sie Welpen-Fit?
14 ▸ Die Wahl des richtigen Hundes

Es gibt viele Gründe, einen Welpen bei sich aufzunehmen – möglicherweise soll der lang gehegte Traum nach einem Hund endlich in Erfüllung gehen oder Sie wollen Ihrem vierbeinigen Freund einen Kumpel dazugesellen. Vielleicht ist aber auch Ihr langjähriger Gefährte gestorben und Sie wünschen sich einen neuen Hund an Ihrer Seite.

Was auch immer der Grund ist, über einen Punkt sollten Sie sich im Klaren sein: Der kleine Kerl wird Ihren Alltag gehörig auf den Kopf stellen! Damit dies nicht zu einer nervenaufreibenden Angelegenheit wird, sondern eine schöne und erlebnisreiche Begebenheit, ist die richtige Vorbereitung auf das neue Familienmitglied außerordentlich wichtig.

Eigenschaften eines Hundebesitzers

▸ **Souveränität und Gelassenheit**

Mit Souveränität und Gelassenheit überzeugen wir unsere Hunde am meisten, denn sie merken, dass es sich lohnt, sich an unserer Seite aufzuhalten, sich an uns zu orientieren und sich uns vertrauensvoll anzuschließen. Souverän ist, wer signalisiert, dass er

▸ Eigenschaften eines Hundebesitzers

▸ Fünf Eigenschaften sollte ein Hundebesitzer mitbringen:

▸ Souveränität/Gelassenheit

▸ Geduld

▸ Humor

▸ Hundeverstand

▸ Konsequenz

weiß, was er tut – jemand, der die Lage im Griff hat. Damit vermittelt er dem Gegenüber Sicherheit. Ein tolles Gefühl, wenn man so jemanden bei sich hat! Und wenn derjenige auch noch schwierige Situationen gelassen meistert, ist er »anhimmelnswert«!

▸ Geduld

Geduld schont Ihre Nerven, denn hektische und ungeduldige Erziehungsversuche verwirren den Vierbeiner nur und sind nicht förderlich für das Vertrauensverhältnis. Hunde reagieren sehr sensibel auf unsere Stimmungsübertragung: Sind Sie hektisch und werden laut, wird Ihr Welpe – je nach Typ – darauf reagieren. Der eine merkt, dass der Mensch nicht Herr der Lage ist und wird ihn möglicherweise zukünftig nicht mehr ernst nehmen, der andere reagiert verunsichert.

Bleiben Sie ruhig und gelassen, auch wenn er schon das dritte Mal an diesem Tag einen kleinen See auf dem Parkett hinterlässt oder partout nicht sitzen bleibt, auch wenn Sie sich dies wünschen. Bedenken Sie, dass Ihr Welpe nichts tun wird, um Sie zu ärgern, sondern dass er es noch nicht beziehungsweise falsch gelernt hat. Vielleicht hat er auch noch nicht verstanden, was Sie von ihm wollen.

▸ Humor

Humor hilft Ihnen, die Welpenzeit positiv zu erleben. Gewähren Sie dem Vierbeiner im von Ihnen vorgegebenen Rahmen Freiheiten und genießen Sie es, über seine Albernheiten zu lachen. Doch bedenken Sie: Er merkt, dass Sie ihn beobachten und über seinen Blödsinn grinsen. Vielleicht fühlt er sich im gerade gezeigten Verhalten bestärkt. Sich über Albernheiten zu amüsieren, das schafft jeder – und wenn Sie auch noch über die zerkauten Golfschuhe lachen können, haben Sie die richtige Einstellung.

Ein Welpe hat noch viele Flausen im Kopf – nehmen Sie es mit Humor.

Hundeverstand: Eine wichtige Voraussetzung für ein zufriedenes Miteinander.

▶ Hundeverstand

Hundeverstand ist wichtig, um auf die Bedürfnisse des Hundes einzugehen und ihn zu verstehen. Hundeverstand hat nichts damit zu tun, ob und wie lange man schon Hunde hält oder hatte. Es gibt Menschen, die seit 30 Jahren Hunde halten und fast nichts über diese Geschöpfe wissen, und es gibt Menschen, die sich das erste Mal einen Hund kaufen, sich gewissenhaft darauf vorbereiten, eine natürliche Souveränität besitzen und damit jedem »alten Hasen« noch etwas vormachen.

▶ Konsequenz

Konsequenz brauchen Sie, um den Welpen mit Ihren Regeln vertraut zu machen. Wenn Sie diese klar, unmissverständlich und ohne Ausnahme aufzeigen, wird der Kleine sie ganz schnell akzeptieren. Er merkt, dass Sie hinter dem stehen, was Sie sagen und meinen.

Damit sind Sie für ihn in jeder Hinsicht berechenbar. Ein Hin und Her hingegen lässt ihn im Unklaren, was erlaubt ist und was nicht. Wie soll er verstehen, dass Sie ihm das eine Mal Zutritt zur Küche gewähren, das andere Mal wieder nicht? Das ist so, als würden rote Ampeln für Sie montags, mittwochs und samstags »Halt« bedeuten und dienstags, donnerstags, freitags und sonntags dürften Sie fahren. Das führt zu Verwirrung!

Ein neuer Lebensrhythmus beginnt

In dem Moment, in dem Sie den Welpen in Ihr Auto setzen, um ihn mit nach Hause zu nehmen, wird nichts mehr so sein wie zuvor. Der Einzug des Welpen bringt einige Veränderungen mit sich: Seien Sie sich bewusst, dass Sie sich folgende Dinge für geraume Zeit »abschminken« können:

Sind Sie Welpen-Fit?

Einen Welpen aufzunehmen, ist eine große Verantwortung. In den ersten Monaten werden die Weichen für sein weiteres Leben gestellt. Ihr Engagement entscheidet wesentlich darüber, ob aus dem Zwerg ein ausgeglichener Vierbeiner wird, der entsprechend seiner Veranlagung gefördert und gefordert wird, der sich souverän neuen Situationen stellt, verträglich mit Artgenossen und Menschen umgeht und der gemeinsam mit Ihnen seinen Alltag erlebt.

Ausschlafen: Welpen haben eine kleine Blase und können diese noch nicht richtig kontrollieren. Einige schaffen es nach einer Woche, Sie bis acht Uhr morgens ausschlafen zu lassen, andere müssen noch nach vier Wochen morgens um vier oder fünf Uhr in der Früh nach draußen – auch im Winter.

Urlaub: Warten Sie möglichst eine geraume Zeit, bevor Sie den Kleinen aus seiner Umgebung reißen, in die er sich gerade erst eingewöhnen soll. Zuerst sollte die Beziehung zu Ihnen gefestigt werden, bevor er längere Zeit von Ihnen getrennt ist. Außerdem ist das Immunsystem des Welpen noch nicht so stabil: Zu viel Trubel, Stress und Aufregung können der Gesundheit und der Psyche schaden.

Auch mehrstündige Einkaufsbummel mit der Familie sollten noch so lange warten, bis das Kerlchen diesen Touren sowohl körperlich als auch mental gewachsen ist.

Nutzen Sie Ihren Jahresurlaub, um sich intensiv mit Ihrem neuen Familienzuwachs zu beschäftigen und eine stabile Beziehung aufzubauen. Das wird sich in den kommenden Jahren auszahlen.

Der Alltag wird von den Bedürfnissen des Welpen bestimmt. Mehrmals täglich füttern und Gassi gehen, der Besuch von Welpengruppen und das Durchführen kleiner Übungen, viele kurze Spieleinheiten, Schmusestunden und natürlich Ruhephasen für den Welpen sollten in den Alltag einbezogen werden, was mitunter ein wenig Organisationstalent erfordert.

Der Welpe sollte unbedingt die Möglichkeit haben, seine Umwelt zu erkunden.

Sind Sie Welpen-Fit?

Stellen Sie sich folgende Fragen, bevor Sie sich an diese Herausforderung wagen. Wenn Sie alle Fragen mit »ja« beantworten, kann man Ihren künftigen Welpen nur beglückwünschen.

☐ Kann ich die Zeit aufbringen, mich intensiv mit dem Hund zu beschäftigen?

☐ Besitzen die für die Erziehung auserkorenen Familienmitglieder die nötige Reife, die Konsequenz und das Durchsetzungsvermögen?

☐ Biete ich dem Hund dauerhaft genügend Kontakt zu Artgenossen?

☐ Bin ich bereit und habe ich die finanziellen Möglichkeiten, gegebenenfalls Hundetraining zu absolvieren?

☐ Macht es mir Spaß, den Vierbeiner entsprechend seiner Veranlagung zu fördern und zu beschäftigen?

☐ Ist es für mich selbstverständlich und bin ich finanziell in der Lage, alle gesundheitlichen Vorsorgemaßnahmen durchzuführen und bei einer Erkrankung die tierärztliche Behandlung zu sichern?

☐ Freuen sich alle Familienmitglieder auf den vierbeinigen Zuwachs und sind sie bereit, sich um ihn zu kümmern?

- ☐ Wird der Hund im Urlaub an meiner Seite bleiben können oder in dieser Zeit anderweitig gut untergebracht sein?

- ☐ Kümmert sich jemand um den Hund, falls ich aus gesundheitlichen oder beruflichen Gründen, beispielsweise wegen einer Geschäftsreise, kurzzeitig nicht dazu in der Lage sein sollte?

- ☐ Wird der Hund in der Welpenphase kaum und später nicht mehr als vier bis fünf Stunden täglich allein sein müssen?

- ☐ Werden sich eventuell bereits vorhandene Hunde oder Katzen erwartungsgemäß mit dem Welpen vertragen oder sich zumindest mit ihm arrangieren?

- ☐ Bietet mein Auto dem ausgewachsenen Hund genügend Platz?

- ☐ Lassen die Wohnverhältnisse die Hundehaltung zu und ist der Vermieter damit einverstanden? (Sie sollten sich eine schriftliche Einverständniserklärung geben lassen.)

- ☐ Macht es mir Spaß, mich für meinen Hund schlau zu machen und seine »Sprache« zu lernen?

- ☐ Bleibt der Hund ein Hund und wird nicht als ein »putziges vierbeiniges Kind mit Pelz« betrachtet?

- ☐ Ist gewährleistet, dass kein Familienmitglied allergisch auf Hundehaare reagiert?

- ☐ Bin ich bereit, mehrmals täglich bei Wind und Wetter mit meinem vierbeinigen Kumpel spazieren zu gehen?

▶ **Gibt es Zweifel?**

Sind Sie bei einigen Fragen ins Grübeln gekommen, sollten Sie sich überlegen, ob jetzt wirklich der richtige Zeitpunkt gekommen ist, um ein Hundekind aufzunehmen. Vielleicht können Sie momentan nicht die Zeit aufbringen, die mit der Erziehung eines Hundes verbunden ist, eventuell lässt die Wohnsituation noch zu wünschen übrig oder Sie wollen sich noch etwas besser auf ein »Hundeleben« vorbereiten. Dann sollten Sie sich die nötige Auszeit gönnen und sich die Fragen zu einem späteren Zeitpunkt noch einmal stellen. Möglicherweise sind dann die Umstände für den Einzug eines jungen Vierbeiners günstiger.

Wenn Sie jedoch alle Fragen zum Wohle des Hundes beantwortet haben, sind Sie ein echter »Hundemensch«.

Die erste Hürde ist genommen, doch nun steht Ihnen eine große Entscheidung bevor: Welcher Hund soll an Ihrer Seite leben?

Die Wahl des richtigen Hundes

Berufen Sie den Familienrat ein, überlegen Sie gemeinsam und schreiben Sie auf, was Sie von Ihrem Hund erwarten. Wollen Sie Sport mit ihm treiben? Gibt es viele Treppen im Haus, die der Vierbeiner steigen muss? Möchten Sie viel Zeit in die Fellpflege investieren oder haben Sie es lieber kurz und praktisch? Wünschen Sie sich einen Hund, der an Ihrem Bein klebt und nur auf Ihr nächstes Signal wartet oder können Sie sich eher eine etwas selbstständigere Hundepersönlichkeit vorstellen, die ihren »eigenen Kopf« hat? Leben Sie in einem Haus oder teilen Sie sich Flur, Treppen, Aufzug und Wände mit Nachbarn, die sich an Schmutz oder Gebell stören können? Schreiben Sie einfach alles auf, was Sie von Ihrem Hund erwarten.

▶ **Die »inneren« Werte zählen**

Leider werden Hunde noch viel zu oft nach Ihrem Äußeren ausgesucht und ihren »inneren Werten« wird viel zu wenig Beachtung geschenkt. Doch gerade diese sind ein wichtiger Hinweis dafür, wie sich Ihre gemeinsame Zu-

> ▶ **Tipp**
>
> Wenn Sie in einer Zwei-Zimmer-Wohnung leben, muss das noch lange kein Ausschlusskriterium für einen Berner Sennenhund oder Neufundländer darstellen. Viele Menschen wünschen sich für ihre 65 m²-Wohnung einen kleinen Hund, aber ein Jack-Russell-Terrier kann durchaus 10-mal aktiver sein als ein großer Hund. Viele Menschen meinen: Kleiner Hund bedeutet wenig Arbeit, aber das ist ganz gewiss nicht so. Oftmals ist der »Riese« ruhiger als der kleine »Wirbelwind«.

kunft gestalten wird. Veranlagungen und Bedürfnisse gehören zu einem Hund, genau wie Fellfarbe oder Größe, und machen einen Teil seiner Persönlichkeit aus. Aber es spielen auch der Umgang mit dem Hund und seine Erziehung eine entscheidende Rolle im Hinblick auf seine Entwicklung.

▸ **Verschiedene Rassen**

Sie sollten sich mit verschiedenen Rassen bzw. Hundetypen auseinandersetzen – auch wenn Sie einen Mischling wollen. Jede Rasse wurde ursprünglich für eine bestimmte Aufgabe gezüchtet und auf ihre Eigenschaften und Fähigkeiten selektiert. Die Aufgabe, die eine Rasse früher hatte, bestimmt auch heute noch in vielen Punkten das Verhalten der Vierbeiner und ist der Schlüssel zu einem besseren Verständnis. Warum hat der Dackel ständig die Nase am Boden? Warum apportieren Retriever gern? Warum gehen Neufundländer mit Wonne ins kalte Wasser? Warum will der Border Collie seinen Sozialverband zusammenhalten? Warum begegnet ein Owtscharka Besuchern misstrauisch? All diese Fragen und noch viele andere lassen sich ganz schnell beantworten, wenn man sich mit der Geschichte der jeweiligen Rasse befasst. Dadurch erhalten Sie auch Anhaltspunkte, ob ein Hund einer Rasse sich eher an einen einzelnen Menschen bindet oder gleich die ganze Familie ins Herz schließt, ob er eher ein gemütlicher Typ ist oder ein unermüdlicher Quirl. Das Wissen über die jeweilige Rasse kann Ihnen später bei der Erziehung weiterhelfen.

Die Aufgabe, die eine Rasse früher hatte, bestimmt auch heute noch das Verhalten der Vierbeiner. So wird es den Neufundländer immer zum Wasser ziehen, der Herdenschutzhund will sein Grundstück bewachen und der Dackel bekommt die Nase kaum vom Boden.

Natürlich kann eine Rassebeschreibung keine statische Aussage über jeden Hund dieser Rasse geben, dazu sind diese Geschöpfe viel zu einzigartig. Es wird immer wieder Typen geben, die vom Standard abweichen, sei es im Äußeren oder in ihren Veranlagungen und »Hobbys«. Doch eine Rassebeschreibung kann neugierig machen und Anlass geben, einen Hundetyp genauer unter die Lupe zu nehmen, beispielsweise durch Fachbücher, durch Gespräche mit Haltern, Züchtern und Hundefachleuten.

▸ **Rüde oder Hündin?**
Nach der Wahl der Rasse sollten Sie sich für das Geschlecht des Hundes entscheiden. Ob der Hund eine enge Beziehung zu Ihnen eingeht, hängt nicht von seinem Geschlecht ab, sondern in erster Linie von Ihrem Engagement, das Sie ihm und seiner Erziehung entgegenbringen beziehungsweise von der jeweiligen Hundepersönlichkeit.

Doch es gibt natürlich auch gewisse Unterschiede zwischen den beiden Geschlechtern.

RÜDEN ▸ Im Rassevergleich sind Rüden meist größer und schwerer als die etwas zierlicheren Hündinnen.

Einige erwachsene Rüden markieren »ihr« Gebiet sehr ausgeprägt. Das bedeutet, dass sie ihr Revier mit Urin abgrenzen. Das kann schon lästig sein, wenn der Kerl alle zehn Meter stehen bleibt und sein Bein hebt. Durch Erziehung kann man ihm jedoch durchaus beibringen, wo es erlaubt ist und wo nicht.

Wenn junge Hunde in die Pubertät kommen (etwa zwischen dem fünften bis neunten Lebensmonat), kann es passieren, dass sie auf allen möglichen Gegenständen aufreiten, sei es das gute Sofakissen oder der große Teddy der Tochter. Das Aufreiten kann Imponiergehabe sein, aber auch eine Form der Streßkompensation darstellen.

Rüden können gerade bei Begegnungen mit anderen Rüden den Macho herauskehren. Doch selten kommt es bei diesen Raufereien zu ernsthaften Verletzungen. Meistens handelt es sich um Auseinandersetzungen, in denen sich die Hunde »positionieren«, und diese sehen bedrohlicher aus, als sie tatsächlich sind.

Rüden gelten landläufig als schwerer händelbar als ihre weiblichen Artgenossen. Sicherlich lässt sich das so pauschal nicht sagen, denn das ist sehr individuell und auch eine Frage der Erziehung. Tatsache ist, dass den Rüden häufig ihre Hormone in die Quere

Wägen Sie ab, ob Rüde oder Hündin.

DIE WAHL DES RICHTIGEN HUNDES 17

lich sein. Eventuell muss man sich während dieser Zeit darauf einstellen, mit dem Auto Spazierwege abseits der üblichen Routen aufzusuchen, um von aufdringlichen Hundeverehrern verschont zu bleiben.

Einige Hündinnen leiden unter sehr ausgeprägter Scheinträchtigkeit. Dieser hormonelle Zustand, der dem Körper eine Trächtigkeit vorgaukelt, tritt bei allen Hündinnen auf, jedoch oftmals für den Halter unbemerkt. In der schweren Verlaufsform kann dies der Hündin sehr zu schaffen machen

Rüden können schon mal von zu Hause ausbüxen, wenn eine gut riechende Hündin unterwegs ist.

kommen, die es ihnen manchmal schwer zu machen scheinen, sich auf den Menschen zu konzentrieren.

Es gibt Rüden, die jede Gelegenheit nutzen, von zu Hause auszubüxen, um einer läufigen Hundedame ihre Aufwartung zu machen. Diese Streuner verleihen ihren Sehnsüchten lautstark Ausdruck, was sehr zu Lasten der Zweibeiner in der Umgebung gehen kann und zudem eine Menge Stress für den Rüden bedeutet!

HÜNDINNEN ▶ Sie werden im Alter von sechs bis zwölf Monaten das erste Mal läufig, was sich von nun an regelmäßig etwa alle sechs, sieben, acht Monate wiederholt. Die Läufigkeit dauert ca. drei Wochen. Für den Halter, der keinen Nachwuchs möchte, bedeutet dies, Verantwortung zu zeigen und dafür zu sorgen, dass seine Hündin nicht gedeckt wird. Je nach Rüdenaufkommen in der Nachbarschaft beziehungsweise deren Erziehung kann dies jedoch mühsam bis fast unmög-

und den Menschen viele Nerven kosten. Der Vierbeiner zeigt Verhaltensänderungen, schleppt Spielsachen durch die Wohnung, ist unruhiger oder schläft plötzlich viel und will nicht mehr mit Ihnen joggen. Die hormonellen Schwankungen können für die Hündin Stress bedeuten, können müde machen oder zu Aggressivität führen. In dieser Zeit setzen sie beim Spaziergang häufiger Urin ab. Auch

Häufig markieren Rüden »ihr« Territorium.

Wo ein Welpe groß wird, da werden es auch zwei? Weit gefehlt! Bei zwei Youngstern geht die Erziehung leider nicht in einem Rutsch, sondern der Aufwand verdoppelt oder potenziert sich.

wenn es sich nicht um eine Krankheit handelt, leiden manche Hündinnen unter der Scheinträchtigkeit.

Generell lösen sich Hündinnen beim Spaziergang nicht so oft wie Rüden, doch es gibt auch einige selbstbewusste Damen, die durch Pinkeln ihr Territorium markieren.

Fazit: Egal, ob Sie sich für einen Rüden oder eine Hündin entscheiden – schlussendlich sind die angeborenen und erworbenen Eigenschaften entscheidend. Auch unsere Erziehung und unser Umgang mit dem Hund ist ausschlaggebend für sein Verhalten.

▶ **Welpen im Doppelpack?**
Viele künftige Hundehalter wissen, dass sie später zwei Vierbeiner halten wollen und überlegen deswegen, ob sie gleich zwei Welpen nehmen sollen. Andere können sich einfach nicht zwischen zwei süßen Knirpsen entscheiden und spielen mit dem Gedanken, einfach beide mitzunehmen. Von der Anschaffung zweier Welpen möchten wir jedoch dringend abraten. Es ist schon sehr schwer, sich neben dem normalen Alltag auf einen Welpen zu konzentrieren, ihn zu erziehen, zu fördern, zu beschäftigen und eine innige Beziehung aufzubauen. Bei zwei Youngstern geht dies nicht etwa in einem Rutsch, sondern der »Aufwand« verdoppelt beziehungsweise potenziert sich. Sie sollten mit jedem Welpen einzeln trainieren, mit ihm spielen und schmusen. Sie müssten darauf achten, dass sich die Kleinen nicht zu eng aneinander, sondern in erster Linie an Sie »binden«. Sonst kommen sie später vielleicht beide nicht, wenn sie gerufen werden, weil sie zu sehr miteinander beschäftigt sind.

Es ist auf alle Fälle besser, erst einen Welpen aufzunehmen und wenn dieser zu einer stabilen Hundepersönlichkeit mit solidem Grundgehorsam und einer guten Beziehung zum Menschen herangewachsen ist, einen zweiten Kumpel dazuzugesellen.

▶ **Die Qual der Wahl**
Nachdem Sie aufgeschrieben haben, welche Eigenschaften Sie von Ihrem Hund erwarten, können Sie diese nun mit den Informationen zu den einzelnen Rassen vergleichen, die Sie durch Lektüre und Gespräche gesammelt haben. Bald wird sich zeigen, zu welcher

Rasse oder welchem Mischlingstyp Sie tendieren, und vielleicht wissen Sie schon ganz genau, welcher Vierbeiner es sein soll.

Wer jedoch unsicher ist und sich nicht entscheiden kann, sollte die Möglichkeit in Anspruch nehmen, sich von einer Fachperson beraten zu lassen. Diese kann Sie kompetent auf dem Weg zum Erwerb des Welpen begleiten, angefangen von der Entscheidung für die passende Rasse oder einen Mischling bis zur Auswahl eines bestimmten Hundes. Lassen sie sich zu den Aufzüchtern begleiten, sodass Sie die Begebenheiten konkret besprechen können.

Der Welpe wird ausgesucht

21	▶ Lassen Sie sich Zeit		26	▶ Vorsicht, Hundevermehrer!
21	▶ Ein Welpe vom Züchter		26	▶ Das Märchen vom »Alphahund«
24	▶ Hunde aus dem Tierheim		28	▶ Dieser Welpe soll es sein
25	▶ Welpen aus der Nachbarschaft			

Lassen Sie sich Zeit

Alle möglichen Zweifel sind ausgeräumt und Sie haben den Entschluss gefasst, Ihr Leben mit einem Hund zu teilen – damit beginnt eine spannende Zeit! Doch trotz aller Vorfreude und Ungeduld: Gerade jetzt ist ein klarer Kopf gefragt. Der neue Mitbewohner wird die nächsten zehn bis fünfzehn Jahre an Ihrer Seite bleiben, wählen Sie ihn mit Bedacht aus und lassen Sie Ihr Herz und Ihren Verstand sprechen.

Viele Menschen nehmen mehr Zeit, Wege und Aufwand auf sich, um ein Auto auszusuchen, als den richtigen Welpen zu finden. Dies mag daran liegen, dass ein Blechvehikel mehrere tausend Euro kostet – also ein Vielfaches des Welpenpreises. Doch bei der Anschaffung des Welpen geht es um viel mehr als um Geld, es geht um ein Geschöpf, das sein Leben mit Ihnen teilen und im besten Fall Ihr Freund wird und Ihnen bedingungsloses Vertrauen entgegenbringt. Den Grundstock dafür legen Sie bei der Auswahl. Deswegen sollten Sie sich möglichst viele Optionen offen halten, Welpe(n) und »Anbieter« genau unter die Lupe nehmen und erst nach reiflicher Überlegung entscheiden – Spontankäufe sind hier fehl am Platz!

Ein Welpe vom Züchter

Der Züchter wird Ihr Ansprechpartner sein, wenn es ein Welpe einer bestimmten Rasse sein soll. Am besten schauen Sie sich mehrere Züchter an, um Vergleiche anstellen zu können. Es gibt verschiedene Möglichkeiten, Züchteradressen in Erfahrung zu bringen.

Beobachten Sie in aller Ruhe Welpen und Hundemutter.

Ein seriöser Züchter ist einem Verein angeschlossen. Diese Vereine erteilen eine Zuchtzulassung, begutachten die Unterbringung der Hunde und ein Zuchtwart kontrolliert jeden Wurf – erst dann wird die Ahnentafel ausgestellt. Diese Vereine gehören meist einem Verband an, zum Beispiel dem Verband für das Deutsche Hundewesen (VDH). Dort bekommen Sie die Adresse der Zuchtvereine Ihrer Wunschrasse und von den Vereinen wiederum erhalten Sie Adressen von Züchtern.

Sie können natürlich auch im Internet stöbern, viele Züchter stellen ihre Zucht auf einer Homepage vor.

Bei einer Ausstellung oder einer Prüfung können Sie Züchter und Hunde live erleben. Dort haben Sie die Möglichkeit, mehrere Züchter kennen zu lernen, sich mit ihnen zu unterhalten und einen ersten Eindruck zu gewinnen.

Ideal ist es, wenn ein Züchter von begeisterten Haltern seiner Zöglinge empfohlen wird, beispielsweise Hundebesitzern aus Ihrem Bekanntenkreis.

▸ **Besuch beim Züchter**

Wenn Ihnen nach einem ersten telefonischen oder persönlichen Kontakt der Züchter, sein Umgang mit seinen Hunden und seine »Zuchtphilosophie« zusagen, sollten Sie einen Besuchstermin vereinbaren und sich Menschen und Vierbeiner in ihrem Umfeld ansehen. Denn erst dort können Sie einschätzen, wie viel Engagement der Züchter für die Aufzucht aufbringt und wie sich die Hunde Menschen gegenüber verhalten.

Umgekehrt hat ein guter Züchter ein genauso großes Interesse daran, Sie und Ihre Lebensumstände kennen zu lernen. Eventuell wird er Sie besuchen wollen, um sich ein Bild zu machen. Schließlich möchte er ganz sicher gehen, dass Sie der richtige Mensch für seinen Nachwuchs sind. Er wird sich Zeit für Sie nehmen, Ihnen seine Hunde und deren Unterbringung ausführlich zeigen und sein Zuchtziel erklären. Im Idealfall sollten an den ersten beiden Stellen Gesundheit und Sozialverträglichkeit stehen, erst danach kommen Schönheit, Ausstellungserfolge und die Eignung für bestimmte Gebrauchsaufgaben. Wenn Sie einen Arbeitshund wollen, ist die Leistung natürlich ausgesprochen ausschlaggebend.

Auch wenn es sich Ihrerseits um einen reinen Informationsbesuch handelt, sind Sie herzlich willkommen. Ein guter Züchter wird gern und kompetent all Ihre Fragen beantworten, da es ihn freut, dass Sie mit so viel Sorgfalt an die Auswahl des neuen Familienmitglieds herangehen.

Bei der Auswahl eines Welpen stehen Gesundheit und Sozialverträglichkeit an erster Stelle.

Wie erkennt man einen guten Züchter?

Bei der Auswahl des Züchters sollten Sie auf folgende Punkte achten:

- [ ] Er gibt Ihnen bereitwillig und fachkundig Auskunft und speist Sie nicht mit Phrasen ab.

- [ ] Die Interessenten dürfen die Hunde spätestens ab der vierten Lebenswoche besuchen. So kann sich der Züchter frühzeitig ein Bild von den Interessenten machen. Umgekehrt können Sie die Hunde kennen lernen und die Welpen Sie. Übrigens tragen solche Besuche zur Sozialisierung der Welpen bei, denn sie haben Kontakte zu fremden Menschen und sammeln dabei positive Erfahrungen – beste Voraussetzungen, um sich Menschen gegenüber freundlich und aufgeschlossen zu verhalten.

- [ ] Die Hunde sind gepflegt und freundlich zu Menschen. Die Mutter sieht bestimmt nicht gerade wie ein Ausstellungschampion aus, das ist aber bei den Anstrengungen, die die Aufzucht mit sich bringt, normal.

- [ ] Der Züchter kann Ihnen genau erklären, warum er sich für eine bestimmte Verpaarung entschieden hat und ist auch bereit, weite Wege in Kauf zu nehmen, um den passenden Deckrüden für seine Hündin zu finden.

- [ ] Die Welpen können in einem Garten mit vielen Spielmöglichkeiten die »Welt« entdecken, nach Herzenslust miteinander toben und haben dort als Schutz eine Hütte. Sie haben Familienanschluss, leben im Haus und sind nicht isoliert in einem Zwinger oder Stall untergebracht.

- [ ] Ein seriöser Züchter hat maximal einen Wurf zur Zeit, da er genug Zeit und Muße für die Hunde aufbringen möchte, um sich mit ihnen zu beschäftigen.

- [ ] Ein guter Züchter kennt seine Welpen und kann Ihnen zu jedem etwas erzählen. Dazu gehören bisher erkennbare Charaktereigenschaften und auch kleine Anekdoten. Weiß ein Züchter nichts über die Kleinen zu berichten, können sie ihm auch nicht am Herzen liegen.

- [ ] Dem Züchter ist es wichtig, dass Sie ihn über die Entwicklung des Hundes auf dem Laufenden halten und bietet Ihnen an, bei später auftretenden Fragen beratend zur Seite zu stehen.

> **Weite Wege in Kauf nehmen**
>
> Bei der Suche nach einem guten Züchter sollten Sie sich nicht auf Ihre Stadt, Ihre Nachbarorte oder Ihren Landkreis beschränken. Um einen guten Züchter zu finden, lohnt sich der Aufwand, mehrere hundert Kilometer zurückzulegen. Das wird während der ersten Wochen einige Male nötig sein, wenn Sie die Entwicklung Ihres Hundes begleiten möchten. Sehen Sie die dabei aufgewendete Zeit und Strecke als eine Investition in die gemeinsame Zukunft.

Wartezeiten

Welpen sind keine Ware, die man ordert, in ein Regal stellt und bei Bedarf abverkauft. Auf einen Welpen, sei es von einem bestimmten Züchter, aus einer bevorzugten Verbindung oder einer seltenen Rasse, muss man mitunter lange warten, manchmal sogar ein ganzes Jahr. Diese Zeit ist nicht verloren, denn sie bietet Ihnen Gelegenheit, sich intensiv auf den neuen Mitbewohner vorzubereiten, Fachwissen anzueignen und vielleicht auch den einen oder anderen »Trockenkurs«, beispielsweise in Form von Seminaren, zu besuchen. Natürlich wird die Praxis später vieles von dem Gelernten auf den Kopf stellen, dennoch lernen Sie dabei eine Reihe wichtiger Dinge von unschätzbarem Wert. So werden Sie später gezielt auf Ihren Hund und seine Bedürfnisse eingehen können.

Hunde aus dem Tierheim

Es lohnt sich immer, beim Tierschutzverein nachzufragen! Welpen werden zwar schnell vermittelt und die Wahrscheinlichkeit, einen zu finden, ist nicht sehr groß, doch es kommt immer wieder vor, dass ein ganzer Wurf

> **Arbeits- und Schönheitslinien**
>
> Früher wurden Hunde fast ausschließlich auf Leistung gezüchtet, das heißt, das Äußere war zweitrangig, vielmehr kam es darauf an, was sie in ihrem »Job« leisteten. Seit die ersten Rasseclubs gegründet wurden, wurden neben Arbeitslinien auch Schönheitslinien (Showlinien) gebildet und auf Ausstellungen nach Aussehen bewertet. Für einen Welpenkäufer, der mit dem Hund nicht in dessen »ursprünglichen Beruf« arbeiten möchte, bedeutet dies, dass er sich nicht für einen Hund aus einer Leistungslinie entscheiden sollte. Diese brauchen meistens viel mehr Beschäftigung als die Hunde, die für die Haltung in der Familie gezüchtet wurden. Das heißt aber auf keinen Fall, dass Hunde aus Schönheitslinien ihr altes Erbe vergessen haben. Bei den meisten kann man ihre ursprünglichen Talente ganz leicht »herauskitzeln« und sie damit sinnvoll auslasten.

oder eine trächtige Hündin abgegeben wird. Die Mitarbeiter eines engagierten Tierschutzvereins werden sich die Mühe machen, die Kleinen mit möglichst vielen Menschen, Tieren und Umweltsituationen vertraut zu machen, um die Welpen bestmöglich auf ihr weiteres Leben vorzubereiten. Wenn Papiere für Sie nicht von Bedeutung sind, lohnt es sich auf jeden Fall nachzufragen. Bei Tierschutzvereinen sind Vor- und Nachkontrollen Gang und Gäbe, denn sie wollen ihre Tiere nicht schnell loswerden, sondern ihnen ein tiergerechtes Zuhause für den Rest ihres Lebens vermitteln.

Welpen aus der Nachbarschaft

Es kommt immer wieder vor, dass in der Nachbarschaft Welpen abzugeben sind. Meist handelt es sich um Welpen aus ungeplanten Würfen, oftmals Mischlinge, seltener Hunde, deren Eltern beide der gleichen Rasse angehören.

Die Bandbreite dessen, was Sie dort erwarten kann, ist riesengroß. Es gibt Hundehalter, die sich der Verantwortung für ihr Tier nicht bewusst sind und ihre Hündin während der Läufigkeit nicht beaufsichtigen. Manche Rüdenbesitzer sind sogar stolz darauf, dass ihr vierbeiniger Macho selbstbewusst durchs Revier streunt und jede »heiße« Hündin beglückt. Es gibt leider immer noch Halter, die ganz bewusst Hunde »produzieren« und diese dann gegen Entgelt – meist ohne Aufwand – verkaufen.

Ein Tierheimbesuch kann sich lohnen. Vielleicht finden Sie hier den Kumpel fürs Leben.

Wie auch immer der Wurf entstanden ist, wenn Sie einen solchen Welpen bei sich aufnehmen wollen, sollten Sie darauf achten, dass dessen Menschen das Beste aus der Situation machen und mit Eifer an die Aufzucht herangehen. Auch »Laien« können ihren Welpen einen guten Start ins Leben ermöglichen, wenn sie sich das nötige Fachwissen anlesen und Rat bei ihrem Tierarzt, Züchtern und/oder Mitarbeitern des Tierschutzes holen. Ein ungeplanter Wurf sollte jedoch die Ausnahme bleiben, denn die Tierheime sind voll mit Hunden, die nicht (mehr) gewollt sind und kein Zuhause finden.

Ein dunkler Stall ist nicht die geeignete Aufzuchtstätte für Hunde.

Vorsicht, Hundevermehrer!

Das Image von Züchtern ist angekratzt. Dies liegt, wie so oft, an den vielen »schwarzen Schafen«, die sich leider auch in diesen Reihen tummeln. Doch Züchter ist nicht gleich Züchter und man muss sorgfältig zwischen fachkundigen und engagierten Menschen, die ihre Leidenschaft zum Hobby gemacht haben, und gewissenlosen oder leichtfertigen Vermehrern unterscheiden. Seien Sie sich dessen vorher bewusst! Denn wenn man die kleinen Kerlchen erst einmal sieht oder im Arm hält, fällt es oft sehr schwer zu widerstehen, sogar wenn man erkennt, dass sie die »Produkte« einer »Hundefabrik« sind. Bleiben Sie bitte hart und versuchen Sie nicht, die Kleinen aus Mitleid zu retten, auch wenn es grausam erscheint. Für jeden Profit bringend verkauften Welpen rücken mehrere der armen Wesen nach und dadurch werden noch mehr Hündinnen verdammt, ihr Leben als Gebärmaschinen in dunklen Verschlägen zu fristen.

Auch dem neuen Herrchen wird die Freude am jungen Hund schnell vergehen: Der vermeintlich günstige Preis rächt sich häufig, wenn der Welpe krank ist und aufwändig und kostenintensiv tierärztlich betreut werden muss – viele von ihnen werden noch nicht einmal ein halbes Jahr alt oder sind ihr Leben lang chronisch krank. Ganz zu schweigen von den Verhaltensauffälligkeiten, die durch die meist isolierte Haltung beziehungsweise die nicht durchdachte Verpaarung entstehen können.

> ### Korrekte Ahnentafel
>
> Auch wenn mit Papieren geworben wird, können diese wertlos sein. Sie zahlen für eine Ahnentafel, die maximal das Papier wert ist, auf dem sie geschrieben wurde. Eine korrekte Ahnentafel zu erkennen, ist für den Laien schwer. Am besten fragen Sie beim zuständigen Dachverband nach, ob »Ihre« Ahnentafel anerkannt ist.

Das Märchen vom »Alphahund«

Bei der Auswahl des Welpen lassen Sie sich bitte nicht von »Hundekennern« irritieren, die gute Ratschläge erteilen, dass man sich bloß keinen »Alphahund« kaufen solle – diesem wird nachgesagt, dass er auf ewig an der Autorität ihres Menschen kratzen wird. Das ist schlichtweg Quatsch! Ein Hund wird nicht als »Alphahund« geboren – es gibt überhaupt keine Alphahunde!

So erkennen Sie unseriöse Züchter

Damit Sie nicht auf solche Vermehrer hereinfallen, sollten Sie die Finger von den Welpen lassen, wenn einer der folgenden Punkte zutrifft:

- In einem Zeitungsinserat werden mehrere Rassehunde (meist solche, die gerade in Mode sind) sowie »viele nette Mischlinge« angeboten: Die sich meist dahinter verbergenden Vermehrer wissen allerdings, dass man ihnen damit auf die Schliche kommen kann und verteilen ihr Angebot oft auf mehrere Anzeigen in einer Zeitungsausgabe. Deswegen sollten Sie auch die Telefonnummern verschiedener Annoncen vergleichen.

- Der Anbieter zeigt Ihnen nur die Welpen und Sie haben nicht die Möglichkeit, deren Mutter zu sehen. Manchmal wird statt der Mutter auch einfach eine andere Hündin gezeigt. Mütter erkennt man immer an ihren ausgeprägten Zitzen.

- Es wird Ihnen verweigert, die Unterbringung der Welpen begutachten zu dürfen.

- Der Verkäufer kann Ihnen bei Rassehunden nichts über den Vater der Welpen und dessen Charakter erzählen. Die wenigsten Züchter halten zwar ihre Deckrüden selbst und können Ihnen diese zeigen, sollten Ihnen jedoch ausführlich erklären können, warum sie sich für diesen Hund als Vater der Welpen entschieden haben.

- Welpen sollten keine Angst haben. Eine gewisse Vorsicht ist bei schüchternen Welpen durchaus normal, doch sie sollte sich schnell legen. Verstecken sich die Kerlchen beim Anblick eines Menschen und sind in ihrer Wachphase durch nichts zu bewegen, aus ihrer Kiste zu kommen, hatten sie bisher wohl kaum Kontakt zu Zweibeinern oder sind viel zu früh von der Mutter getrennt worden.

- Die Welpen werden schon in der sechsten bis siebten Woche abgegeben. Eine Trennung von der Mutter und den Geschwistern ist zu diesem Zeitpunkt zu früh.

- Manchmal ist auch alles zu perfekt bei Händlern. Sooooo steril kann es gar nicht sein. Vorsicht: Auch Händler lernen dazu und werden immer geschickter. Nehmen Sie eine kompetente Person mit, die Sie berät, dann kann relativ wenig schief gehen.

Welche Rechte und Privilegien sich der Hund herausnimmt, entscheidet ganz allein sein Mensch. Lässt dieser Konsequenz und Souveränität im Umgang mit dem Vierbeiner missen, wird sich vielleicht auch ein bis dato »scheues Reh« genötigt sehen, vorzugeben wo es lang geht, weil der Mensch es nicht zu können scheint.

Wer die elementaren Grundzüge der Hundesprache nicht beachtet, bekommt mit (nahezu) jedem Hund Probleme!

In welche Richtung sich ein Welpe später entwickelt, hängt u.a. vom Umgang des Menschen mit dem Hund ab.

Es kann durchaus sein, dass ein besonders »kerniger« Welpe später sehr umgänglich ist, weil seine Menschen ihm von Anfang an gezeigt haben, wo die Grenzen sind. Umgekehrt kann das sanfte Kerlchen ein echter Tyrann werden, weil es von seinen Besitzern in jeder Lebenslage verhätschelt und ihm jeder Wunsch von den Augen abgelesen wird. Der Hund erhält durch einen solchen Vorgang das Gefühl, dass sein Mensch keine »Führungsqualität« besitzt und nicht weiß, wo es lang geht.

Doch diese Führungsqualität benötigt der Mensch, damit der Hund Halt und Orientierung bekommt. Aus Hundesicht braucht der Sozialverband eine klare Struktur. Wenn wir die Spielregeln nicht festlegen, dann wird es der Hund in Kürze tun, obwohl er sich in seiner Rolle meistens gar nicht wohl fühlt.

Dieser Welpe soll es sein

Die Auswahl eines Welpen ist immer auch emotional und es ist wichtig, dass man sich in einen Welpen »verliebt«. Damit meinen wir jedoch nicht, dass Sie den ersten, der auf Sie oder Ihre Kinder zugelaufen kommt, mitnehmen sollen. Es handelt sich um einen Entscheidungsprozess, in den Kinder mit einbezogen werden können – allerdings sind sie noch nicht in der Lage zu entscheiden, welcher Hund in die Familie passt.

Vertrauen Sie auf die Einschätzung der Züchter und Welpenbesitzer. Sie kennen die Kleinen von Geburt an, haben ihre Entwicklung begleitet und erleben sie tagtäglich mehrere Stunden. Sie können die kleinen Racker viel besser beurteilen als Sie nach einigen Besuchen von zwei oder drei Stunden. Sie wissen, wer beim Spiel die kleine Nase vorn hat, wer zuerst die Initiative ergreift oder ob ein kleiner Querulant dabei ist, der ständig seine Geschwister piesackt.

Am besten treffen Sie die Entscheidung gemeinsam mit dem Züchter, welcher Welpe Ihr neues Familienmitglied werden soll.

> **Auswahlkriterien**
>
> Grundsätzlich sollten Sie bei der Auswahl des Welpen auf folgende Punkte achten:
> - Die Welpen sind munter und gehen ohne Angst auf Menschen zu, es sei denn, sie sind gerade müde oder wachen auf, dann können sie natürlich schläfrig sein.
> - Sie sind neugierig und aufgeweckt und spielen außerhalb ihrer Schlafphase miteinander.
> - Sie sind gesund. Schauen Sie genauer hin, wenn einer der Kleinen ein Häufchen macht – es sollte wohl geformt sein.
> - Die Bewegungen dürfen ruhig noch tollpatschig wirken.

Lahmen, ständiges Kopfschütteln oder Kratzen sowie eine unnormale Körperhaltung sind jedoch Alarmzeichen und können auf eine Erkrankung oder auf Parasitenbefall hinweisen, genau wie Schniefnasen, Ausfluss aus den Augen oder stark verschmutzte Ohren. Fragen Sie nach Impfungen und Entwurmungen und haken Sie nach, welche Krankheiten die Eltern bisher hatten. Lassen Sie sich tierärztliche Untersuchungsergebnisse zeigen, sofern diese vom Rasseverein vorgeschrieben sind.

Bei vielen Rassehunden gibt es einen Wesenstest, dessen Ergebnis Sie sich zeigen lassen sollten.

Beschäftigen Sie sich auch mit der Mutter und – wenn vorhanden – mit den Geschwistern. Verhalten Sie sich so, wie Sie sich Ihren künftigen Hausgenossen wünschen? Sind die Hunde freundlich zu Menschen und lassen sie sich auch gern streicheln?

Lassen Sie sich jedoch nicht irritieren, wenn die Mutter ihre Kinder gegen fremde Menschen verteidigt.

Beim Beobachten der Hunde untereinander kann man sehr viel über sie lernen.

Der Einzug rückt näher

31	▶ Einkaufsliste		38	▶ Klarheit innerhalb der Familie
36	▶ Haus und Garten welpensicher machen		40	▶ Hunde und Kinder
38	▶ Einen Namen aussuchen		42	▶ Welpen verstehen

Einkaufsliste

Wenn Sie den Welpen abholen, sollte die vollständige Welpenausstattung vorhanden sein. In einem guten Fachgeschäft oder Onlineshop bekommen Sie alles, was Sie brauchen. Achten Sie beim Kauf auf hochwertige Produkte und schließen Sie Verletzungsgefahren für den Welpen aus.

▶ **Halsband mit Adresse**
Fragen Sie den Züchter, welchen Umfang das Halsband für den Welpen haben soll. Wählen Sie ein Modell aus, das dem Welpen jetzt passt, jedoch in der Länge verstellbar ist, damit Sie es während des Wachstums anpassen können und nicht gleich ein neues brauchen. Gut eignen sich Nylonhalsbänder, sie sind weich und angenehm zu tragen. Sie können aber auch ein Lederhalsband nehmen. Kettenhalsbänder sind kalt und unangenehm. Außerdem ziehen sie sich zu, denn der Welpe kann noch nicht ordentlich »bei Fuß« gehen. Dadurch verbindet er das An-der-Leine-Gehen mit einem negativen Erlebnis. Zudem »bimmelt« es neben dem so feinen Hundeohr, sie lassen sich ausschließlich über den Kopf ziehen, sind nicht verstellbar und machen außerdem das Fell kaputt. Bitte wählen Sie lieber ein breites als ein schmales Halsband aus, um den Hundehals zu schonen. Es gibt sowohl Schnallen, als auch Schnappverschlüsse, wobei Schnallen haltbarer sind, denn bei den anderen besteht Bruchgefahr.

Ein Adressanhänger ist wichtig, falls der Kleine einmal ausbüxt, damit der Finder Sie dann schnell benachrichtigen kann. Es gibt sie in verschiedenen Ausführungen. Der Anhänger sollte so klein wie möglich sein, damit er den Welpen durch das Baumeln nicht stört, allerdings sollte er groß genug sein, sodass Ihre Telefonnummer Platz darauf findet. Besonders langlebig sind solche Anhänger, in die die

Ein breites Halsband schont den Hundehals.

Nummer eingraviert wird. Allerdings sollte dieser bitte nicht am Halsband klimpern, denn Hunde hören so gut, dass ein Dauergeräusch direkt neben ihrem Ohr äußerst nervend sein kann. Sie können sich auch für ein Täschchen entscheiden, in das sowohl Ihre Adresse als auch die Hundemarken passen, die am Hund mitzuführen sind.

Lassen Sie Ihren Hund zur Sicherheit in einem Haustierregister aufnehmen, damit er besser identifiziert werden kann, sollte er einmal weggelaufen sein.

Ein Weidenkorb lädt zum Knabbern ein.

▶ Haftpflichtversicherung

Ganz wichtig ist es, eine Haftpflichtversicherung abzuschließen! Der Kleine braucht vor Schreck nur mal einen Satz zur Seite zu machen, schon kann ein vorbeifahrender Radfahrer zu Fall kommen und ein hoher Schaden entstehen.

▶ Die Leine

Auch hier entscheiden Sie sich am besten für ein leichtes Modell aus Nylon oder Leder. Verstellbare Leinen mit einer Länge von 1,5 oder 2 Meter passen sich vielen Gelegenheiten an. Damit können Sie den kleinen Kerl näher bei sich laufen lassen oder ihm beim Spaziergang etwas Freiraum gewähren.

Schleppleine: Diese 5-10 Meter lange Leine leistet Ihnen gute Dienste, wenn Sie z.B. das Heranrufen üben. Ihr Welpe lernt dadurch, sich in einem bestimmten Radius aufzuhalten.

▶ Das Körbchen

Am Anfang reicht im Grunde eine Kiste mit einem weichen Kissen aus. Es kann Ihnen allerdings auch passieren, dass der Welpe die Kiste zum Fressen gern hat ... Sollten Sie sich für einen Korb entscheiden, dann wählen Sie evtl. einen aus, der auch dem erwachsenen Vierbeiner genug Platz bietet, damit Sie später keinen neuen kaufen müssen. Legen Sie außerdem Wert auf eine gute Reinigungsmöglichkeit. Das Kissen oder die Decke sollte sich problemlos bei 60 °C waschen lassen.

▶ Kunststoff statt Weide

Im Fachhandel werden verschiedenfarbige Kunststoffschalen angeboten, in die eine waschbare Decke oder ein Kissen gelegt werden können. Sie lassen sich leicht reinigen und sind sehr robust. Ein Weidenkorb wird gerade von jungen Hunden gern »auseinander gepflückt«, wobei sie sich an den spitzen Hölzchen verletzen können.

EINKAUFSLISTE   33

Kunststoffkörbe halten den spitzen Zähnchen eher stand und sind leicht zu reinigen.

▸ **Transportbox oder Kennel**
Diese Box ist eine tolle Hilfe für den Transport im Auto, vorausgesetzt der Hund wurde bereits im Vorfeld damit vertraut gemacht. Zudem sollte jeder Welpe lernen, sich ohne Angst und Jammern im Kennel aufzuhalten, denn dies ist nicht nur bei Reisen oder bei einer Übernachtung im Hotel für uns Menschen sehr angenehm, sondern auch für den Hund, der dadurch sein gewohntes Zuhause immer mit dabei hat.

Noch ein Pluspunkt: Gerade nachts ist der Welpe im Kennel gut untergebracht, da er nicht unbemerkt durch die Wohnung turnen kann, um Kabel zu zerkauen oder ein Pfützchen zu machen.

Achten Sie beim Einkauf darauf, dass der Kennel groß genug ist, sodass der Hund darin stehen und sich drehen kann.

▸ **Futter und Wassernapf**
Sie brauchen einen Futter- und einen Wassernapf. Die Näpfe sollten stabil auf der Erde stehen und so schwer sein, dass der Welpe sie nicht in der Wohnung herumtragen kann. Daher scheidet Kunststoff aus. Ideal sind Steingut oder Keramiknäpfe, die sich leicht reinigen lassen. Auch Edelstahlnäpfe kommen in Frage, sollten aber durch einen Gummirand rutschsicher sein oder in einem Gestell aufgestellt werden.

Es geht nichts über eine gemütliche Hundehöhle!

Das Kauseil bietet sich gut als Spielzeug an.

Das Futter

Fragen Sie den Züchter, welches Futter der Kleine bisher bekommen hat und besorgen Sie sich einen Vorrat für ca. zwei Wochen. Wenn Sie das Futter umstellen wollen, sollten Sie mindestens so lange warten, denn der Welpe muss so viele neue Eindrücke verarbeiten und sich an sein neues Zuhause gewöhnen, dass wenigstens sein Futter den vertrauten Geschmack behalten sollte. Zudem reagieren viele Hunde empfindlich auf Futterumstellungen und bekommen Durchfall. Verantwortungsvolle Züchter geben Ihnen einen kleinen Sack des bisherigen Futters mit.

Kamm und Bürste

Je nach Haarart brauchen Sie unterschiedliche Utensilien für die Fellpflege des Hundes – fragen Sie den Züchter. Am Anfang reicht eine weiche Naturhaarbürste oder eine »normale« mit abgerundeten Stiften aus.

Kaumaterial

Büffelhautknochen und diverse andere Kauartikel gibt es im Fachhandel in verschiedenen Größen. Sie bieten Beschäftigung, wenn das Alleinsein geübt wird und lenken das Kaubedürfnis während des Zahnwechsels in die richtigen Bahnen. Nicht alles, was angeboten wird, ist jedoch gut und gesund und zu viel des Guten kann dem sensiblen Welpenmagen schaden.

Spielzeug

Überschütten Sie den Welpen nicht mit Spielsachen, sondern lenken Sie seine Aufmerksamkeit auf maximal drei Spielzeuge. Dies können beispielsweise ein Kauseil, ein Quietschtier und ein Stofftier sein. Manche Hundefachleute sind der Meinung, dass einem Hund mit einem Quietschtier die Beißhemmung abtrainiert wird. Auch wenn es quietscht, macht er weiter und spielt und beißt darauf herum. Wenn wir mit ihm spielen, wollen wir jedoch, dass er aufhört, wenn er zu heftig zubeißt. Hunde signalisieren das untereinander meist über einen lauten Schrei, der den anderen in seinem Tun innehalten lässt. Ein Hund kann sicherlich zwischen einem quietschenden Spielzeug und unserem Schmerzenslaut unterscheiden. Er wird, auch wenn er Quietschtiere zur Verfügung hat, lernen, dass sein Spielen Grenzen hat, die spätestens dort anfangen, wo anderen Schmerz zugefügt wird.

> **Stabiles Spielzeug**
>
> Das Spielzeug muss den spitzen Welpenzähnchen standhalten. Am besten werfen Sie immer mal wieder einen Blick auf den Kleinen, wenn er damit spielt, damit er keine Teile davon abbeißt und verschluckt.

▶ **Alte Handtücher**

Handtücher sollten zu Hause und im Auto immer bereitliegen, um den nassen oder schmutzigen Welpen abzutrocknen. Außerdem unterkühlen die kleinen Kerlchen schnell und können sich erkälten, wenn sie stark durchnässt und die Temperaturen entsprechend niedrig sind und sie sich zudem nicht bewegen können, zum Beispiel im Auto. Gut ist es, immer eine Rolle Küchenpapier dabei zu haben, falls dem Welpen während der Autofahrt schlecht wird.

Des Weiteren gehören Kotbeutel für die Gassigänge zu der Ausrüstung eines jeden Hundehalters.

Früh übt sich: jetzt schon abtrocknen üben, auch wenns Ihnen der »kleine Quälgeist« manchmal nicht leicht macht.

Haus und Garten welpensicher machen

Hundekinder sind neugierig, doch bei ihren Entdeckungstouren lauern auch Gefahren auf sie. Es liegt an Ihnen, dafür zu sorgen, dass das Umfeld abgesichert ist. Im Prinzip ist es ähnlich wie mit einem Kleinkind: Auch das darf nicht unbeaufsichtigt durchs Haus krabbeln und man lässt in seiner Reichweite keine spitzen Gegenstände, Scheren, Messer und Streichhölzer liegen.

▶ Treppen, Türen und Kabel

Treppen Nicht nur Stürze machen Treppen so gefährlich, sie schaden auch den Gelenken und der Wirbelsäule – vor allem das Herunterlaufen geht auf die Gelenke. Sie sollten Ihren Welpen mit verschiedenen Treppen vertraut machen und ein paar Stufen gehen üben. Im alltäglichen Leben ist es jedoch sinnvoll, Treppen im Haus mit einem Kindergitter abzusperren, damit der Welpe nicht alleine auf Erkundungstour geht.

Für den Welpen macht es keinen Unterschied, ob er sein Kauseil oder den teuren Perserteppich anknabbert.

Ihr Welpe sollte sich in einem abgegrenzten Bereich gefahrlos bewegen können, ohne dass Sie ständig hinter ihm herlaufen müssen, in der Angst, es könnte ihm etwas passieren. Wenn Sie schon dabei sind, sollten Sie auch gleich alle Gegenstände außer Reichweite bringen, die Ihnen lieb und teuer sind. Für den Welpen macht es keinen Unterschied, ob er in sein Spielseil beißt oder in die Troddeln des antiken Teppichs, ob er genüsslich an dem von Ihnen zur Verfügung gestellten alten Latschen knabbert oder an Ihrem neuen Gucci-Schuh.

Türen sollten entweder konsequent geschlossen bleiben oder mit Türstoppern gesichert werden, damit sie nicht im Luftzug zuschlagen und den Kleinen einsperren oder einklemmen können.

Kabel Können elektrische Leitungen nicht durch Abdeckungen, Kabelkanäle oder Hochlegen vor Knabberattacken geschützt werden, ist es Ihre Pflicht, darauf zu achten, dass der Welpe seine Zähne nicht daran erprobt. Achten Sie auch darauf, dass keine Kabel herunterhängen, in denen sich der Welpe verfangen kann, beispielsweise vom Bügeleisen.

▸ **Putzmittel, Kinderspielzeug und Co.**

Putzmittel Sie sollten immer verschlossen im Schrank aufbewahrt werden. Da Ihr Welpe sowieso noch viele Auszeiten benötigt, können Sie ihn während des Hausputzes in seinem Laufstall oder Kennel unterbringen. Das sollte allerdings nicht länger als eine Stunde dauern.

Unterwerfen Sie auch Ihren Keller und/oder Ihre Garage einem Chemikalien-Check, sofern der Welpe Zugang zu diesen Räumen hat. Gibt es dort Lacke, Terpentin, Frostschutzmittel usw., die für den Welpen erreichbar sind? – Ab damit in den Schrank!

Kinderspielzeug ist für Welpen unwiderstehlich und gleichzeitig wegen der vielen Kleinteile gefährlich. Mit dem Einzug des Welpen sollten Ihre Kinder lernen, ihr Spielzeug immer wegzuräumen und nichts auf dem Boden liegen zu lassen – auch in ihrem eigenen Interesse. Das Geschrei ist groß, wenn der Kleine den Lieblingsteddy zerfleddert hat.

Tische und Fensterbänke Spätestens in dem Moment, wo der junge Hund mit dem Umweg über Hocker, Sofas oder Stühle in höhere Gefilde gelangt, sollten Sie darauf achten, dass auf Tischen und Fensterbänken keine Medikamente, Zigaretten, Batterien, Kugelschreiber, Bleistifte, Süßigkeiten, Kerzen usw. liegen.

▸ **Zimmerpflanzen, Blumenbeete und Gartenteiche**

Pflanzen Viele Gewächse in Haus und Garten sind giftig (Eibe, Oleander, Blu-

Kontrollieren Sie Ihren Garten vorab auf giftige Pflanzen.

menzwiebeln, Azalee, Efeu, Geranien, Narzisse etc.).

Früher oder später wird der Welpe vielleicht auch die Blumentöpfe ausräumen wollen. Deshalb verbannen Sie diese am besten ganz aus der Wohnung oder stellen sie so auf, dass der Welpe sie garantiert nicht erreichen kann. Wollen Sie sich im Garten nicht von Ihren Pflanzen trennen, sollte ein stabiler Zaun diese abschirmen. Sie können auch Ihren Kleinen im Auge behalten, um einzugreifen, falls er sich den Blümchen nähert und daran knabbern möchte.

Gartenteich Bleiben Sie in der Nähe, damit Sie sofort eingreifen können, sollte der kleine Kerl Anstalten machen, ans Wasser zu gehen. Er könnte in den Gartenteich hineinfallen oder -springen und ertrinken, wenn der Rand des Gartenteiches zu hoch ist, sodass er aus eigener Kraft nicht mehr ans Land kommt.

Unter Umständen macht es Sinn, Ihren Hund im Garten mit langer Leine – selbstverständlich unter Aufsicht – laufen zu lassen, damit Sie auch aus der Entfernung einwirken können. So vermeiden Sie, immer zum Hund hinzulaufen, wenn Sie ein Verhalten unterbrechen möchten.

Einen Namen aussuchen

Einen Namen für den neuen Gefährten auszuwählen, ist eine sehr persönliche und emotionale Angelegenheit. Über Geschmack lässt sich bekanntlich nicht streiten. Sie sollten einen möglichst kurzen Namen aussuchen, der sich leicht rufen lässt. Lange und komplizierte Namen wie »Miss Independent« sind viel zu unpraktisch und animieren den Welpen nicht gerade dazu, Ihnen seine Aufmerksamkeit zu schenken. Das gelingt Ihnen eher mit Paula, Joschi, Jana, Benny, Lena oder Bibi. Empfehlenswert sind Namen, die auf a, e oder i enden.

Klarheit innerhalb der Familie

Hunde sind ähnlich wie kleine Kinder, sie haben keine Vernunft, wissen nicht, dass Autos gefährlich sind (es sei denn, sie haben schlechte Erfahrungen mit ihnen gemacht) oder dass manche Menschen Angst vor ihnen haben und es nicht angebracht ist, einfach zu jedem hinzurennen und hochzuspringen.

Es liegt an Ihnen, Ihrem Welpen Orientierung zu bieten, welches Verhalten erwünscht und welches unerwünscht ist. Damit geben Sie ihm Strukturen und machen ihm das Leben leichter. Zu viele Freiheiten überfordern ihn und machen nicht unbedingt glücklicher, weil er damit auf sich allein gestellt ist. Kennen Sie das nicht auch von Kindern, die alles bekommen, was sie wollen? Oftmals sind gerade diese überhaupt nicht zufrieden. Ganz im Gegenteil, meist suchen sie immer mehr nach Grenzen und ihr Verhalten ufert aus, weil sie nie reglementiert werden oder wurden.

Regeln formulieren

Bevor Ihr neuer Mitbewohner bei Ihnen einzieht, sollten sich alle an der Erziehung und am Umgang beteiligten Personen zusammensetzen und sich mit folgenden Fragen befassen:
- Wer füttert wann?
- Es dürfen sich alle am Umgang mit dem Hund beteiligen, aber wer ist für die Erziehung, für Welpen und Hundeschule hauptverantwortlich?
- Wer geht mit ihm wann Gassi?
- Wer bürstet ihn?
- Darf er sich in allen Räumen aufhalten?
- Wo soll er schlafen?
- Darf er auf das Sofa, darf er ins Bett?
- Soll er bei Tisch gefüttert werden dürfen?
- Wann bekommt er seine Auszeiten und was ist dabei zu beachten?

Die aufgestellten Regeln gelten für jeden in der Familie. Die Signale sollten immer gleichbleibend sein. Wenn der eine »Hüh« und der andere »Hott« sagt, kann es wohl kaum der Fehler des Hundes sein, wenn die Kommunikation mit ihm nicht funktioniert.

▸ **Wer eine Übung beginnt, beendet sie auch**

Sie werden sich fragen: »Warum?«

Beispiel: Frau Schmidtmüller ruft nach Bill, der sich aber weiter mit den spannenden Düften am Boden beschäftigt. Herr Schmidtmüller kann irgendwann nicht mehr zusehen, wie der Hund das Rufen ignoriert, ruft auch noch mal und der Welpe kommt gelaufen – was lernt Bill?

Frau Schmidtmüller kann sich nicht durchsetzen und braucht jemanden zur Unterstützung.

Ständiges Hin und Her sollte vermieden werden, wenn man als Familie oder größere Gruppe zusammen ist. Permanentes Ansprechen von verschiedenen Seiten mit unterschiedlichen Signalen (»Guck mal, Bill, Stöckchen, wo ist das Stöckchen?«, »Such, Bill, Bill!«, »Komm her, Bill«, »Schnell an die Seite, ein Radfahrer«, »Such dein Stöckchen«, »Sitz, sitz jetzt, setz dich hin« ...) ist, wie man sich gut vorstellen kann, äußerst verwirrend für einen Hund, der gerade »Menschensprache«, bzw. die Signale der Menschen erlernen soll. Die Signale sollten einheitlich sein. Außerdem sollte klar definiert werden, wer dem Hund wann was zu sagen hat, sonst kann er zwischen den Familienmitgliedern sehr hin- und hergerissen sein, was für den Hund Stress bedeutet.

Der Beginn einer wahren Freundschaft!

Hunde und Kinder

Zur Vorbereitung auf den Welpen gehört auch die Vorbereitung Ihrer Kinder auf den neuen Mitbewohner, und diesbezüglich gilt es, zusätzliche Regeln aufzustellen.

Hunde und Kinder sind eigentlich wie füreinander gemacht. Beide spielen leidenschaftlich gern, sind ausgelassen und das Kind kann dem Hund unter dem Siegel der Verschwiegenheit alles anvertrauen, was es beschäftigt. Allerdings sind Hunde großartige Beobachter: Sie liegen viel, schlafen scheinbar, nehmen dabei jedoch sehr gut ihr Umfeld wahr. Ganz schnell haben Sie die Strukturen innerhalb der Familie durchschaut und außerdem ihre eigenen Erfahrungen mit den einzelnen Familienmitgliedern gesammelt. Sie wissen, wer welche Stellung einnimmt und wer was zu sagen hat. Die Kinder werden immer wieder in ihre Schranken verwiesen (»Setz dich gerade hin!«, »Nein, jetzt nicht!«), wieso sollte »Hund« sich etwas von ihnen sagen lassen, wo sie doch auch Anweisungen erhalten?

Zudem entwickelt sich ein Hund viel schneller als ein Menschenkind. Die Regel, nach der ein Hundejahr sieben Menschenjahren entspricht, ist ein alter Zopf! Mit einem Jahr ist ein Hund je nach Entwicklung des einzelnen Individuums im Vergleich ungefähr 16

> ### Hund sein dürfen
>
> Zwischendurch braucht der Hund Gelegenheit, Hund sein zu dürfen, das heißt, dass nicht permanent mit ihm geübt und an ihm herumgezogen wird. Kinder sollten die so wichtigen Ruhephasen des jungen Hundes akzeptieren.

bis 18 Menschenjahre alt! Hunde sehen Kinder nicht als erwachsen und ranghöher an, sondern als ihresgleichen, als Spielpartner eben, und dementsprechend gehen sie auch mit den kleinen Zweibeinern um. Von einem Spielpartner lässt man sich aber nichts sagen, wenn es ernst wird. Hat der Hund einen Ball, so ist dieser vielleicht nicht so bedeutsam für ihn, dass er ihn nicht abgeben mag. Hat er ein leckeres Schweineohr, das ihm wichtig ist, wird er es vermutlich nicht so einfach dem Kind überlassen wollen, wenn es danach greift. Es erfordert einige Erfahrung, das Verhalten von Hunden einzuschätzen. Für kleine Kinder ist es umso schwerer und dadurch können sie in gefährliche Situationen geraten. Deswegen ist es unerlässlich, dass Sie von Anfang an Regeln aufstellen, die die ungetrübte Freundschaft zwischen Kind und Hund erhalten. Es gilt, dass sowohl die Kinder vor dem Hund »geschützt« werden sollten, dass heißt zum Beispiel ungestört im Kinderzimmer spielen können, ohne dass der Welpe dazwischen herumhüpft, die Nase in die Wasserfarben steckt und die Puzzleteile stibitzt.

Auf der anderen Seite sollte der Hund »geschützt« werden. Das bedeutet, dass er jederzeit eine Rückzugsmöglichkeit geboten bekommt. Er ist für die Kinder tabu, wenn er sich zurückzieht oder schläft, denn er braucht seinen Schlaf und seine Auszeiten.

▶ Regeln für Kind und Hund

Lassen Sie Ihr Kind niemals mit dem Hund allein. Auch zuverlässige Kinder können mit der Situation überfordert sein, beispielsweise wenn es an der Tür klingelt, der Hund aufspringt und das Kind den Vierbeiner nicht zurückhalten kann. Es kann passieren, dass das Kind die Tür öffnet und der Welpe auf die Straße läuft.

Auch Kinder sollten den korrekten Umgang mit dem Welpen lernen: Auf dem Kopf gestreichelt werden, ist nicht jeder Hunds Sache.

Das Herumschleppen des Welpen macht Kindern viel Freude, dem Hund hingegen meistens nicht.

Lassen Sie das Kind nur mit dem Hund spielen, wenn Sie Muße haben, beide zu beobachten. So haben Sie immer Gelegenheit, zu heftige Spiele abzubrechen.

Kinder dürfen dem Hund weder Kausachen noch Spielzeug wegnehmen! Hunde können nicht sagen: »Hey, lass das, das ist meins!«, und setzen zur Verteidigung auch schon mal die Zähne ein.

Kinder ahmen gern Erwachsene nach und wollen den Hund »Sitz« oder »Platz« machen lassen. Das dürfen sie gern tun, aber bitte nur unter Ihrer Aufsicht, mit vielen Leckerlis und Spaß.

Viele Hunde reagieren mit Vorbehalt auf Kinder, weil sie die Erfahrung gemacht haben, dass mit den kleinen Menschen Schmerzen verbunden sind. Achten Sie darauf, dass das Kind – sei es im ausgelassenen Spiel oder aus Versehen – den Hund nicht an den Ohren, am Schwanz oder am Fell zieht oder ihm auf irgendeine andere Weise Schmerzen zufügt.

Kinder sollten die quirligen Welpen auch nicht herumschleppen. Der Kleine kann herunterfallen und sich verletzen oder Angst vor Kindern bekommen.

> **Spielerisch lernen**
>
> Immer mehr Hundeschulen bieten spezielle Kurse für Kinder und Hunde an. Dort lernen die jungen Menschen den richtigen Umgang mit dem Vierbeiner unter Gleichaltrigen und haben viel Spaß dabei. Fragen Sie bei den Hundeschulen in Ihrer Nähe nach, ob es dort entsprechende Angebote gibt. Meist sind diese Kurse für 8- bis 12-Jährige oder für Teenager ausgeschrieben. Hat der Hund eine Grunderziehung, dann können die beiden in solchen Kursen tolle Sachen zusammen machen: Agility, Kunststückchen, Dog-Dancing, Waldrallyes, Stadtbesuche usw.

Welpen verstehen

Hunde leben in einer »anderen Welt« als Menschen. Sie haben eine andere Wahrnehmung, Kommunikation und Sicht auf die Dinge, die sie umgeben. Sie kommunizieren zu über achtzig Prozent über Körpersprache (ansonsten über Laute wie Bellen und Heulen, Jaulen, Winseln und Knurren) und können mit großen Erklärungen unsererseits nichts anfangen.

Gern können Kinder teilhaben, wenn der Welpe die Welt kennenlernt.

Bevor der Welpe bei Ihnen einzieht, ist es wichtig, dass Sie Verständnis für das Erleben eines Hundes entwickeln, nur so können Sie nachvollziehen, wie er sich verhält und sich ihm verständlich machen.

Er wird nie »Menschensprache« lernen. Hunde können Wörter verstehen und assoziieren lernen, zum Beispiel »Sit«, »Platz«, »Hier« – wir werden ihm jedoch keine Zusammenhänge in Form von »Wenn-dann-Sätzen« erklären können.

Wenn wir Menschen uns bemühen, »hündisch« zu kommunizieren, werden wir auf diese Art zum eingespielten Team, das sich prima miteinander verständigen kann.

Zunächst wollen wir Ihnen zum besseren Verständnis die Leistung der Sinnesorgane erläutern.

▸ **Wie Hunde hören**

Im Niedrigfrequenzbereich hören Hunde ähnlich wie wir, sie können aber auch leisere und viel höhere Töne hören, als Menschen wahrnehmen. Der Mensch hört nur bis ca. 20 000 Hz, ältere Zweibeiner oft sogar noch weniger. Das Frequenzspektrum des Hundes liegt bei ca. 35 000 Schwingungen/Sekunde. Er ist dadurch in der Lage, Töne zu hören, die für das menschliche Ohr im so genannten Ultraschallbereich angesiedelt sind. So ist es für Hunde kein Problem, das Mäuschen unter der Erde piepsen zu hören. Da die Hundeohren beweglich sind, sind sie auch in der Lage, Geräusche sehr genau zu lokalisieren. Die Vierbeiner können sich auf bestimmte Geräusche konzentrieren und andere ausblenden. Das ermöglicht ihnen, aus tiefstem Schlaf aufzuspringen, wenn sie das Rascheln der Leckerchentüte hören. Nehmen Sie Rücksicht auf das empfindliche Gehör Ihres Hundes und halten Sie allzu laute Geräusche möglichst von ihm fern. Es ist unnötig, Hörzeichen zu schreien, er hört sie auch in für uns normaler Lautstärke.

Was da wohl zu hören ist?

▸ **So sehen Hunde**

Hunde haben die Augen eines Raubtieres. Sie sind vor allem darauf ausgerichtet, Bewegungen (z.B. Beute) in der Entfernung zu erkennen. Ein Hund kann ohne Probleme ein am Horizont entlanglaufendes Kaninchen erblicken, erkennt aber unter Umständen den Hasen nicht, der sich vor ihm in seiner Sasse versteckt. Hunde haben zwar nicht das gleiche räumliche Sehvermögen wie Menschen. Weil ihre Augen weiter auseinander stehen, überblicken sie dafür aber ein größeres Sichtfeld, und können auch noch erkennen, was neben ihnen vorgeht. Sie haben ein Blickfeld von ca. 240–270 Grad. Auch nachts übertrifft das Sehvermögen des Hundes das des Menschen.

Entgegen althergebrachter Meinungen können Hunde durchaus Farben sehen, allerdings weniger differenziert als wir Menschen. Ihre Augen können nicht alle Farbbereiche gleich gut erkennen, schwierig ist die Unterscheidung von Rot, Orange, Gelb und Grün. Ihre Augen sind mehr auf Helligkeitsunterschiede ausgerichtet als auf farbliches Sehen.

▶ Der Geruchssinn

Unglaublich sind die Fähigkeiten der Hundenase. Wir Menschen besitzen im Durchschnitt acht Millionen Riechzellen, Hunde etwa 200 Millionen!

Der Bereich im Gehirn eines Hundes, der für das Riechen »zuständig« ist, ist etwa sieben- bis 14-mal größer als beim Menschen. Wenn Sie mit Ihrem Welpen spazieren gehen, strömt eine unglaubliche Duftwelt auf ihn ein. Ob die Spur eines Hasen, die Markierung eines Artgenossen oder der Kuhfladen – all diese Düfte strömen in die Nase des Welpen. Da ist es nicht mehr verwunderlich, dass ein Welpe ganz schnell abgelenkt ist.

Ein Hund kann sogar riechen, ob sein Mensch Angst hat oder unsicher ist, da auch die biochemischen Reaktionen des Körpers bestimmte Gerüche haben. Riechen ist für Hunde anstrengende Kopfarbeit – richtige Denksportaufgaben sind da zu bewältigen.

Es bietet sich geradezu an, bereits den Welpen spielerisch viele verschiedene Gerüche wahrnehmen zu lassen. Man kann ganz kurze Minifährten legen und mit großem Spaß für Herrchen und Hund den Geruchssinn trainieren.

▶ Der Tastsinn

Hunde besitzen einen ausgeprägten Tastsinn. Sie fühlen und erkunden ihre Umwelt mit den Pfoten und den empfindlichen Tasthaaren an der Schnauze, den so genannten Sinushaaren, deren Enden mit besonders vielen Nerven verbunden sind. Niemals dürfen diese Tasthaare einfach abgeschnitten oder geschoren werden, denn damit nimmt man dem Hund eine wichtige Möglichkeit der Orientierung.

▶ Der Geschmackssinn

Der Geschmackssinn unserer vierbeinigen Freunde ist deutlich schlechter ausgeprägt als der des Menschen, da erheblich weniger Geschmackspapillen auf der Zunge vorhanden sind. Hunde schmecken die Unterschiede süß, salzig und sauer – ähnlich wie wir.

Unsere Sinnesorgane können im Vergleich zur Wahrnehmung des Hundes nicht mithalten.

Abholen und eingewöhnen

Abholen und eingewöhnen

46	▶ Den Welpen abholen	51	▶	Hund, Katze, Nager & Co.
48	▶ Zu Hause angekommen	53	▶	Spielregeln im täglichen Umgang
49	▶ Müder Welpe			
50	▶ Die ersten Tage			

Den Welpen abholen

Die letzten Tage vor dem Einzug des Knirpses scheinen ewig zu dauern, und je näher der lang ersehnte Tag rückt, desto langsamer vergehen die Stunden. Sie haben sich ausführlich mit Hunden und ihrer Sprache befasst und machen sich jetzt bestens vorbereitet auf den Weg, um den Welpen abzuholen. Nehmen Sie sich Verstärkung mit, egal ob Sie mit dem Auto oder mit dem Zug unterwegs sind. Ihr Begleiter kann sich um die praktischen Dinge wie fahren, Gepäck tragen etc. kümmern, während Sie die erste Zeit ungestört mit dem Welpen verbringen. Meistens will sowieso die ganze Familie mitfahren, um den Kleinen in sein neues Leben zu begleiten, sodass sich genügend helfende Hände finden. Die beste Tageszeit, um den Welpen abzuholen, ist der späte Vormittag. So hat er, bei Ihnen zu Hause angekommen, noch genügend Zeit, sich in seinem neuen Heim umzusehen.

▶ Die erste Autofahrt

Verantwortungsvolle (Auf-)Züchter beginnen schon vor der Abgabe mit dem Autotraining, damit es später keine Probleme gibt. Trotzdem kann es vorkommen, dass dem Welpen übel wird. Halten Sie dafür Küchentücher bereit, um die Bescherung schnell zu entfernen. Natürlich darf der Kleine deswegen nicht geschimpft werden, denn er hat schon genug Stress und kann diese körperliche Reaktion nicht kontrollieren.

Setzen Sie sich bei der Fahrt am besten auf die Rückbank des Autos und legen Sie den Welpen auf Ihren Schoß oder direkt neben sich. Legen Sie zum Schutz Ihrer Kleidung und der Polster ein altes Handtuch oder eine Decke unter.

Um dem Welpen die Unsicherheit zu nehmen, sollten Sie freundlich und

> **▶ Wenig Futter vor der Fahrt**
>
> Damit der Welpe die Auto- oder Zugfahrt gut verträgt, sollte er nicht direkt davor gefüttert werden. Eine kleine Mahlzeit morgens vertreibt den größten Hunger, den Rest kriegt er dann bei Ihnen zu Hause. Ein guter (Auf-)Züchter wird das sowieso berücksichtigen.

DEN WELPEN ABHOLEN 47

Endlich ist es soweit: Der Welpe kann abgeholt werden!

aufmunternd aber nicht bedauernd mit ihm reden. Wenn er schläft, lassen Sie ihn bitte schlafen. Trösten Sie ihn jedoch nicht und verkneifen Sie sich jedes Mitleid, wenn er jammert. Er hat genug Stress durch diese ungewohnte Situation und unsere tröstenden Worte machen es leider nicht besser (s. Kapitel 8, S. 117, Stimmungsübertragung).

Außerdem bekäme er von Anfang an ein falsches Signal: Jammern bedeutet Aufmerksamkeit. Verhalten Sie sich neutral, wenn er quengelt – auch wenn es Ihnen schwer fällt. Wenn er auf Ihrem Schoß sitzen darf, kann er Ihre Nähe und Wärme spüren, damit geben Sie ihm Sicherheit.

▶ **Nach Hause ohne Umwege**

Fahren Sie auf direktem Weg nach Hause. Kurze Umwege, auch nur um den Neuzugang der Oma oder der Tante vorzuführen, können den kleinen Kerl überfordern. Das Erste, was er nach der Autofahrt sehen sollte, ist sein neues Zuhause! Dauert die Fahrt länger als eine Stunde, bieten Sie ihm zwischendurch Wasser an, an heißen Tagen auch früher. Bei längeren Autofahrten sollten Sie dem Kleinen natürlich zwischendurch die Möglichkeit bieten, sich zu lösen, also Urin oder Kot abzusetzen. Vermeiden Sie stark frequentierte Raststätten. Dort lösen sich zig Hunde täglich und dementsprechend groß ist die Gefahr, dass sich der Welpe Parasiten oder Krankheiten einfängt. Besser ist es, die Autobahn zu verlassen und ins Grüne zu fahren. Leinen Sie den Welpen beim ersten Gassigang unbedingt an!

Sie glauben gar nicht, wie flink und schnell so ein kleines Kerlchen sein kann, sei es, dass es auf Erkundungstour gehen möchte oder dass es wegen der vielen fremden Eindrücke Angst

bekommt. Ohne Leine kann der Kleine abhauen, im Gebüsch verschwinden oder einen Unfall verursachen – und das ist nicht nur für ihn lebensgefährlich. Zu lange sollten Sie sich nicht an dem Rastplatz aufhalten. Hat der Welpe sich gelöst und haben sich alle Mitfahrer die Beine vertreten, geht es weiter. Er wurde erst vor kurzer Zeit von seinen Geschwistern und seiner Mutter getrennt – nun braucht er erst einmal Ruhe und keine langen Spaziergänge an einer lauten Straße.

Zu Hause angekommen

Daheim angekommen, führt der erste Weg mit dem angeleinten Welpen zum »Löseplatz«, wo er auch später sein Geschäft verrichten soll. Seine Blase drückt jetzt sicher und er wird vermutlich ganz schnell Pipi machen.

In der Wohnung sollten Sie seinen Bewegungsradius erst einmal einschränken. Die Dimensionen eines großen Hauses würden ihn überfordern. Außerdem wird er sich in nächster Zeit sowieso nicht allein durch die Räume bewegen dürfen, ganz gleich, ob es sich um zwei oder sechs Zimmer handelt. Sie sollten ihn im Auge behalten, ob er an Kabel gehen oder die Tapete abziehen möchte. Zeigen Sie ihm seinen Ruheplatz und den Wassernapf. Lassen Sie ihn erst mal in Ruhe und animieren Sie ihn noch nicht zu wilden Spielen. Es ist aufregend genug, die neue Umgebung zu erkunden.

Die Kontaktaufnahme zu Ihnen hat erste Priorität. Allerdings sollte er nicht mit Leckerlis, Spielsachen und

▶ Reisegepäck

Haben Sie alles dabei, wenn Sie den Welpen abholen?

- [ ] Passendes Halsband
- [ ] Leine
- [ ] Hundedecke oder altes Handtuch
- [ ] Eine Rolle Küchentücher
- [ ] Kottüten
- [ ] Wassernapf
- [ ] Wasser
- [ ] Gegebenenfalls etwas Futter
- [ ] Ein Tuch, das beim Züchter gelegen hatte und das für ihn bekannte Gerüche trägt

Übungen überschüttet werden. Hocken Sie sich auf den Boden, um ihm nahe zu sein und reden Sie freundlich und ruhig mit ihm. Jeder Kontakt mit Ihnen soll ein positives Erlebnis sein.

Müder Welpe

Welpen haben nur eine kurze Wachphase und werden schnell müde – vor allem nach so vielen neuen Eindrücken. Sucht der Kleine sich einen Schlafplatz, bringen Sie ihn in sein Körbchen, in seinen Laufstall oder Kennel.

Dort ist idealerweise ein Tuch, das er vom (Auf-)Züchter mitbekommen hat und das vertraut riecht. Bitte bleiben Sie im selben Raum und lassen den Kleinen nicht direkt allein, damit er nicht völlig verunsichert ist, wenn er aufwacht und niemand bei ihm ist.

Wäre der Welpe noch bei seiner Hundemama und den Geschwistern, würde er nachts mit der ganzen Gruppe zusammen schlafen. Es ist also durchaus in Ordnung, ihn mit im Schlafzimmer übernachten zu lassen. Alternativ zu einem Kennel kann der Kleine auch die ersten Nächte in einem großen Laufstall schlafen. Eine Begrenzung hilft sowohl Ihnen als auch dem Zwerg, der dadurch schneller zur Ruhe kommen kann. Ansonsten kann es Ihnen passieren, dass er nachts unbemerkt durch die Wohnung läuft und sich ein Eckchen sucht, um sein Geschäft zu verrichten. Ist er in seiner eigenen »Hundehöhle«, werden Sie merken, wenn er aufwacht und unruhig wird, Sie können dann schnell mit ihm rausgehen, bevor er sich im Wohnbereich löst (s. Kapitel 5, S. 60, Stubenreinheit).

Hundemüde!

Der Kennel bietet dem Welpen eine Rückzugsmöglichkeit.

▸ Der Schlafplatz

Grundsätzlich sollten Hunde in ihrem Körbchen oder auf einer Decke, also auf ihrem Platz, schlafen. Ein Hundeplatz, wie ein Körbchen oder Kennel, ist wichtig, weil er dem Hund eine Rückzugsmöglichkeit bietet. Das gilt insbesondere für Welpen, weil diese ja noch viel Schlaf benötigen. Ein eigener Platz dient aber auch dazu, den Hund dort zu begrenzen, wenn Sie zum Beispiel mit ihm von einem Spaziergang durch den Regen nach Hause in das frisch geputzte Haus kommen oder wenn Besuch erwartet wird, der Angst vor Hunden hat.

Die ersten Tage

In den folgenden zwei bis drei Tagen sollten wir uns noch mit Einladungen für Besucher zurückhalten, damit der Kleine ausreichend Gelegenheit hat, seine Menschen kennen zu lernen. Danach können sich Verwandtschaft und Freunde dem tierischen Hausgenossen vorstellen – aber bitte nicht in großen Gruppen, denn das wäre für ihn zu viel: Der eine Welpe fühlt sich in den Mittelpunkt geschoben, der nächste gerät aufgrund der vielen neuen Eindrücke in Stress und dem letzten macht es gar nichts aus. Bitte versuchen Sie sich in Ihren Hund hineinzufühlen und entscheiden dann, wie Sie sich am besten verhalten. Gönnen Sie dem kleinen Kerl zwischendurch bitte Ruhephasen.

▸ Der erste Tierarztbesuch

In den Tagen nach dem Einzug steht auch ein erster Tierarztbesuch an. Übrigens sollte dieser Besuch wenn möglich ohne Spritze (Impfung usw.) oder schmerzhafte Behandlung ablaufen. Das gibt dem Welpen die Gelegenheit, den Tierarzt in entspannter Atmosphäre kennen zu lernen und das eine oder andere Leckerchen abzustauben. Die folgenden Tierarztbesuche verlau-

> **Schlafen ist wichtig**
>
> Wecken oder stören Sie den Welpen nicht, wenn er schläft. Diese häufigen Ruhephasen sind notwendig, damit der Kleine zu einem gesunden und ausgeglichenen Hund heranwachsen kann. Extremer Schlafmangel und häufiges Wecken reduzieren die Leistungsfähigkeit und bedeuten Stress für den kleinen Knirps. Der Welpe kann sich nicht mehr konzentrieren und auf Dauer leidet sogar seine Immunabwehr darunter.

fen dann meist stressfrei, weil der Welpe diese fremdartige Umgebung in positiver Erinnerung hat. Der Tierarzt wird den Kleinen gründlich untersuchen und gibt Ihnen die Gewissheit, einen gesunden Welpen erworben zu haben.

Hund, Katze, Nager & Co.

Wenn noch andere Tiere bei Ihnen leben, sollte der Welpe auch diese bald kennen lernen, schließlich sollen später alle harmonisch zusammenleben. Hier finden Sie einige Tipps:

▶ Eine Katze

Toll ist es natürlich, wenn Ihre Katze bereits »Hundeerfahrung« hat und weiß, wie sie mit diesen andersartigen Vierbeinern umgehen sollte. Das erste Mal sollten sich die beiden in Ihrer Wohnung begegnen. Zuerst darf die Katze an dem kleinen Kerl schnuppern, wenn er zum Beispiel auf Ihrem Arm sitzt. Darf er herunter, muss die Samtpfote unbedingt die Möglichkeit haben, bei eventuellen Aufdringlichkeiten auf ein Möbelstück zu flüchten. Nicht immer sind Katzen von dem neuen Welpen begeistert und ungeschickte Annäherungsversuche können durchaus mit einem Pfotenhieb quittiert werden. Doch nur in ganz wenigen Ausnahmefällen kommt es zu ernsthaften Schrammen.

▶ Ein anderer Hund

Konnten die Hunde sich nicht schon beim (Auf-)Züchter kennen lernen, sollte die erste Kontaktaufnahme draußen – abseits vom Straßenverkehr – stattfinden, möglichst auf einem neutralen Gebiet, das der Große nicht zu seinem Revier zählt. Dort können sich

»Das ist aber hoch! Naja, Hauptsache, keine Spritze!«

»Huch! Wer bist du denn?«

die Hunde unvoreingenommen begegnen. Wenn Sie sich nicht sicher sind, wie der ältere Hund reagiert, sollte er mit einer Leine abgesichert sein. Haben die beiden sich bekannt gemacht, gehen Sie zusammen ins Haus. Beobachten Sie die Vierbeiner zunächst, bis Sie ein gutes Gefühl haben. Lassen Sie den Älteren gewähren, wenn er den kleinen Wusel gerechtfertigterweise zurechtweist, indem er ihn anknurrt oder ihn umschubst.

▶ **Nager und andere Kleintiere**
Ihr Kleiner muss lernen, Kaninchen, Meerschweinchen und Co. zu akzeptieren, auch wenn er ein Nachkömmling einer traditionsreichen Jagdhundfamilie ist.

Es ist tabu, die Kleintiere in ihrem Käfig zu bedrängen oder sie beim Freilauf durch die Wohnung zu hetzen. Das sollten Sie ihm unmissverständlich klar machen.

Lassen Sie den Welpen unter Ihrer

Gegenseitiges Kennenlernen.

Schließlich muss der »Hund des Hauses« dem Neuzugang seine Regeln aufzeigen. Wenn der Kleine zu aufdringlich ist, kann das auch mal grob aussehen. In der Regel kommt es aber nur so weit, wenn der Welpe die Warnsignale des erwachsenen Hundes ignoriert hat – die Strafe folgt auf dem Fuß. Meist werden Sie danach beobachten können, wie sich der Welpe als Zeichen der Akzeptanz kleinlaut vor seinem großen Kumpel hinlegt oder diesem eifrig die Schnauze leckt.

Aufsicht durch das Gitter Kontakt zu den kleinen Mitbewohnern aufnehmen. Sie können auch ein Kleintier auf den Schoß nehmen, damit sie sich näher kommen können, und streicheln beide gleichzeitig, vorausgesetzt, das Kleintier zeigt keine Angst. Machen Sie jedoch bitte nicht zu viel Aufhebens um die Nager, sonst sorgen Sie dafür, dass sie erst recht interessant und spannend werden. Sie sollten wie selbstverständlich zum Haushalt gehören.

Spielregeln im täglichen Umgang

Bewährt hat sich folgendes »Prinzip« im Umgang mit Hunden: So positiv wie möglich und so negativ wie nötig. Selbstverständlich gibt es »rote Ampeln«, denn ausschließlich über positive Bestätigung für erwünschtes Verhalten kann man einen Hund nicht zuverlässig erziehen – nicht, wenn man noch andere Dinge im Leben zu tun hat, als sich um seinen Hund zu kümmern und ihm auf Schritt und Tritt zu folgen.

Hunde sind auch nicht nur nett zueinander, maßregeln und prügeln aber auch nicht ständig auf sich ein. Der gesunde Mittelweg ist unsere Devise.

Man kann unterteilen in:

Do's Übungen, die wir mit dem Hund machen (»Hier«, »Sit«, »Platz« ...) und die er korrekt ausführt.

Lob in Form von Stimme, Leckerlis, Streicheln oder Spiel führen dazu, dass unser Welpe motiviert die Aufgaben löst, die wir ihm stellen.

Do's sind aber auch Dinge, die der Hund von sich aus macht, weil sie von uns erlaubt sind, zum Beispiel wenn er sich zum Schlafen in sein Körbchen legt. Das muss allerdings nicht explizit belohnt werden.

Not seen Es gibt viele Verhaltensweisen, die man einfach nicht sehen, also ignorieren sollte, denn sonst ist man ständig damit beschäftigt, dem Hund Aufmerksamkeit zu schenken. Er darf Dinge für sich tun, z.B. beim Spaziergang einen Tannenzapfen aufnehmen und mit diesem spielen. Ständiges Nachschauen, was er im Maul hat, macht das Aufsammeln noch spannender. Ohne Aufmerksamkeit lassen Hunde die Sachen schnell wieder fallen. Ignorieren sollten Sie auch, wenn Ihr Hund ein Verhalten anbietet, z.B. wenn er sich vor Sie setzt, weil er sich Futter erhofft. Sie sind keine Futtermaschine, also gibt es nichts.

Jüngere Hunde orientieren sich gern an den älteren, erfahrenen Tieren.

Don'ts Bei manchen »Tätigkeiten« ist Ignorieren nicht mehr ausreichend, beispielsweise wenn Ihr vorwitziger Welpe giftige Pflanzen anknabbert oder Tischbeine und Kabel annagt. Dieses Verhalten sollte unterbunden werden.

Nein, er will Sie nicht ärgern, muss aber noch allerhand lernen.

Sinnvolle Übungen, um das Hörzeichen »Nein« einzuüben, finden Sie in Kapitel 5, Seite 86.

Bestimmt noch nicht in den ersten Tagen, aber doch zusehends, wird Ihr Welpe selbstständiger werden und alles Mögliche ausprobieren wollen, was bis zu einem gewissen Grad auch für seine Entwicklung wichtig ist. Wundern Sie sich nicht, auch die »verrückten fünf Minuten« – der Welpe rast wie wild geworden durch die Gegend – gehören dazu. Solange er nichts zerstört und nichts anstellt, lassen Sie ihn ruhig. Irgendwo muss er ja mit seinen Energien bleiben.

Schnell heißt es, ein Hund sei »dominant«. Zu einem Dominanzverhältnis gehören immer zwei, und das vergessen die meisten »Hundekenner«: Nämlich einer, der es probiert, aber vor allem einer, der es mit sich machen lässt.

Wenn Sie Ihrem Welpen frühzeitig deutlich machen, dass Sie das Sagen haben, wird auch der pubertierende oder erwachsene Hund keine Veranlassung sehen, die Führung der »Gemeinschaft« übernehmen zu wollen.

▶ **Timing und Intensität**

Am besten können unsere Vierbeiner uns verstehen, wenn wir zeitgenau positiv oder negativ einwirken. Das bedeutet, dass Sie in der Sekunde aktiv werden, in der er etwas tut, was Sie möchten oder etwas, das er unterlassen soll. Neben der richtigen Intensität ist das Timing entscheidend, damit der kleine Kerl einen Zusammenhang herstellen kann. Wenn Sie zu spät sind, ignorieren Sie, was gerade passiert ist. Das kann beispielsweise der Fall sein, wenn Sie kurz das Zimmer verlassen haben, wieder zurückkommen und den Blumentopf ausgeräumt vorfinden. Da hilft nur: Alles kommentarlos wegräumen und beim nächsten Mal besser aufpassen. Das bedeutet den Welpen mitzunehmen, ihn in den Laufstall zu setzen oder die wichtigen Dinge hochzustellen, damit nichts zu Schaden kommen kann.

▶ **Vorausschauend handeln**

Wir tragen volle Verantwortung für das kleine Kerlchen, ganz gleich ob es darum geht, ihn davor zu schützen, Stromkabel anzuknabbern, beziehungsweise unser und fremdes Eigentum vor ihm zu bewahren.

Sie können viele Parallelen zu einem Kleinkind ziehen: Da wird die Treppe mit einem Kindergitter abgesperrt und in den Steckdosen werden Sicherungen angebracht. Und unsere guten Teetassen und die Filzstifte bewahren wir außer Reichweite der kleinen Kinderhände auf. Ähnlich sollten sie es mit Ihrem jungen Hund handhaben.

Behalten Sie Ihren Welpen zwar im Blick, doch schauen sie nicht ständig nach ihm. Er wird sonst ganz schnell das Gefühl bekommen, dass Sie auf alles reagieren, was er tut: Auch negative Rückmeldung bedeutet Aufmerksamkeit. Damit machen Sie ihn sehr wichtig, vielleicht sogar zum Mittelpunkt der Familie. Wer wichtig ist, hat auch irgendwann das Sagen oder meint zumindest es zu haben.

▶ **Rechtzeitig einwirken**
Möchten Sie etwas unterbinden, spielt Ihre Körpersprache eine wichtige Rolle. Rennen Sie schimpfend und gestikulierend zum Hund und beugen sich dabei über ihn, bekommt er unter Umständen Angst vor Ihnen. Sie wirken bedrohlich und unheimlich.

Ihr Hund lernt im Laufe der Zeit, dass er einfach schneller ist als Sie.

Rennen Sie immer wieder schimpfend zu ihm, wenn er etwas »klaut«, Sie aber nicht überzeugend einwirken, wird er irgendwann anfangen, Sachen aus dem Regal zu räumen oder vom Tisch zu holen, um Aufmerksamkeit zu erhalten, und er wird sich die Gegenstände schnell schnappen und wegtragen. Ein lustiges Spiel – zumindest für ihn!

Nach der ersten Eingewöhnung wird Ihr Welpe zusehends selbstständiger und probiert alles Mögliche aus.

Neben der Intensität und dem Timing ist das schnelle Umschalten von Tadel auf Lob sehr wichtig.

Um das zu verhindern, wirken Sie entweder auf Entfernung mit einem energischen »Nein« ein. Lässt Ihr Hund daraufhin ab, loben Sie sofort mit der Stimme. Können Sie ihn jedoch nicht stoppen, dann kann eine Hausleine (eine ungefähr zwei Meter lange dünne Schnur ohne Endschlaufe) weiterhelfen.

Sie sollten etwas Vorsicht walten lassen, dass er sich damit nicht verletzt, indem er irgendwo hängen bleibt. Die Hausleine hängt einfach herunter und der Hund zieht sie hinter sich her, wenn er umherläuft. Mit ihrer Hilfe können Sie den kleinen Kerl auch aus Entfernung sofort unterbrechen, indem Sie ihn kurz und schnell mit der Leine wegziehen und Ihr »Nein« parallel dazu ertönt. Danach folgt wieder Ihr Lob. Es mag seltsam klingen, dass Ihr Hund in der Wohnung mit einer Leine herumlaufen soll. Sie werden jedoch schnell feststellen, wie hilfreich diese sein kann, weil Sie Ihre Verbote zügig und erfolgreich durchsetzen können.

Gelingt Ihnen das nicht, überwiegt das »Nein« schnell gegenüber dem viel wichtigeren Lob.

▶ **Von Tadel zu Lob**

Sie sehen: Wichtig neben der Intensität und dem Timing ist auch das schnelle Umschalten von Tadel auf Lob. Seien Sie in einem Moment streng und ernst, im nächsten aber sofort wieder freundlich und wohlwollend, sobald Ihr Hund erwünschtes Verhalten zeigt.

▶ **Verhalten umlenken**

Sie können sein Verhalten auch im Vorfeld umlenken, wenn Sie bemerken, dass er Richtung Regal steuert. Rufen Sie ihn, loben ihn, wenn er kommt, spielen mit ihm, und er hat wahrscheinlich danach gar keine Lust mehr, auf Erkundungstour zu gehen, weil er zufrieden und müde ist.

Hat er doch mal etwas erwischt, so ist es sinnvoll, diesen Gegenstand gegen eines seiner Spielzeuge zu tauschen. Dabei signalisieren Sie allerdings nicht, dass Sie seine »Beute« haben wollen, sondern machen stattdessen ein Spielzeug interessant und spannend. Wenn man dabei glaubwürdig rüberkommt, lässt nahezu jeder Hund fallen, was er gerade trägt.

▶ **Schneller sein**

Wenn er beim Spazierengehen einen alten Hasenkadaver entdeckt – es liegt ja alles Mögliche herum –, den er besser nicht fressen soll, sollten Sie ihn bereits im Vorfeld im Auge behalten, um ihn im Ansatz unterbrechen zu können, nämlich noch bevor er frisst. Frisst er allerdings schon, und Sie wirken erst nachträglich ein, hat er sein Ziel längst erreicht und Ihre Unterbrechung kommt zu spät. Hier gilt das Gleiche wie im Haus: Rennen Sie schimpfend zum Hund, lernt er schneller zu sein als Sie, also: schnell die »Beute« herunterschlucken oder soviel wie möglich ins Maul nehmen und dann aber nichts wie weg von dem schimpfenden Menschen. Außerdem ist das Vertrauensverhältnis gefährdet: Wenn Ihr Welpe bereits aufgehört hat zu fressen, Sie aber immer noch wütend und emotionsgeladen zu ihm hinstürmen, versteht er nicht, warum. Der bessere Weg ist allemal, dass es gar nicht erst zum unerwünschten Verhalten kommt. Sehen Sie, dass er zielgerichtet auf den Hasenkadaver zusteuert, um bei diesem Beispiel zu bleiben, dann stoppen Sie ihn möglichst früh, spätestens jedoch, bevor er ihn aufsammeln möchte.

Um Misserfolge gar nicht erst auftreten zu lassen, ist es sinnvoll, den Welpen draußen vorerst mit Schleppleine laufen zu lassen (s. Kapitel 5, Seite 69 »Rein ins Leben«). Sehen Sie, dass Ihr Welpe gerade Richtung Hasenkadaver abbiegt, bremsen Sie ihn voher mit einem »Nein!« und holen Sie ihn mit der Schleppleine weg.

Schleppleinen können Misserfolge verhindern.

Das kann Ihr Welpe lernen

59	▶	Beizeiten beginnen	72	▶ »Hier«
60	▶	Stubenreinheit	77	▶ »Bei« – An der lockeren Leine
64	▶	Alleine bleiben	80	▶ »Sit«
67	▶	Beißhemmung	83	▶ »Platz«
68	▶	Treppen steigen	86	▶ »Nein« und »Aus«
69	▶	Rein ins Leben – die ersten Spaziergänge	86	▶ Gemeinsame Outdoor-Beschäftigungen
72	▶	Warten lernen	92	▶ Weniger gute Beschäftigungen

Beizeiten beginnen

Je früher wir mit der Erziehung anfangen, desto besser und einfacher ist es. Einige »Hundeexperten« meinen, Hunde müssen erst einmal ihre Kindheit genießen, doch wann sollen wir denn dann beginnen? Wenn er zum Teenager herangewachsen ist und uns »auf dem Kopf herumtanzt«? Dann hat er bereits eine Menge gelernt, auch ohne dass wir gezielt dazu beigetragen haben. Zum Beispiel beim Spaziergang: »Jogger scheinen sehr interessant zu sein!«, und: »Klasse ... Pfützen«. In der Wohnung: »Wie öffne ich nur den gut duftenden Mülleimer?«, »Oh, ist das aber ein schöner Schulranzen!« und »Juchu, Besuch – nur für mich!«

Soll er erst eine Menge Unsinn lernen, bevor wir mit dem neun Monate alten Schnösel zum Erziehungskurs gehen? Lenken wir es doch lieber gleich in die richtigen Bahnen! Damit haben sowohl wir als auch der Welpe es leichter, weil wir später nicht mühsam die erworbenen Unarten korrigieren müssen.

Mit 16 Wochen kann ein Welpe übrigens problemlos die folgenden Übungen ausführen: »Hier«, »Sit«, an durchhängender Leine laufen, »Nein«, und auch schon ein paar Minuten warten.

Wie Sie all das trainieren können, lesen Sie auf den folgenden Seiten.

> **Individuelle Trainingswege**
>
> Jeder Hund ist eine eigene Persönlichkeit und hat seinen eigenen Charakter. Deswegen sollten die Erziehungswege immer individuell auf das Tier abgestimmt werden – sie sollten sowohl zum Menschen als auch zum Hund passen. Es gibt nicht **den** richtigen Weg. Die hier beschriebenen Trainingsvorschläge dienen als Anregungen zum Üben.

Stubenreinheit

Anfangs hat der kleine Kerl noch keine Kontrolle über Blase und Darm. Bewusstes Kontrollieren von Urin- beziehungsweise Kotabsatz beginnt im Alter von zehn bis zwölf Wochen. Wirklich abgeschlossen ist die Entwicklung, die im Zusammenhang mit körperlicher und geistiger Reifung steht, in der Regel mit vier bis sechs Monaten.

Generell kann man davon ausgehen, dass Hunde ihren Wohn- und Lebensbereich sauber halten, sobald alle Räume als zugehörig erkannt sind und die erforderliche körperliche und geistige Reife entwickelt ist, um auf den nächsten Spaziergang zu warten. Als Ausnahme gelten Hunde, die über das Alter von sechs Monaten hinaus nicht

Na, was hat sie vor? Am Boden schnuppern? Dann wird es wohl Zeit!

die Möglichkeit hatten, sich entfernt ihres Schlaf und Futterplatzes zu lösen, beispielsweise in engen Boxen rund um die Uhr eingesperrt waren.

Unsere heutigen Wohnbereiche, einschließlich Garten, sind im Verhältnis zur Körpergröße des Welpen überdimensional groß. Genau wie bei Kleinkindern sind die Schließmuskeln noch nicht unter Kontrolle und das Fassungsvermögen von Blase und Darm ist noch gering. Außerdem muss bei dem Welpen erst »der Groschen fallen«, dass die Geschäfte ab sofort draußen erledigt werden sollen, statt den guten Teppich als Hundetoilette zu verwenden.

▸ Gut beobachten

Mit aufmerksamer Beobachtung ist das relativ schnell erreicht. Bleiben Sie ruhig und geduldig – kein gesunder erwachsener Hund verunreinigt das Haus, wenn er genug Möglichkeiten bekommt, regelmäßig an die frische Luft zu gehen, es sei denn, er markiert innerhalb der Räumlichkeiten.

Eltern von Kleinkindern kämen sicher nicht auf die Idee, von einem menschlichen Kleinkind, das gerade »windelfrei« die Welt erkundet, zu erwarten, dass es große und kleine Geschäfte beliebig zurückhalten kann. Das Gleiche gilt für Welpen. Der eine braucht etwas länger, beim anderen geht es schneller, aber lernen kann es jeder.

Als grobe Orientierung gilt: Mit vier Monaten sollte das Hundekind nachts

durchhalten, mit einem halben Jahr ganz stubenrein sein. Und das ist – zu Ihrer Beruhigung – weit gefasst.

Ausrutscher zwischendurch gehören einfach dazu. Haben Sie allerdings das Gefühl, dass Ihr Welpe übermäßig viel trinkt und viel urinieren muss, sollten Sie ihn vom Tierarzt untersuchen lassen.

> **Info**
>
> Grundsätzlich sollten Sie davon ausgehen, dass ein Welpe nach jedem Fressen, Trinken, Schlafen und nach Aufregung beziehungsweise während des Spielens »nach draußen« muss!

▸ Schnell nach draußen

Wenn der Welpe muss, zählt jede Sekunde – er muss dann auf der Stelle und nicht erst in fünf Minuten! Einhalten und einen Moment warten, kann er (noch) nicht. Dabei wird er zuerst versuchen, für ihn wichtige Bereiche wie Spiel-, Futter- und Schlafplatz zu schonen. Ein bisschen hängt das auch von den örtlichen Gegebenheiten ab. Haben Sie die Möglichkeit, den Welpen jederzeit in Ihren Garten zu bringen, erledigt sich vieles von allein. Ist es allerdings Winter und Sie müssen zuerst noch zwei Stockwerke durch das Treppenhaus, sich vorher dick einmummeln, passiert öfter mal ein Malheur und Sie benötigen etwas mehr Zeit und Geduld. Halten Sie Schuhe, Jacke und Leine bereit, damit es schnell geht.

▸ Anzeichen, dass die Blase drückt

Ein deutliches Signal für Sie ist es, wenn der Welpe herumschnüffelt und ein geeignetes Plätzchen sucht, manchmal auch, wenn er winselt. Achtung: Es kann ebenso sein, dass es ihm gerade langweilig ist oder kalt oder »der Schuh irgendwo anders drückt« – Welpen »jammern« in allen möglichen Situationen! Das werden Sie jedoch bald unterscheiden können. Einen Moment kann man das Malheur durch Hochnehmen verhindern. Diese kurze Zeitspanne reicht meistens, um ihn schnell nach draußen zu tragen. Erwischen Sie ihn »in flagranti«, heben Sie ihn am besten kommentarlos hoch und bringen Sie ihn ins Freie. Wenn Sie schimpfen und ärgerlich sind, wird er möglicherweise heimlich sein Geschäft in der Wohnung verrichten. Negative Emotionen sind hier völlig fehl am Platz, sie zerstören das gerade aufkeimende Vertrauen und verunsichern den Welpen. Nach draußen gebracht kann es ein Weilchen dauern, bis das Geschäftchen fortgeführt wird, denn durch das Hochheben wurde der Schließmuskel stimuliert.

Luna musste mal ganz schnell raus!

▶ Pipi auf Kommando

Hilfreich ist es, die »Aktion« direkt von Anfang an mit einem Hörzeichen zu kombinieren. Hockt sich Ihr Hundekind hin und pieselt, können Sie »Mach Bächlein« oder »Mach Pipi« sagen und loben ihn dann. Das muss keine »Hurra–er–hat–gepinkelt–Party« sein! Manche Welpen verkneifen es sich dann wieder und kommen schnell zu Ihnen gelaufen, um zu sehen, was los ist. Oder man macht das Pinkeln durch das Loben so wichtig, dass Ihr Kleiner sich immer und immer wieder hinsetzt, um Aufmerksamkeit zu erhalten – auch solche Fälle gibt es.

Nach ein paar Wiederholungen hat er das Hörzeichen in seiner Bedeutung verstanden. Nun können Sie es sagen, bevor er sich hinhockt und damit beschleunigen, dass er sich eine passende Stelle sucht. Das hilft Ihrem Welpen ungemein, schnell stubenrein zu werden. Im Übrigen ist das auch später ganz praktisch: Sind Sie in Eile und wollen Ihren Hund nur kurz rauslassen, damit er seine Geschäfte erledigen kann, können Sie ihn direkt dazu auffordern.

▶ Kommentarlos entfernen

Das Malheur im Haus bzw. in der Wohnung wird kommentarlos entfernt. Ein Welpe wird NIEMALS, wie früher üblich, mit der Nase in seine Hinterlassenschaft geschubst! Auch das ist ein sehr alter Zopf!

Bitte kommen Sie ihm zuvor, statt darauf zu warten, dass er sich meldet. Schnell lernt er, dass er für Winseln und Jaulen Aufmerksamkeit erhält. Stellen Sie sich nachts den Wecker, um Ihren Welpen nach draußen zu bringen. Sie werden bald merken, wann er

---

▶ Zuhause ist es sicherer

Anfangs wird es immer wieder passieren, dass der Welpe, kurz nachdem Sie vom Gassi gehen wieder Zuhause angekommen sind, in die Wohnung macht. Warum das?

Sie waren lange genug draußen, aber er wollte einfach nicht? Der Grund ist meist Folgender: Viele Welpen fühlen sich draußen noch sehr unsicher in der ihnen fremden Welt. Kaum kommen sie nach Hause, tritt ein Gefühl der Entspannung und der Sicherheit ein. Genau richtig, damit sie nun ganz in Ruhe ihr Geschäft erledigen können. Andere Welpen sind einfach so sehr mit den ganzen Eindrücken beschäftigt, dass sie schlichtweg vergessen, dass sie müssen. Ähnlich geht es Kindern manchmal, wenn sie spielen.

Lassen Sie sich von diesem Verhalten bitte nicht beirren und gehen Sie weiterhin regelmäßig mit dem Welpen raus. Er wird dieses Angebot im Laufe der Zeit nutzen und verstehen, was Sie von ihm wollen, wenn er insgesamt sicherer und gelassener wird und mehr Vertrauen aufgebaut hat.

»Kein Problem! Das ist ja schnell weggewischt.« Wenn ein Missgeschick passiert ist, beseitigen Sie es kommentarlos.

länger durchhält und Sie die Zeiten ausdehnen können. Wenn Sie ausschließlich auf sein Signal zum Beispiel in Form von Fiepen warten, dann lernt Ihr Hund, Sie damit zu beschäftigen, zur Terrassentür zu laufen, um in den Garten zu dürfen. Das Pinkeln hat dann nur noch »Alibifunktion«. Irgendwann stellt er sich vor die Tür und signalisiert: »Hallo, kann mich mal jemand in den Garten lassen?«

Einem erwachsenen Hund reicht es aus, wenn er sich drei bis vier Mal am Tag lösen kann. Diese regelmäßigen Gassigänge sollten Sie ohnehin einplanen. Hat er einmal Durchfall und muss ganz dringend, werden Sie es merken – das versprechen wir Ihnen!

Klappt es mit der Stubenreinheit, können Sie die Zeitabstände langsam vergrößern, bis Sie spazieren gehen, sodass Ihr Hund nach und nach länger einhält.

Haben Sie einen Garten und wollen, dass Ihr Hund sich später nicht mehr dort löst, sollten Sie ihn so schnell wie möglich nicht mehr im Garten machen lassen. Je länger er sich daran gewöhnt, umso selbstverständlicher wird es für ihn sein, seine Geschäfte dort zu verrichten.

Gute Organisation

- Wie und wo lagere ich benötigte Utensilien, sodass wir möglichst schnell im Garten ankommen? (Morgenrock, Schuhe, Halsband und Leine, Kottüte)
- Zu welchen Uhrzeiten kommen die Häufchen? Vor oder nach dem Fressen?
- Wie oft muss mein Welpe Pipi? Ist er vorher ruhelos, schnüffelt herum etc.?
- Gute Läufer und Teppiche sollten vorerst in Sicherheit gebracht werden.

Mit Leckerchen, ...

▸ **Vor lauter Aufregung**

Manche Hunde, vor allem Welpen, urinieren, wenn sie jemanden begrüßen oder wenn sie begrüßt werden. Das passiert vor lauter Aufregung, ist aber auch ein Zeichen von Unterwürfigkeit. In solchen Fällen ist es ratsam, die Begrüßung so ruhig wie möglich abzuhalten, der Welpe sollte am besten ignoriert werden, um seine Aufregung nicht noch zu fördern, beziehungsweise man geht ganz einfach vor die Tür. Somit vermeidet man auf einfache Weise, dass man anschließend putzen muss. Meistens legt sich dieses Verhalten mit zunehmendem Alter, solange wir cool damit umgehen.

Alleine bleiben

Toll ist es natürlich, wenn Sie eine Oma, eine Nachbarin oder eine andere Person haben, die den Welpen gut kennt und die sich zumindest in der ersten Zeit während Ihrer Abwesenheit um den Knirps kümmern kann.

Er sollte dennoch recht schnell lernen, allein zu bleiben – je länger er sich daran gewöhnt, dass immer jemand da ist, desto schwerer wird ihm das Allein bleiben mit zunehmendem Alter fallen.

Das Problem für Hunde besteht darin, dass wir sie meistens bei uns haben und sie daran gewöhnt sind mitzugehen. Wenn wir beispielsweise zum Arzt müssen oder zum Friseur, kann der Kleine nicht mit, was ihn völlig aus der Bahn wirft.

Daher gilt es, Situationen zu schaffen, mit denen Sie beide leben können.

▸ **Wohnbereich für Welpen**

Gewöhnen Sie Ihren Zwerg von vornherein an einen kleinen Wohnbereich innerhalb des Hauses, den er kennt und in dem er sich wohl fühlt. Dort sollte er sich weder verletzen können, noch Gelegenheit haben, Ihr Inventar auf Bissfestigkeit zu testen. Bedenken Sie, dass Ihnen schon sehr bald der Zahnwechsel des Welpen bevorsteht.

Seine Decke, etwas zum Kauen, zum Beispiel ein kleiner Büffelhautknochen und unzerstörbares Spielzeug sollten zur Verfügung stehen.

Nach einigen Eingewöhnungstagen kann man damit beginnen, ihn Schritt für Schritt an diesen Wohnbereich (das kann auch der Kennel oder Laufstall sein) zu gewöhnen und anschließend ans Allein bleiben. Halten Sie sich immer wieder mit dem Welpen dort auf, füttern Sie ihn, schmusen oder spielen Sie mit ihm, damit dieser Bereich für ihn angenehm wird und nicht nur verlassen sein bedeutet.

▸ **Rituale vermeiden**

Lassen Sie keine Rituale entstehen, damit der Hund nicht kombiniert: »Mein Mensch macht sich fertig, zieht Schuhe und Jacke an, steckt den Schlüssel

... Ruhe und Geduld wird der Welpe an die Hundebox gewöhnt.

ein ...! Klasse, wir gehen gemeinsam spazieren!«

Das Üben beginnt im Alltag, gehen Sie immer mal wieder kurzfristig aus dem Zimmer. Oder ziehen sich Schuhe und Jacke an – und setzen sich anschließend an den Frühstückstisch. Ja, Sie haben richtig gelesen! Damit vermeiden Sie, dass Ihr Hund bereits in Aufregung gerät, wenn Sie sich zum Weggehen vorbereiten. Denn auf diese Rituale reagieren viele Hunde sehr gespannt. Es entsteht eine Unruhe, die weder für den Hund noch für den Menschen angenehm und auch gar nicht notwendig ist.

▶ **Auszeiten für den Welpen**

Steht Ihr Welpe ständig im Mittelpunkt und findet permanent Beachtung, wird er größere Schwierigkeiten damit haben, das Allein sein zu akzeptieren. Schaffen Sie von Beginn an gezielte Auszeiten, in denen er zur Ruhe kommen soll, während Sie Ihrer normalen Tätigkeit im Haus nachgehen.

Auch wenn er außerhalb seines Ruheplatzes ist, ignorieren Sie ihn bitte immer wieder. Sie sind zwar da, aber stehen dem Zwerg nicht zur Verfügung, weil Sie anderes zu tun haben.

Erledigen Sie Ihre alltäglichen Dinge bitte so selbstverständlich wie möglich. Sind Sie immer für ihn da, wenn er wach und munter ist, dann fällt es umso mehr ins Gewicht, wenn Sie weg sind.

▶ **Das Allein-sein-Training**

Um das Allein bleiben gezielt zu üben, sollte der Welpe müde sein – das ist definitiv nach dem Besuch der Welpengruppe der Fall –, satt sein und sich vorher gelöst haben. Je normaler Sie mit der Situation umgehen, desto leichter wird es für Ihren Hund sein. Machen Sie also kein großes Aufheben, allein bleiben soll ganz normal und stressfrei werden. Verabschieden Sie sich aus diesem Grund bitte nicht, auch wenn es schwer fällt. Das würde gleichbedeutend sein mit: »Gleich

»Hm, hier muss ich wohl warten!« – Barrieren akzeptieren will gelernt sein.

Spielen?

wird es wieder gruselig, wenn Frauchen so redet, dann geht sie ...« Ignorieren Sie nach dem Verlassen des Raumes jegliches Meckern, Mosern, Jaulen oder Singen! Beschäftigen Sie sich erst einmal mit etwas anderem, und wenn Ruhe eingekehrt ist, gehen Sie wieder zurück, ganz gelassen und so, als wären Sie aus einem anderen Grund in den Raum zurückgekommen. Dann erst, wenn weiterhin Ruhe herrscht und er Sie nicht zu massiv behelligt, schenken Sie ihm wieder Ihre Aufmerksamkeit. Sollten Sie ihn »befreien«, während er jammert, bedeutet das für ihn: »Ich muss nur lang und laut genug rufen, dann kommen die Menschen und holen mich hier raus.«

Übrigens: Ein Stress- oder Angstjaulen erkennen Sie. In diesem Fall sollten Sie natürlich wieder in seine Nähe gehen. Auch hier gilt: Ist er in einem Zimmer allein, betreten Sie kommentarlos den Raum und beschäftigen sich anderweitig. Beachten Sie ihn gar nicht. Er hat dadurch wieder genügend Sicherheit, wenn er Sie in seiner Nähe weiß. Das Ignorieren hat folgenden Grund: Ihr Welpe ist noch ganz außer sich, weil Sie weg waren. Gehen Sie bei der Rückkehr auf ihn ein, bestätigen Sie damit seine Aufregung, das bedeutet für ihn soviel wie: »Mein Mensch ist auch froh, dass wir endlich wieder zusammen sind, die Trennung war so schrecklich!«

▶ **Zeiten langsam ausdehnen**
Verlassen Sie immer wieder kurz den Raum und schließen die Tür hinter sich. Legen Sie ihm ein getragenes Kleidungsstück, ein altes T-Shirt (vielleicht wird es »Opfer« seiner Zähnchen) hin, dann hat der Kleine zumindest Ihren Geruch und fühlt sich geborgener. Eventuell lassen Sie auch eine CD mit ruhiger Musik laufen, damit Geräusche zu hören sind. Je besser das Allein sein klappt, umso länger wird die Zeitspanne Ihrer Abwesenheit ausgedehnt – in kleinen Fünf-Minuten-Schritten.

Oder fürs Leben lernen?

Es gilt die Devise: Lieber immer mal wieder allein lassen, als nur einmal in der Woche, aber dafür gleich mehrere Stunden. Vielen Hunden fällt es nach dem Wochenende oder nach dem Urlaub schwer, eine Trennung auszuhalten. Lassen Sie ihn bitte auch in diesen Phasen immer wieder allein, und sei es nur kurz, damit die Trennung nach den freien Tagen nicht zu schwer wird.

Beißhemmung

Das, was wir Menschen pauschal als »Spiel« bezeichnen, ist immer Verhalten sozialer Natur. Hunde kommen nicht auf die Welt und können alles, sondern sie testen, probieren und üben Hundesprache, wenn sie Gelegenheit dazu haben. Hierbei werden unter anderem Handlungen aus dem Jagd- und Beutefangverhalten beziehungsweise dem Sexualverhalten eingebaut. Neben dem Spaßfaktor stehen der Ausbau sozialer Fähigkeiten und

> **Beißhemmung**

Sie können sich dieses Verhalten der Welpen zu Nutze machen. Kaut er Ihnen auf der Hand herum oder zwickt er Sie im Spiel zu sehr, lassen Sie einen Schmerzenslaut erklingen und spielen dann weniger heftig weiter. Meist reicht dies aus, um eine behutsamere Spielweise zu erzielen. Sollte das nicht helfen, unterbrechen Sie die Kommunikation, setzen sich an den Tisch und lesen etwas. Auch wenn Ihr Welpe an Ihnen hochspringt, fiept oder knurrt, ignorieren Sie ihn, bis er sich wieder beruhigt hat. Meist ist das viel effektiver, als den aufgeregten Welpen zu maßregeln.
Ist er jedoch sehr heftig und reißt an Ihrer Hose, dann unterbinden Sie dies mit einem »Nein« (siehe Seite. 86).

der körperlichen Vitalität im Vordergrund. Deshalb sind Kontakte zu Artgenossen wichtig. Bei den wilden Raufereien geht es häufig nicht gerade zimperlich zu und man hört dabei auch mal einen Welpen aufschreien, wenn der Kumpel zu fest zugebissen hat. Der Malträtierte beendet dann oftmals das Spiel. So merken die Welpen, dass sie die Kraft ihrer Kiefer mit einer Reaktion des Spielpartners verknüpfen sollten: Ist der Biss zu fest, folgt zunächst ein lauter Schrei, dann wird entweder zurückgebissen und/oder das Spiel wird abgebrochen. Die Welpen lernen dadurch, gemäßigt zuzubeißen – schließlich ist ihnen daran gelegen, dass das muntere Treiben mit ihrem Kumpel fortgesetzt wird.

Treppen steigen

Wenn Sie einen 30 bis 40 Kilogramm schweren Hund später nicht die Treppen hoch- oder heruntertragen möchten oder große Umwege in Kauf nehmen wollen, sollte bereits der Welpe lernen, unterschiedliche Treppen (glatte, offene, geschlossene oder sogar Gitterrosttreppen) zu bewältigen. Passen Sie währenddessen auf ihn auf, damit ihm nichts passiert. Bringen Sie Ihrem Welpen das Treppensteigen bei, indem Sie ihn am besten mit Ihrer Stimme und Leckerchen motivieren.

Rolltreppen hingegen sollten für Hunde wegen der großen Verletzungsgefahr tabu sein. Grundsätzlich ist beim Welpen darauf zu achten, dass er nur wenige Stufen erklimmen muss, denn dies kann den Gelenken und der Wirbelsäule schaden. Gerade größere Hunde leiden häufig an Skeletterkrankungen, die durch das zu frühe Treppensteigen ungünstig beeinflusst wurden. Drei bis vier Stufen sind für Welpen in Ordnung, beim Rest wird er getragen. Steigern Sie die Anzahl der Stufen langsam. Übrigens ist das Trepp-auf-Laufen schonender für die Gelenke als der Weg hinunter, weil das Hinab die Gelenke erheblich staucht. Vermeiden Sie bitte, dass der Welpe bei Ihnen zu Hause ständig Treppen läuft, wie es ihm gefällt.

Auch wenn Ihnen gesagt wird, dass Ihr Hund das erste Jahr getragen werden sollte, geht das bei einem groß werdenden Hund nicht! Tragen Sie Ihren Hund so lang wie möglich. Allerdings macht es keinen Sinn, wenn Sie anschließend Bandscheibenprobleme haben.

Im Handel gibt es rutschfeste Bretter, die man auf die Stufen legen kann. Sie sind im Übrigen auch als Einstiegshilfen fürs Auto erhältlich.

Vorsicht mit dem Treppensteigen!

Rein ins Leben – die ersten Spaziergänge

Viele Welpenbesitzer beklagen sich, dass sich der Familienzuwachs in der ersten Zeit weigert, von zu Hause wegzugehen. Das ist völlig normal und leicht zu erklären. Der Umzug ist ein einschneidendes Erlebnis: Mutter, Geschwister, Bezugspersonen und sein gewohnter Lebensraum fehlen. All dies gab ihm Sicherheit, Geborgenheit und Wärme. Zunächst einmal bietet ihm nun Ihre Wohnung Schutz.

Ab der siebten, achten Lebenswoche setzt zudem ein mehr oder minder ausgeprägtes Vorsichtsverhalten ein. Zeitweise überwiegt die Neugier, zeitweise die Unsicherheit. Dieses aufkommende Gefahrenbewusstsein kann in der freien Natur lebensrettend sein!

Allerdings weiß der Welpe noch nicht, was wirklich gefährlich ist und was nicht. Dies wird er in der nächsten Zeit mit Ihnen zusammen lernen.

▸ Zufluchtsort Auto

Das Auto wird vom Welpen auch als eine Art Zufluchtsort angesehen. Daraus ergibt sich, dass Sie immer auf der Seite der Straße parken sollten, auf der Sie weiterlaufen oder Ihren Hund angeleint lassen, damit er nicht plötzlich über die Straße rennen kann, wenn er sich erschreckt und dann am Auto Schutz suchen möchte.

▸ Draußen ist es unheimlich

Hat sich der Welpe ein paar Tage eingewöhnt, sieht er Ihre Wohnung als sein neues Zuhause an. Dort fühlt er sich sicher. Sobald ihm etwas unheimlich erscheint, er sich erschreckt, wird er – so schnell ihn seine Füßchen nur tragen und blind für alle Gefahren – nach Hause stürmen wollen. Hat das Kerlchen Vertrauen zu Ihnen gefasst und eine Beziehung aufgebaut, wird es bei Ihnen Schutz suchen.

▸ Angeleint

Im Wohngebiet und in der Nähe von Straßen sollten Sie den Welpen (später auch den erwachsenen Hund) nur angeleint laufen lassen. In diesen Bereichen können Sie ihn an einer ein bis zwei Meter langen Leine führen.

Da ihn jedoch mehr als einige Minuten konzentriertes, korrektes Laufen an der Leine überfordern, bietet sich in Feld, Wald und Grünanlage eine zehn Meter lange Schleppleine an, an der der Kleine Freiheiten genießen darf und trotzdem »unter Kontrolle« ist.

Auch an sicheren Orten, wo sich keine gefährlichen Straßen in der Nähe befinden, sollten Sie den Welpen an der langen Leine lassen. So können Sie rechtzeitig aus der Ferne einwirken, falls er Unrat findet und diesen fressen will (s. Kapitel 5, »Nein«, S. 86).

Das Gute an der Schleppleine: Wenn Jogger, Radfahrer oder Spaziergänger kommen, können Sie die Leine kommentarlos an die Seite nehmen und sich darauf stellen. Die Leine sollte so lang sein, dass sich Ihr Hund

Die Schleppleine behindert einen Welpen nicht in seinem Bewegungs- und Erkundungsdrang.

noch bewegen kann, und so kurz, dass er den vorbeilaufenden oder -fahrenden Personen nicht in die Quere kommen kann. Damit signalisieren Sie den anderen, dass Sie Rücksicht nehmen und ermöglichen Ihrem Welpen erst gar nicht, zu fremden Menschen hinzulaufen.

Auf diese Weise vermeiden Sie hektische Versuche, Ihren frei laufenden Welpen einzufangen. Je aufgeregter Sie sich nämlich in solchen Situationen verhalten, desto spannender werden die »Objekte« für Ihren Hund, was zur Folge haben kann, dass er sie zukünftig genauer unter die Lupe nehmen möchte.

▸ Kurze Gänge

Denken Sie bei Ihren Spaziergängen daran, auf die Uhr zu schauen. Fünf bis zehn Minuten Bewegung pro Lebensmonat am Stück und das drei bis viermal täglich reichen aus, sonst werden die Gelenke überbelastet. Das hängt natürlich von der Größe und der Rasse ab, bei groß und schwer werdenden Hunden ist mehr Vorsicht geboten. Hunde haben in kürzester Zeit ihr Endgewicht erreicht und jede zu große Belastung und jedes Kilo zu viel schaden dem Körper. Eine Ausnahme, was die Bewegung anbelangt, stellt das Welpenspiel dar, denn hier findet keine gleichförmige Bewegung statt. Die Welpen flitzen los, kullern über den Boden, raufen, legen sich kurz hin. Zudem gibt es zwischendurch Ruhephasen, wenn die Hunde angeleint werden.

▸ Anschluss halten

Die meisten Welpen versuchen, Anschluss an ihre Familie zu halten, egal ob es sich dabei nun um Hunde oder Menschen handelt. Dieser positive Ef-

---

▸ Ansteckungsgefahr

Viele Welpenbesitzer äußern ihre Sorge, der Welpe könne sich beim Gassigehen mit Krankheiten infizieren, weil er noch nicht durchgeimpft ist. Grundsätzlich ist diese Sorge berechtigt, aber rein theoretisch dürfte dann kein Familienmitglied das Haus verlassen oder betreten, kein Wildtier (Kaninchen, Fuchs, Marder, Maus oder frei laufende Katze) Ihr Grundstück queren, denn all diese können Krankheiten und Parasiten übertragen. Vermeiden Sie zunächst:
- ▸ stark frequentierte Auslaufgebiete,
- ▸ Wasser und Futternäpfe in oder vor Läden und Tierarztpraxen sowie
- ▸ ungepflegte und unbekannte Vierbeiner. (Nicht alle Hunde sind gepflegt, geimpft und gesund.)

fekt sollte von Ihnen ausgenutzt und vertieft werden, denn er hält leider nicht lange an: Zum Beispiel wenn der pubertierende Schnösel die große, weite Welt erkunden will und sich deshalb auch mal weiter entfernt oder die Zeit im Spiel mit Artgenossen »vergisst«.

▸ **Machen Sie sich interessant**
Damit Sie auch zukünftig interessant bleiben und sich Ihr Hund in Ihrer Nähe aufhält, sollten Sie vorbeugen:

Lässt sich der kleine Naseweiß ablenken und passt nicht auf, wohin Sie gehen, sollten Sie sich in Sichtweite verstecken, allerdings so, dass Sie den Welpen beobachten können. Überprüfen Sie vorher, ob Passanten kommen. Es kann sein, dass sich Ihr Welpe noch nicht an Ihnen orientiert. Hunde entwickeln erst nach ein paar Wochen eine engere Beziehung zu ihrer neuen Familie. Zunächst würde der Kleine ebenso mit fremden Menschen mitgehen, es sei denn, es handelt sich um einen ausgesprochen unsicheren Hund, doch dieser würde Sie ohnehin nicht aus den Augen lassen.

Nutzen Sie seine Neugierde aus! Bewegen Sie sich etwas fort – ca. 10 m – er wird bald registrieren, dass Sie nicht mehr da sind. Bleiben Sie erst einmal weg, Sie können laut vor sich hin reden oder singen, damit er eine Orientierung hat. Wenn er nicht gerufen wurde, wird er auch nicht gelobt, wenn er kommt. Sie tun so, als hätten Sie im Wald wichtige Dinge zu

Wer orientiert sich an wem? Wenn Sie sich dauernd zu Ihrem Hund umdrehen, lernt er, dass sich sein Mensch an ihm orientiert.

Kommen Passanten, Hunde usw. vorbei, stellen Sie sich ganz gelassen auf die Leine, um unnötige Aufregung zu vermeiden.

Warten lernen

Das Auf-die-Leine-Stellen gilt für alle Situationen, in denen der Welpe warten soll. Würden Sie einen Bekannten treffen und Ihrem Hund »Platz« sagen, so hätten Sie folgende Schwierigkeit: Ihr junger Hund kann vermutlich noch gar nicht lange liegen bleiben und im »Platz« warten. Jetzt müssten Sie Korrekturversuche starten und sich um Ihren Hund kümmern, wenn dieser aufstehen möchte. Das könnte zur Folge haben, dass Ihr Bekannter gelangweilt das Weite sucht.

Oder Sie führen das, was Sie dem Hund gesagt haben, nicht reell zu Ende und so lernt dieser, dass Sie inkonsequent sind. Indem Sie auf der Leine stehen, wird er am leichtesten zur Ruhe kommen. Und er lernt ganz nebenbei, zu warten und nicht immer im Mittelpunkt zu stehen. Es geht hier nur um kurze Zeitabschnitte, er soll nicht stundenlang warten.

Keine Bange: Er wird im Laufe der Zeit ebenso lernen, auf Ihr Signal hin liegen zu bleiben.

erledigen: Blumen oder Pilze pflücken oder Blätter und Tannenzapfen suchen – umso interessanter machen Sie sich! Damit wirken Sie beschäftigt und nicht so, als würden Sie sehnsüchtig auf Ihren Welpen warten. Das mag zwar ab und zu so sein, doch das sollte er möglichst nicht mitbekommen, denn er lernt sonst: »Mein Mensch wartet ja sowieso auf mich.« Damit wäre jedoch der Mensch derjenige, der sich an seinem Hund orientiert und ihn in Sicherheit wiegt, dass dieser gewiss nicht allein im Wald zurückbleibt. Wenn wir uns dauernd nach unserem Hündchen umdrehen und ihm ständig hinterher rennen, wird er sich seiner immer sicherer und uns im Laufe der Zeit langweilig finden.

Ständiges Rufen wird übrigens schnell zu einer Standortbestimmung. Das bedeutet für den Hund so viel wie: »Ich bin hier, ich bin hier!« und Ihr Vierbeiner wird wissen: »Aha, mein Mensch ist ja da, also kann ich weiterschnuppern.«

> **Tipp**
>
> Wollen Sie sich auf der Straße mit jemanden unterhalten oder sitzen Sie im Restaurant, dann stellen Sie sich einfach auf die Leine, ganz gleich, ob kurze Leine oder Schleppleine. So kommt Ihr Welpe am ehesten zur Ruhe, wenn Sie sich auf die Leine stellen und ihn ignorieren.

»Hier«

▶ Warum »Hier« statt »Komm«?

»Hier« ist eines der wichtigsten (aber auch schwierigsten) Signale, denn es ermöglicht, dass der Hund ohne Leine umherlaufen und damit mehr Freiheiten genießen kann.

Soll Ihr Hund kommen, rufen Sie ihn am besten mit »Hier«, denn »Komm« benutzt man sehr häufig im Alltag, oftmals mit anderer Bedeutung: »Komm, geh mal aus dem Weg!«, »Komm, geh ins Auto.« oder »komm mit!« Ihr Welpe hört also vielfach »Komm«, muss es aber nicht im Sinne von Herankommen befolgen. Besser ist es, wenn er von Anfang an ein eindeutiges Signal bekommt, das sonst nicht verwendet wird.

▶ Die Bedeutung muss erlernt werden

Allerdings: Wenn er auf die Welt kommt, weiß er noch nicht, was »Hier« bedeutet. Er kann es lernen, indem wir sein Verhalten mit einem Signalwort besetzen. Ein konkretes Beispiel: Ihr Welpe läuft beim Spaziergang in Ihre Richtung und kommt auf Sie zu. Gehen Sie in die Hocke, lassen Sie den Oberkörper dabei möglichst aufrecht, rufen ihn mit einem langge-

Zeigen Sie ihm immer, dass Sie seine Leistung richtig klasse finden und wertschätzen, z.B. wenn er auf Ihr Rufen hin zu Ihnen kommt.

zogenen »Hiiiiiiier« zu sich und freuen sich überschwänglich, während er sich weiter in Ihre Richtung bewegt und natürlich immer noch, wenn er angekommen ist. Wenn sich andere Menschen verwundert umdrehen, machen Sie es richtig! Lassen Sie sich davon nicht irritieren: Das Einzige, was jetzt zählt, ist Ihr Welpe und der hundegerechte Umgang mit ihm.

Zeigen Sie ihm, dass Sie seine »Leistung« richtig klasse finden und wertschätzen, indem Sie ihn freudestrahlend begrüßen, also auch von der Körpersprache her entsprechend einladend wirken.

Bremsend würden Sie auf ihn wirken, wenn Sie massiv auf ihn zugehen oder sogar rennen, wenn Sie sich ihm entgegen beugen, wenn Sie die Arme nach vorne ausstrecken, um ihn schnell festzuhalten, damit er ja nicht gleich wieder abhaut. Das brauchen Sie gar nicht, denn er wird bei Ihnen bleiben wollen, wenn Sie sich entsprechend verhalten. Bleiben Sie an der ursprünglichen Stelle oder laufen Sie ein wenig rückwärts, lächeln Sie ihn an, breiten Sie die Arme aus und loben Sie ihn mit der Stimme, beziehungsweise geben ihm Futter, wenn er da ist. Die Leckerlis gibt es nah bei Ihnen, sodass er ganz dicht herankommt.

▶ **Der Welpe kommt nicht**

Kommt der Welpe auf Ihren Ruf hin nicht, versuchen Sie es mit Weglaufen, Weghüpfen und aufmunternder Stimme. Bitte entfernen Sie sich nicht zu weit, da Hunde mit acht bis neun Wochen noch gar nicht so weit sehen können.

Trägt er eine Schleppleine, können Sie diese einsetzen, wenn »Plan A« nicht funktioniert. Schnuppert Zwergnase weiter fröhlich vor sich hin und ignoriert Ihren Ruf, laufen Sie mit dem Schleppleinenende in der Hand in die andere Richtung, selbstverständlich auch mit aufmunternder Stimme.

Was es beim Heranrufen zu beachten gilt:

- Nutzen Sie Situationen, in denen die Wahrscheinlichkeit groß ist, dass er zu Ihnen kommen wird.

- Üben Sie das Herankommen immer mal wieder zwischendurch und nicht nur dann, wenn Ablenkung vorhanden ist. Ansonsten wird sich Ihr Hund erst einmal umschauen, was denn los ist, wenn Sie ihn wieder rufen. Ob wohl ein Radfahrer oder Jogger oder etwas anderes Interessantes kommt?

- Besetzen Sie das Herankommen sehr positiv, indem Ihre Körpersprache freundlich ist, Sie ihn mit der Stimme, mit Futter oder einem Spiel belohnen.

- Rufen Sie ihn auch mit »Hier« zum Futternapf, damit er das Herankommen positiv verknüpft.

- Als Lob kann auch dienen, dass Sie ihn nach dem Herankommen wieder zum »Objekt der Begierde« laufen lassen: Er spielt mit dem Kind im Garten, Sie rufen ihn ab, er kommt und darf sofort wieder zurück, um weiterhin Spaß zu haben.

- Rufen Sie ihn immer wieder, auch ohne ihn anzuleinen, sonst bedeutet das Kommen irgendwann: Der Spaß ist vorbei, ich muss an die Leine. Andererseits sollte das An-die-Leine-Nehmen absolut positiv besetzt sein und keine Strafmaßnahme darstellen.

- Er braucht nicht vorzusitzen, denn das ist wenig einladend. Zudem würde er für das Vorsitzen und nicht für das Herankommen belohnt.

- Möchte man eine Begleithundeprüfung machen, kann das Vorsitzen später noch beigebracht werden. Hunde können sehr gut zwischen Übungsplatz und Alltag unterscheiden.

Bauen Sie das Heranrufen immer mal wieder in den Übungsalltag ein. Die Wiederholungen helfen dem Welpen, das Hörzeichen zu verknüpfen.

Motivieren sie Ihren Welpen freundlich, während er angeflitzt kommt.

Nun kann der Kleine gar nicht anders, als Ihnen zu folgen. Wichtig ist, dass die Leine sofort wieder locker durchhängt, denn sonst handelt es sich um ein »Heranangeln« des Hundes.

Er wird auch diesmal sofort gelobt, selbst wenn er mit der Leine kurz »erinnert« werden musste.

Bauen Sie das Heranrufen immer mal wieder in den Alltag ein, damit Ihr Welpe das Hörzeichen »Hier« nach einigen Wiederholungen mit dem Kommen verknüpfen kann. Das wird er auch mit Freude tun, wenn eine tolle Begrüßung auf ihn wartet. Bemühen Sie sich, möglichst gleich klingend zu rufen. Schwingen Aufregung und Hektik in Ihrer Stimme mit, kann das den Hund irritieren.

Gestalten Sie Ihr Lob abwechslungsreich, sodass es spannend für ihn bleibt.

▶ **Herankommen unter Ablenkung**

Üben Sie das »Hier« möglichst immer wieder in ablenkungsfreien Situationen, bis Sie sich ganz sicher sind, dass Ihr Hund zuverlässig zurückkommt. Anschließend können Sie beginnen, ihn unter Ablenkung zu rufen. Sinnvoll ist es, die Ablenkung langsam zu steigern. Beginnen Sie zunächst, wenn ein gut erzogener erwachsener Hund dabei ist. Sind mehrere junge Hunde unterwegs und Sie rufen Ihren ab, will dieser vielleicht sogar zu Ihnen kommen, doch ein anderer galoppiert hinterher und bremst Ihren aus. Haben Sie jedoch einen gut erzogenen Hund dabei, kann dieser gestoppt, zum Beispiel ins »Platz« gelegt werden und ist damit uninteressanter als ein tobender Junghund. Gibt sich der Mensch jetzt Mühe, den Welpen mit der Stimme

»Bei« – An der lockeren Leine

Der Kleine sollte natürlich auch lernen, mit lockerer Leine an Ihrer Seite zu gehen. Dazu verwenden Sie am besten eine kurze Ein-bis-zwei-Meter-Leine. Animieren Sie den Hund mit einer Hand voll Leckerchen und Ihrer freundlichen Stimme dazu, an Ihrer Seite zu bleiben. Nehmen Sie mehrere Leckerlis in die Hand, damit Sie ihm immer mal wieder eins während des Laufens geben können und diese nicht erst mühsam aus der Tasche kramen müssen. Soll Ihr Hund links laufen, halten Sie die Leine in Ihrer rechten Hand und das Futter (am besten etwas Kleines, Weiches, damit Ihr Hund es schnell schlucken kann) in der linken, also in der Hand, die näher beim Hund ist.

Wählen Sie ein Signal aus, beispielsweise »Bei«. Sagen Sie dieses Signal nur dann, wenn der Welpe wie gewünscht neben Ihnen läuft und loben Sie ihn mit wohlwollender Stimme. Freuen Sie sich zu überschwäng-

Das Herankommen soll Spaß machen! Entsprechende Körpersprache und Mimik unterstützen die Übung.

richtig zu motivieren, hat er die besten Chancen, spannender und toller als der vierbeinige Kumpel zu sein. Es ist wichtig, dass man seine Stimme richtig einsetzt. Rufe ich meinen Hund emotionslos und stehe dann »wie zur Salzsäule erstarrt« da, wird der Welpe keine Veranlassung haben zu kommen. In diesem Fall wird er sich beispielsweise eher für den anderen Hund und den Spaß mit diesem entscheiden.

Der Hund spürt, wenn Sie nicht daran glauben, dass er kommt und Ihre Stimme zögerlich und unsicher klingt. Anders ist es, wenn er »angefeuert« und freundlich begrüßt wird.

Entscheidend ist natürlich auch, dass er nach dem Kommen meistens wieder laufen darf, der Spaß also mit dem Kommen zu Ihnen kein Ende hat.

Loben Sie sein korrektes Laufen an lockerer Leine mit Leckerlis und Stimme.

Belohnen Sie Ihren Hund zu überschwänglich und gehen Sie zu forsch, bewirken Sie, dass er schneller wird.

Aufmerksamkeit erreichen Sie mit Hilfe von Richtungswechseln, Zickzack-Gehen und Wendungen.

lich, veranlassen Sie Ihren Hund eher dazu, schneller zu werden, doch Sie möchten ja, dass er ruhig neben Ihnen geht, also loben Sie entsprechend mit ruhiger Stimme.

▶ **Wenn er zieht oder trödelt**
Bleibt er zurück oder prescht vor, motivieren Sie ihn mit freundlicher Stimme und führen Sie ihn mit Hilfe der »Leckerli-Hand« wieder an Ihre Seite. Die Belohnung gibt es immer nur dann, wenn er sich auf Ihrer Höhe befindet.

Bei der »normalen« Leinenführigkeit geht es nicht darum, dass der Welpe exakt an Ihrer Seite läuft, er soll lediglich nicht an der Leine »herumzappeln« und von rechts nach links zerren. Zieht der ungeduldige Knirps an der Leine, können Sie abrupt in die entgegengesetzte Richtung gehen und ihn wieder an Ihre Seite locken. Laufen Sie zickzack oder einige Wendungen und Richtungswechsel, damit der Kleine sich auf Sie konzentriert.

Leinenführigkeit ist für junge Hunde sehr anstrengend. Bitte unterschätzen Sie diese Übung nicht und geben Ihrem Kleinen immer wieder Auszeiten, damit er schnuppern, toben, laufen und Spaß haben kann.

Motivieren Sie ihn zu Ihnen zu kommen und loben Sie ihn, wenn er auf gleicher Höhe ist.

Bauen Sie zwei Minuten Leinenführigkeit ein, machen Sie eine Pause, probieren Sie es dann wieder ein paar Minuten – pro Spaziergang zwei bis drei Mal.

▸ **Konzentration ist gefragt**
Diese Übung bedeutet nicht nur für Ihren Vierbeiner volle Konzentration, sondern auch für Sie. Gleichzeitige Unterhaltungen mit der Nachbarin oder Telefonate mit dem Handy werden noch nicht möglich sein.

Im Laufe der Zeit sollte Ihr Hund zwar lernen, dass die kurze Leine gleichbedeutend mit lockerer Leine ist – auch wenn der Mensch sich unterhält –, aber es wird noch eine Weile dauern, bis er das zuverlässig und über längere Strecken hinweg schafft.

▸ **Wenn's mal eilig ist**
Es wird Situationen geben, in denen Sie es eilig haben und nicht ständig darauf achten können, ob Ihr Hund ordentlich an Ihrer Seite läuft. Sie können Ihrem Welpen in dem Moment, in dem er zieht, ein Hörzeichen geben, zum Beispiel »Zieh«. Somit verhalten Sie und er sich »korrekt«. Für das »Zieh« wird er allerdings nicht gelobt, sonst verstärken Sie das Zerren an der Leine am Ende noch. Gehen Sie trotzdem unbedingt Ihren Weg und lassen Sie sich nicht vom Hund nach rechts und links ziehen – er braucht nicht an jedem Grashalm zu schnuppern.

Solche Situationen sollte es möglichst selten geben und sie sollten vor allem weniger werden. Lassen Sie Ihren Vierbeiner besser manches Mal zu Hause, wenn Sie es eilig haben, um stattdessen gezielt Spaziergänge für ihn und mit ihm zu machen, bei denen Sie sich auf ihn konzentrieren können. Schließen Sie lieber einen Kompromiss, der auch so aussehen kann, dass Sie ihn tragen, ehe Sie mühsam versuchen, ihn an lockerer Leine zu führen und es nicht funktioniert, weil Sie es eilig haben und unkonzentriert sind.

Ein Welpe lässt sich gut in einem offenen Rucksack oder in einem Babytragetuch vor dem Bauch transportieren, solange er noch nicht leinenführig ist. So gerät er in Menschenmengen auch nicht unter die Füße.

Bedenken Sie, dass Leinenführigkeit für junge Hunde sehr anstrengend ist.

Durch ein Leckerli richtet sich der Kopf nach oben und das Hinterteil geht zu Boden. Sagen Sie nun das Hörzeichen »Sit«.

> **Immer gleich gesprochen**
>
> Häufig sagt man im Alltag »Siiit«, in einer kritischen Situation (der Hund rennt hinter einem Hasen her) schreit man plötzlich »SIT«, dann weiß der Hund aber nicht, was der Mensch meint. Hörzeichen sind deshalb immer gleich auszusprechen, gleich kurz, gleich intensiv, gleich gelassen.

»Sit«

Wir empfehlen das Hörzeichen »Sit« statt »Sitz«, zum einen weil es sich in der Endung besser vom »Platz« unterscheidet und sich zum anderen kürzer und prägnanter als »Sitz« aussprechen lässt.

Für die meisten Welpen ist »Sit« eine einfache Übung: Halten Sie ein Leckerchen zwischen Mittelfinger und Daumen, sodass der Zeigefinger nach oben weist. Das Leckerchen wird an die Nase des jungen Hundes gehalten und die Hand langsam nach oben geführt. Richtet sich der Kopf nach oben, geht das Hinterteil zu Boden. Geben Sie das Hörzeichen »Sit«, während sein Hinterteil den Boden berührt und loben Sie, wenn der Hund richtig sitzt. Anfangs sollte er sofort wieder durch ein »Lauf« freigegeben werden, denn der Welpe kann sich noch nicht lange konzentrieren und sitzen bleiben.

Bitte lassen Sie ihm die Chance, sich selbst zu überlegen, was Sie von ihm wollen, anstatt körperlich einzuwirken, indem Sie an der Leine ziehen oder gar das Hinterteil herunterdrücken. Was man sich selbst »erarbeitet«, wird schneller verstanden und bleibt besser im Kopf.

▶ Sitzen bleiben

Der Welpe wird im nächsten Schritt lernen, sitzen zu bleiben (doch das dauert ein paar Tage). Sie geben ihm das Signal »Sit«, er sitzt, Sie loben ihn kurz mit der Stimme, bleiben neben ihm stehen und warten einen Moment. Klappt das, geben Sie ihn mit »Lauf« in Verbindung mit einer ausladenden Handbewegung wieder frei.

Steht er jedoch ohne Ihr Signal auf, korrigieren Sie ihn sofort mit »Sit«. Halten Sie mehrere Leckerchen bereit, damit Sie ihn motivieren können, sich erneut hinzusetzen.

Loben und das Ende der Übung sollten nicht direkt ineinander übergehen, sondern klar voneinander getrennt werden, damit der kleine Kerl nicht meint, Ihr Lob würde die Übung beenden. Machen Sie lieber eine deutliche Pause dazwischen.

▶ Sich vom Hund entfernen

Hat Ihr Hund gelernt, eine Weile sitzen zu bleiben, während Sie neben ihm stehen, können Sie sich versuchsweise von ihm entfernen. Gehen Sie zunächst nur ein paar Schritte weg. Steht Ihr Hund zwischenzeitlich auf, stoppen sie ihn schnell wieder, indem Sie auf ihn zugehen und mit dem dazugehörenden Handzeichen wieder »Sit« sagen.

Hat er sich bereits von der ursprünglichen Stelle entfernt, nehmen Sie ihn an der Schleppleine, in ungefähr einem Meter Abstand vom Halsband, und bringen ihn an die Ausgangsposition zurück. Dort geben Sie ihm bitte erneut das Signal. Zwar sollten Sie grundsätzlich keine Hörzeichen wiederholen, doch wenn er frühzeitig aufsteht, wird er mit einem weiteren »Sit« korrigiert.

Wenn er aufsteht, liegt es meist daran, dass man die Übungsschritte zu schnell gesteigert hat. Sie sollten einen Schritt zurückgehen, neben ihm stehen bleiben, sich nur ein, zwei Meter entfernen, zum Hund zurückkehren und ihn wieder laufen lassen. Mit regelmäßigem Training können Sie sich bald weiter entfernen.

Später können Sie die Übung festigen, indem Sie im Moment des Aufstehens einen Unmutslaut von sich geben, z.B. ein »Hey«, »Na« oder »Oh-Oh«. Damit wird er unterbrochen und merkt an Ihrem Tonfall, dass das Verhalten nicht erwünscht ist.

Erst Hör- und Sichtzeichen, dann gibt es das Leckerchen.

Vorn übergebeugte Körperhaltung ist für Hunde eher unangenehm. Sie können sich aber im Laufe der Zeit daran gewöhnen.

► Was der Mensch vermeiden sollte

Bleiben Sie ruhig und gelassen und vermeiden Sie hektische Bewegungen und Erklärungen nach dem Motto: »Jetzt bleib endlich sitzen, hab ich dir nicht gesagt …, wenn du jetzt brav sitzen bleibst, bekommst du gleich ein Leckerchen …«

Wenn Sie ihn ständig loben oder mit ihm reden, während er sitzt, animieren Sie Ihren Welpen durch Ihre Stimme höchstwahrscheinlich zum Aufstehen. Deshalb setzen Sie lieber nur ein kurzes Lob ein, wenn er sich hingesetzt hat. Es handelt sich um eine ruhige Übung. Mit viel Stimmeinsatz wird Ihr Hund beschleunigt. Schnelle Hunde werden mit lang gezogenen Vokabeln gelobt (»braaaver Hund, guuuter Junge«), ein ruhigerer Hund darf etwas mehr Pepp bedacht werden, bis Sie ihn wieder freigeben. Ablenkung kann später dazukommen.

► Zurück zum Hund

Anfangs sollten Sie zu Ihrem Hund zurückgehen, statt ihn abzurufen.

Es ist zwar toll, wenn der Hund angaloppiert kommt, doch das Heranrufen aus dem »Sit« sollte jedoch erst einmal unterlassen werden. Rufen Sie ihn heran, wächst in ihm die Spannung, obwohl er eigentlich ruhig warten soll: »Wann werde ich gerufen, wann werde ich gerufen?«, Außerdem belohnen Sie ihn für das Herankommen und nicht mehr für das Bleiben.

► So bauen Sie die Übung auf:

- Ihr Welpe erlernt das Hörzeichen »Sit« in Verbindung mit dem Sichtzeichen.
- Sie verlängern die Dauer, die er sitzen bleiben soll, während Sie neben ihm stehen.
- Sie entfernen sich ein paar Schritte, reduzieren dabei aber wieder die Zeitspanne.

Ist Ihr Hund etwas älter, können Sie die Übung folgendermaßen ausbauen:

- Sie gehen weiter weg und lassen ihn längere Zeit sitzen.
- Sie gehen in die Hocke, sammeln Blätter und Steine, hüpfen, springen, während der Hund sitzen bleiben soll.

Lassen Sie sich und dem Hund Zeit. Denken Sie an ein gutes und zuverlässiges Fundament – das ist viel mehr wert als auf die Schnelle viele Übungen zu erlernen.

Halten Sie Ihre Hand mit dem eingeklemmten Leckerli ruhig unten und lassen Sie Ihren Hund ausprobieren.

Legt er sich hin, folgt das Hörzeichen »Platz« und Ihr Lob.

»Platz«

Es gibt verschiedene Möglichkeiten, dem Hund das »Platz« beizubringen.

▸ **Folge dem Leckerli**

Der Handrücken der flachen Hand weist nach oben, die Handinnenfläche zeigt nach unten, unter dem Daumen ist ein Leckerli festgeklemmt.

Lassen Sie Ihren Welpen kurz daran schnuppern und führen Sie Ihre Hand langsam Richtung Boden. Viele Hunde legen sich nach einer Weile automatisch hin, um näher an das Leckerli zu rücken und dieses zu erreichen. Seien Sie geduldig und warten Sie, auch wenn es nicht gleich klappen sollte. Halten Sie Ihre Hand ruhig unten und lassen Sie Ihren Hund »nachdenken« und ausprobieren. Wenn er sich schließlich (zufällig) hinlegt, folgt genau in dem Moment Ihr Signalwort »Platz« und Sie loben den Welpen. Will es momentan gar nicht funktionieren, ist der kleine Knirps womöglich satt und strengt sich nicht an, an das Futter zu gelangen, er kann sich nicht mehr konzentrieren oder er traut sich nicht. Werden Sie bitte nicht ungeduldig, er weiß ja nicht, was er machen soll. Sie können ein paar Meter weiter gehen, damit er entspannen kann und versuchen es erneut. Das Gute ist, dass Sie kein Hörzeichen verschenken, da Sie es erst während seiner Handlung sagen.

▸ **Tipp**

Hörzeichen müssen erst verknüpft werden

Geben Sie dem Welpen, der sämtliche Signale erst erlernen muss, bitte nur dann die Hörzeichen, wenn er die entsprechende Handlung ausführt, nicht schon im Vorfeld. Wenn er auf die Welt kommt, weiß er noch nicht, was »Hier«, »Sit« und »Platz« bedeuten, es bringt nichts, ihm diese Begriffe immer wieder zu sagen und zu hoffen, dass er sie ausführen wird. Er lernt auf diese Weise nur, dass Ihre Signale keine Bedeutung haben und er sie ignorieren kann oder verknüpft sie sogar falsch. Schaut er – während Sie »Platz« sagen – gerade auf das Leckerli und berührt dabei Ihre Hand, kann es sein, dass er meint, »Platz« bedeutet, »ich muss die Hand vom Menschen berühren«. Besetzen Sie eine Handlung immer wieder mit einem Hörzeichen, so können Sie nach mehreren Wiederholungen das Signal vorab sagen.

Der Tunneltrick

Geht der Welpe nicht ins Platz, hilft oft ein »Trick«: Setzen Sie sich auf den Boden, winkeln Sie die Beine an und lotsen Sie den Welpen mit Hilfe von Futter unter Ihren Beinen hindurch. Diese Übung ist auch gut für das Vertrauensverhältnis zwischen Mensch und Hund, da er nah zu Ihnen kommt.

Eine andere Möglichkeit: Ziehen Sie die Belohnung vor ihm auf den Boden unter einem Stuhl oder Ähnlichem durch (Günther Bloch). Der Welpe krabbelt hinterher. Für beide Varianten gilt: Liegt er, kommt Ihr Signalwort »Platz« hinzu, anschließend folgt das Lob und direkt danach das »Lauf«.

Viele Welpen, vor allem jene mit kurzem Fell, mögen sich nicht gern hinlegen, wenn es draußen kalt und nass ist. Da Ihr Hund »Platz« nicht nur in der warmen Wohnung lernen soll, können Sie sich behelfen: Nehmen Sie ein Handtuch oder eine Decke mit nach draußen, auf die sich der kleine Kerl legen kann. So bekommt er keinen kalten Bauch. Natürlich wird das »Platz« später auch ohne Decke geübt.

Viele kurze Trainingseinheiten

Es sollten mehrere kurze Trainingseinheiten in den Alltag eingebaut werden. Bedenken Sie: Es gibt keinen Unterschied zwischen Alltag und Training und es gelten immer dieselben Spielregeln, sonst lernt Ihr Hund nämlich ganz schnell, dass er nur an einer bestimmten Stelle, zu einer bestimmten Tageszeit oder nur in einer bestimmten Situation gehorchen soll.

Lassen Sie den Kleinen zum Beispiel absitzen, bevor er sein Futter bekommt und sich hinlegen, bevor es ein Spielzeug gibt. Variieren Sie die Übung immer wieder, denn so festigen Sie spielerisch den Gehorsam in allen möglichen Situationen. Üben soll Freude machen und nicht als Disziplinierungsmaßnahme verstanden werden. Sie werden den größten Erfolg haben, wenn Sie sich und den kleinen Kerl nicht unter Druck setzen. Wenn Sie ein neues Signal einüben, sollten Sie die Übungseinheit mit einer Aufgabe beenden, die der Welpe sicher beherrscht. So finden Sie ein positives Ende und er kassiert zum Schluss garantiert eine Belohnung.

> **Tipp**
>
> **Wiederholungen an verschiedenen Orten**
> Welpen verstehen die Bedeutung von Signalen recht schnell. Damit der Hund sich diese gut einprägt, sind häufige Wiederholungen und Wechsel des Übungsortes wichtig, Hunde generalisieren nicht, können ihr Verhalten also nicht auf andere Situationen übertragen.

Auch beim »Platz« gilt: Überbeugen ist für Hunde grundsätzlich nicht so angenehm. Gehen Sie ruhig in die Hocke, um ihn zu loben.

Der »Tunneltrick« hilft oft, dem Welpen das »Platz« beizubringen. Setzen Sie sich dazu auf den Boden, der Welpe ist an Ihrer Seite.

Winkeln Sie Ihre Beine an und halten Sie mit der vom Hund entfernten Hand ein Leckerchen unter Ihre angewinkelten Beine.

Ihr Hund will das Leckerchen haben und kriecht in den »Tunnel«. Ziehen Sie einfach das Futterstückchen weiter.

Liegt der Hund, erfolgt das Hörzeichen »Platz«, er bekommt den Leckerbissen und wird direkt mit »Lauf« freigegeben.
Diese Übung fördert übrigens auch das Vertrauensverhältnis.

Bei dem Signal »Nein« darf er das Leckerli nicht nehmen.

Das Leckerli wird mit dem Signal »Nimm« freigegeben.

»Nein« und »Aus«

▶ **»Nein«**

Dieses Signal kann Ihrem Welpen das Leben retten, beispielsweise, wenn er Unrat am Straßenrand fressen möchte, dazu ansetzt, an einem Kabel zu knabbern oder einen kleinen, spitzen Gegenstand im Maul hat. Es ist wichtig, dass Sie diese Signale klar übermitteln: Ein »Nein« ist ein »Nein« und kein »Jein«.

»Wenn Sie »Nein« sagen, soll der Welpe seine Handlung unterbrechen, zum Beispiel wenn er gerade Möbel anfrisst oder hinter einem Pferd herrennt.

»NEIN« TRAINIEREN ▶ Sie halten Leckerlis bereit, am besten etwas Kleines, Weiches. Sie legen ein Leckerli auf Ihre flache Hand und sagen ihm »Nimm«. Er darf es sich nehmen. Anschließend legen Sie wieder etwas auf Ihre Hand und sagen dieses Mal energisch »Nein«, wenn er sich mit seiner Schnauze dem Futter nähert. Parallel dazu schließt sich Ihre Hand, wenn er fressen möchte. Öffnen Sie die Hand wieder und testen Sie, ob er Ihr »Nein« akzeptiert. Sieht er weg, loben Sie ihn mit der Stimme. Viele Hunde meinen, damit wäre es erledigt und zack ist die Hundeschnauze wieder auf dem Weg zum Leckerli. Sollte das der Fall sein, ertönt wieder das »Nein« und die Hand schließt sich. Wenn er darauf reagiert, sich abwendet und Sie ihn mit der Stimme loben können, geben Sie ihm etwas mit »Nimm«, damit es nicht zu einer falschen Verknüpfung kommt – nicht, dass der Hund meint, er dürfe nichts mehr aus der Hand nehmen – bei »Nimm« ist es wieder erlaubt.

Bitte variieren Sie immer wieder. Nicht, dass es einmal etwas gibt, einmal nicht. Es kann auch zwei- oder dreimal hintereinander etwas mit der Aufforderung »Nimm« geben. Er soll schließlich auf Ihre Worte achten und kein Schema, das aus »Ja/Nein«, »Ja/Nein« besteht, entwickeln, sondern explizit auf Ihre Signale reagieren.

Es gibt Hunde, die das Verbot sehr schnell akzeptieren, andere versuchen immer wieder hartnäckig, an das Futter zu kommen. Bitte bleiben Sie konsequent und geben ihm nichts, bis er das »Nein« akzeptiert, sonst würde ihn die Unklarheit nur verwirren.

FESTIGEN SIE DAS »NEIN« ▶

Sie legen ein Leckerli auf den Boden. Wenn der Kleine es fressen möchte, folgt Ihr Hörzeichen und Sie halten zeitgleich den Fuß über das Futter. Nehmen Sie jetzt den Fuß wieder weg und der Welpe will wieder zum Leckerli, versperren Sie ihm erneut den Weg. Das geht so lange, bis er Ihr »Nein« akzeptiert und Sie ihn loben.

Andere Übungsmöglichkeit: Sie haben etwas besonders Leckeres (Käsebrötchen, Wurst etc.) auf dem Spazierweg ausgelegt, sehen, dass Ihr Welpe darauf zusteuert und halten schon vorausschauend die Schleppleine in der Hand. Wenn er das »Futter« erspäht und Anstalten macht, es aufzusammeln, können Sie ihn in diesem Moment mit »Nein« unterbrechen, indem Sie ihn mit der Leine »bremsen«. Sofort danach folgt wieder … Was? Na? Ja, richtig – Ihr Lob!

»NEIN« MIT SCHNAUZGRIFF ▶

Bei sehr hartgesottenen Welpen, die zum wiederholten Mal am Stuhlbein knabbern, kann es nötig sein, körperlich einzuwirken, um den Kleinen zu stoppen und das stimmliche

Schon der Welpe sollte lernen, dass er keinen Unrat aufsammeln darf.

»Nein« zu unterstreichen. Den Schnauzgriff kennen Hunde aus ihrem eigenen Verhaltensrepertoire. Der Mensch kann ihn imitieren, indem er mit der Hand über die Schnauze greift und dabei schnell und energisch die Lefzen gegen die Zähne drückt – ein zeitgleiches »Nein« dient als Abbruchsignal.

Bleiben Sie dabei möglichst aggressionslos und seien Sie bitte nicht nachtragend. Wenn der Kleine aufhört und die Maßregelung akzeptiert, sind Sie sofort wieder freundlich und loben. Negativeinwirkungen sollten nicht zur Dauereinrichtung werden. Generell sollte eine einmalige Einwirkung reichen, damit er zukünftig auf Ihr Hörzeichen reagiert.

Wenn der Welpe Ihr »Nein« nicht akzeptiert, können Sie körperlich einwirken. Imitieren Sie mit der Hand einen Schnauzgriff und loben Sie ihn, wenn er daraufhin das unerwünschte Verhalten unterlässt.

▶ **»Aus«**

Das »Aus« soll den Welpen dazu veranlassen, etwas herzugeben, das er bereits im Maul hat. Viele Hundebesitzer setzen es auch ein, wenn der Hund etwas unterlassen soll, zum Beispiel das Bellen. Wenn Sie das »Aus« zum Unterlassen seines Handelns benutzen wollen, benötigen Sie ein anderes Signal für das Ausgeben von Gegenständen, denn Vermischungen von Hörzeichen bringen unsere Vierbeiner durcheinander.

Wollen Sie später mit dem Hund apportieren, ist das Signal »Aus« sehr wichtig, natürlich auch, wenn er etwas anderes hergeben soll. Sie können es dem Welpen beibringen, indem Sie ihm ein Tauschgeschäft anbieten. Hat er Ihren Handschuh im Maul, halten Sie eines seiner Spielzeuge oder einen Kauknochen bereit. In dem Moment, in dem der Welpe Ihren Handschuh herausrückt, folgt Ihr Signal »Aus«, Sie loben ihn und geben ihm das Tauschobjekt mit »Nimm«. Nach wenigen Versuchen funktioniert das »Aus« meist zuverlässig.

Gemeinsame Outdoor-Beschäftigungen

Viele Menschen meinen, dass man mit seinem Hund spazieren ginge, damit er »Zeitung lesen« kann. Natürlich soll er auch »Hund« sein dürfen, schnüffeln gehen und toben können.

Aber: Die Spaziergänge sind normalerweise die Zeiten, die wir uns gezielt für unseren vierbeinigen Kumpel nehmen – also soll er doch ruhig Spaß mit uns haben und nicht nur allein. Er hat den ganzen Tag »frei« und möchte zwischendurch auch mal gefordert werden. Damit meinen wir nicht, dass

Apportieren kann bereits im Welpenalter spielerisch begonnen werden. Hier wird noch nicht auf Präzision geachtet, denn er soll schließlich Spaß an der Sache haben.

er gedrillt wird und draußen nur Gehorsamsübungen machen soll. Bieten Sie ihm Abwechslung, wählen Sie unterschiedliches Gelände aus und flanieren nicht nur die bekannten Wege entlang. Beschäftigen Sie sich aktiv mit ihm, laufen Sie, rennen Sie ein Stück, lachen Sie, knuddeln Sie ihn, wälzen Sie sich mit Ihrem Welpen im Gras – sprich: entdecken Sie gemeinsam alles, was die Welt bietet. Wenn Ihr Hund es nicht bemerkt, verstecken Sie Futter im Gras und freuen sich über Ihren Fund. Hunde sind von Natur aus neugierig, wollen sehen, womit wir uns beschäftigen, und wenn Sie es erlauben, darf er auch etwas von Ihrer »Beute« abbekommen.

▶ Ruf- und Sichtzeichen im Überblick

Hunde kommunizieren vorwiegend nonverbal, deshalb sollten Hör- mit Sichtzeichen kombiniert werden.
Wir empfehlen:
»Hier« bedeutet: »Komm direkt und ohne Umschweife zu mir.« Dazu hocken Sie sich hin und breiten die Arme aus, bis der Welpe da ist, dann nehmen Sie die Hände mit dem Leckerli direkt in den Schoß, sodass der Kleine dicht zu Ihnen kommt.
»Sit« heißt: »Setz dich hin, dort, wo du gerade bist.« Deutlich nach oben ausgestreckter Arm und erhobener Zeigefinger, damit dieses Zeichen auch gut auf Entfernung zu sehen ist. Das kann eine wichtige »Bremse« sein, wenn er zum Beispiel gerade Richtung Straße läuft.
»Platz« bedeutet: »Leg dich an Ort und Stelle hin.« Der Handrücken der flachen Hand weist nach oben, die Handinnenfläche zeigt nach unten, die Hand wird nicht vor, sondern seitlich neben den Körper gehalten, damit sie für den Vierbeiner besser sichtbar ist.
»Bei« heißt: »Lauf mit lockerer Leine neben mir.«
»Nein« bedeutet: »Unterlass das, was du gerade tust oder zu tun gedenkst.«
»Aus« heißt: »Gib mir, was du gerade im Maul hast.«
»Lauf« besagt: »Die jeweilige Übung ist beendet.« Der Hund darf im begrenzten Rahmen Freiheiten haben, soll aber nicht zwanzig, dreißig Meter weit weglaufen, Hühner aufscheuchen oder Kinder verbellen. Er kann sich jedoch im Zehn-Meter-Radius um uns herum bewegen, sodass wir ihn im Auge behalten – Eine ausladende Handbewegung gibt den Hund frei.
»Setz dich/leg dich« bedeutet: »Machs dir irgendwo bequem, aber es muss nicht auf der Stelle sein.«, zum Beispiel im Restaurant.
»Komm« – »Komm in meine Nähe/Reichweite, auch langsam, aber: Rückweg einschlagen!«

Sozialkontakte sind wichtig.

»Nasenarbeit« macht müde: Futtersuche im Zeitungspapier.

▶ Der tollste Spielkamerad

Werden Sie zum Nabel seiner Welt. Damit sind Sie toll und haben etwas zu bieten, – nicht nur der fremde Hund, den Sie beim Spaziergang treffen und der ein potenzieller Spielkamerad ist. Wir wollen, dass der Hund Freiheiten hat. Doch was passiert, wenn ich ihn »nur« laufen lasse? Er sucht sich anderweitig »Hobbys«, geht jagen, rennt Joggern hinterher oder lässt uns auf der Hundewiese stehen, bis er fertig gespielt hat oder, oder, oder …

Beim Spaziergang sollten sich Spaß, Übungen und »Freizeit« die Waage halten – mit Freizeit meinen wir, dass der Hund schnuppern kann und innerhalb des Zehn-bis-fünfzehn-Meter-Radius seiner Wege gehen darf. Hunde sind soziale Lebewesen und entfernen sich nicht weit von ihrem »Rudel« – jedenfalls nicht ständig. Das ist so, als würden Sie mit Ihrem Partner spazieren gehen. Der eine läuft zehn Meter vor dem anderen und geht Blümchen pflücken, während der andere telefoniert. Da ist nicht viel mit guter Beziehung!

▶ Spielen macht klug

Je mehr Herausforderungen ein Hund in seiner Welpenzeit bewältigen konnte, desto leichter wird es ihm auch als erwachsenem Vierbeiner fallen, Aufgaben zu lösen und neue Dinge zu lernen. Spielen ist ein wichtiger Beitrag: Es macht klug, fördert das Selbstbewusstsein, sorgt für die körperliche Fitness und stärkt die Beziehung zum Menschen: Rangeln Sie um ein Spielzeug und kullern Sie sich gemeinsam auf dem Boden. Der Kleine darf dabei auch ruhig mal auf Ihnen herumhopsen oder das Spielzeug erbeuten, Sie müssen deswegen nicht sofort ein »Rangordnungsproblem« befürchten. Voraussetzung ist jedoch immer, dass das Spiel nach Ihren Regeln abläuft: Sie bestimmen Anfang und Ende. Wird der Kleine zu wild und steigert sich in das Spiel hinein, brechen Sie kommentarlos ab.

Einige Beispiele:
▶ Toben und balgen Sie zusammen mit dem Welpen.

GEMEINSAME OUTDOOR-BESCHÄFTIGUNGEN

▶ Verstecken Sie ein Spielzeug oder Leckerchen in einer mit Papier gefüllten Kiste. Die kleine Nase muss sich das Objekt der Begierde erarbeiten.

▶ **Apportieren**

Apportieren bedeutet, dass Ihr Hund Ihnen auf Aufforderung einen gewünschten Gegenstand bringt.

Wählen Sie einen Gegenstand aus, den Sie »verwalten«, der also nicht zur freien Verfügung steht, sonst wird er uninteressant. Es sollte etwas sein, das liegt, wenn es geworfen wurde, also kein Ball.

Ab und zu packen Sie den Gegenstand aus und machen ihn spannend, indem Sie ihn in die Luft werfen und sich damit beschäftigen.

▶ **Das Futtersuchspiel**

Eine tolle Sache zur geistigen Auslastung, zum Intensivieren der guten Beziehung und des Gehorsams ist das Futtersuchspiel:
Nehmen Sie sich eine Hand voll Futter. Halten Sie sich ein einzelnes Leckerli vor die Nase und sagen »Schau«. Wenn Ihr Hund Sie ansieht, rollen Sie dieses Leckerli über den Boden von ihm weg und lassen ihn mit »Such« hinterherlaufen. Hat er das Leckerli erreicht, geben Sie es mit »Nimm« zum Verzehr frei und rufen ihn mit »Hier« wieder zurück. So kann man das Herankommen spielerisch einbauen.
Generell sollte der Kleine nichts Fressbares vom Boden aufsammeln, wie schon beim »Nein« erwähnt, aber in dem Fall erlauben Sie es ja durch die Signale »Such« und »Nimm«.

Ziehen Sie das »Apportel« auch mal über den Boden, immer weg vom Welpen, sodass dieser hinterherrennen und es fangen möchte.

Zeigt er großes Interesse an dem Gegenstand, werfen Sie diesen weg, und Ihr Hund darf sofort hinterhersausen. Viele Hunde nehmen das Apportel schnell auf, wenn es im Vorfeld spannend gemacht wurde. Loben Sie Ihren Welpen überschwänglich und motivieren Sie ihn, zu Ihnen zu kommen. Sollte das klappen, dann konzentrieren Sie sich bitte weiterhin auf Ihren Hund, nicht auf das Apportel. Lassen Sie ihm einen kleinen Moment die »Beute«, bevor Sie sie nebenbei abnehmen. Vielen Hunden vergeht die Lust am Apportieren, weil wir auf sie zustürmen und den Gegenstand wegnehmen. Im Lauf der Zeit können Sie die Apportierübungen mehr und mehr ausbauen: Ihr Hund bleibt sitzen und wartet gelassen, bis Sie ihn losschicken, der Gegenstand wird weiter geworfen, Sie verstecken ihn im Gebüsch und lassen ihn suchen. Je schwieriger die Leistung, desto größer fällt das Lob aus!

Weniger gute Beschäftigungen

▶ Zerrspiele, bei denen sich Ihr Hund hochschaukelt und die nicht mehr Ihrer Kontrolle unterliegen, beziehungsweise die ein reines Gegeneinander bedeuten. Fast jeder (Erst-)Hundebesitzer spielt sie gern, aber sie sind eher kontraproduktiv, weil sie die Rauflust des Hundes fördern können. Zumindest, wenn sich der Hund in das Zerren hineinsteigert.

▶ Unkontrollierte Ballspiele: Geworfene Bälle können weit rollen. Wenn der Hund ihn stoppen will, springt er mit den Vorderpfoten auf den Ball. Das geht sehr auf die Gelenke!

Außerdem sind Ballspiele eher stupide und kann den Menschen zur Ballmaschine degradieren. Zudem ähnelt der wegfliegende Ball fliehender Beute und kann bei Hunden mit jagdlichen Veranlagungen das Muster des Jagdverhaltens manifestieren.

Ihr Hund sollte trotz eines Apportiergegenstandes oder eines Spielzeugs seinen Menschen wahrnehmen und nicht zum »Balljunkie« werden.

Dieser Ball ist definitiv zu groß für diesen kleinen Hund.

Die Sozialisierung

Die Sozialisierung

95 ▸ **Nutzen Sie Welpenspielstunden**	102 ▸ **Auto fahren**
95 ▸ **Gute Welpenspielgruppen finden**	102 ▸ **Lärm**
98 ▸ **Menschen aller Art**	103 ▸ **Unterschiedliche Bodenbeläge und Treppen**
100 ▸ **Artgenossen und andere Tiere**	

Ein Welpe durchläuft von seiner Geburt an verschiedene Phasen der Entwicklung. Aus einem hilflosen und ganz und gar von der Mutter abhängigen Wurm wird ein Hund, der mehr und mehr Erfahrungen sammelt, von denen sein weiterer »Werdegang« abhängt.

In den ersten Wochen lernen Welpen immens viel, es ist fast so, als hätten wir eine »Festplatte« vor uns, die nach und nach mit Informationen gefüllt wird. Wir Menschen haben eine große Aufgabe und Verantwortung, wenn wir sie vernünftig auf ihr Leben vorbereiten wollen. Allerdings: Je mehr ein Hund kennt, desto klüger wird er! Es erweitert sein Spektrum und öffnet »Schubladen«. Das kann durchaus auch anstrengend werden, zum Beispiel was das Maß an Beschäftigung und Training anbelangt. Wenn man sonst immer konsequent ist, erkennt der Welpe umso schnell, wenn man's mal nicht ist. Er sucht und findet dann eher Lücken.

Spiel ist daduch gekennzeichnet, dass es beiden Seiten Spaß macht und die Stimmung entspannt ist.

Nutzen Sie Welpenspielstunden

Das Spiel unter gleichaltrigen Vierbeinern ist für den Welpen durch nichts zu ersetzen. Hier werden viele wichtige Lernerfahrungen gesammelt – vorausgesetzt, die Spielstunden laufen vernünftig und qualifiziert ab. Der Besuch von Welpengruppen bietet sich zum Erlernen, Verfeinern und Festigen der Hundesprache und des innerartlichen Sozialverhaltens an. Des Weiteren ist das Kennenlernen von diversen optischen und akustischen sowie taktilen Reizen und die unterstützende Sozialisation auf Menschen ein Bestandteil von Welpenspielgruppen.

Gute Welpenspielgruppen finden

Hundeschulen und Vereine, die Welpengruppen anbieten, gibt es viele – gute sind jedoch selten.
Folgende Kriterien sollten gute Welpenkindergärten erfüllen:
▶ Der Trainer/die Trainerin (ab sofort verwenden wir der Einfachheit halber die männliche Schreibweise) nimmt sich vor dem ersten Welpenspiel genügend Zeit, um den Ablauf zu erläutern und Ihre Fragen zu beantworten.
▶ Die »neuen« Welpen werden etwas eher bestellt, damit sie sich in Ruhe mit dem Platz vertraut machen können.
▶ Bei der Zusammenstellung der Gruppen achtet der Trainer darauf, dass die Welpen zusammenpassen, was nicht unbedingt mit der Größe, sondern viel mehr mit der individuellen Entwicklung und dem Alter der Hunde zusammenhängt.

Sinnvoll ist es, die Gruppen zu unterteilen:
▶ 1. Gruppe: 8. bis 12. Woche,
▶ 2. Gruppe: 13. bis 16. Woche,
▶ nicht statische Aufteilung der Gruppen.

▶ Pro Aufsichtsperson werden nur so viele Hunde angenommen, dass eine optimale Betreuung gewährleistet ist – pro Trainer sind das höchstens acht Welpen. Optimal sind generell zwei bis drei Trainer pro Spielstunde, um sowohl die Hunde im Spiel beobachten zu können als auch die Hundebesitzer zu betreuen. Die Gesamtgruppengröße sollte jedoch auch dann acht bis zehn Hunde nicht überschreiten.
▶ Die Gruppen sind idealerweise offen, damit Ihr Hund nicht nur immer die gleichen Welpen in seiner Welpenzeit kennen lernt, sondern immer wie-

Alles Neue wird genau untersucht.

Beim Welpenspiel kann man Entwicklungstendenzen der einzelnen Hunde erkennen.

der neue. Deshalb ist es notwendig, dass im Lauf der Zeit ein Wechsel stattfindet, und einer der »Älteren« der ersten Gruppe in die zweite wechselt, sodass die Neuen »nachrutschen« können. So ist eine größere Vielfalt gewährleistet.

▸ In diesen Stunden brauchen die Welpen unbedingt die Möglichkeit, frei zu toben. Spielen sie immer oder lernen sie im Spiel? Es ist ähnlich wie mit unseren Kaufmannsladenspielen, als wir noch klein waren. Haben wir damals gespielt oder trainiert?

▸ Die Welpen dürfen ausgelassen miteinander kommunizieren, ohne dass die anwesenden Menschen permanent eingreifen, auch wenn es einmal wild zugeht.

Dennoch muss die Welpenspielgruppe nach gewissen Regeln ablaufen. Wenn es zu heftig wird, unterbrechen die Trainer. Auf keinen Fall sollten die Treffen so aussehen, dass die Welpen sofort abgeleint werden und sich selbst überlassen bleiben, während ihre Menschen in Gruppen zusammenstehen und sich unterhalten.

▸ Wird ein Welpe der Gruppe von seinen Artgenossen gemobbt (es nehmen zwei oder mehrere den Kleinen in die Mangel und er hat keine Chance, sich aus dieser Situation zu befreien), ist zweibeinige Hilfe angesagt. Jede Begegnung, alles was passiert, verändert den Hund. Den einen mehr, den anderen weniger ...

▸ Beim Welpenspiel können die Trainer schon Tendenzen der einzelnen Hunde erkennen. Wenn beispiels-

weise ein Border Collie, ein Hütehund, permanent hinter anderen Hunden her rennt, um sie zusammenzutreiben, sollte dieses Verhalten reduziert, umgelenkt oder sogar im Keim erstickt werden, wenn er später nicht hüten soll. Sonst haben die Besitzer unter Umständen bald einen Hund, der Artgenossen, Radfahrern, Schafen etc. hinterher hetzt. Ebenso sollten ganz kleine Rassen (zum Beispiel Yorkshire Terrier) lernen, dass es auch große Hunde gibt. Selbstverständlich werden kleine Hunde vor zu starkem Bedrängen geschützt, sollten jedoch nicht auf den Arm genommen werden.

▶ **Ein bisschen Theorie**

Zwischendurch werden die Welpen wieder an die Leine genommen, damit sie zur Ruhe kommen und warten lernen. Diese Phasen werden für einen Theoriepart genutzt, dabei geht es um Themen wie Stubenreinheit, Auslastung von Hunden, Ernährung, Lernverhalten, Gesundheit usw. Währenddessen stehen die Besitzer auf der Leine ihres Hundes, damit er bei ihnen bleibt, aber ignoriert wird, er kann sitzen, stehen, liegen – wie er mag (s. Kapitel 5, S. 69, »Rein ins Leben«). Das Warten sollte maximal fünf Minuten dauern. Im Winter können vor allem kleine und kurzhaarige Hunde unter die Jacke genommen werden oder eine Decke untergelegt bekommen.

Die Trainer erläutern und zeigen exemplarisch, wie man »Sit« und »Platz« beibringt, das Üben an sich sollte aber erst einmal an anderer Stelle mit wenig Ablenkung durchgeführt werden. Das Welpenspiel ist anstrengend genug für die Kleinen. Gute Hundeschulen bieten Einzelunterricht an, um individuell auf die jeweiligen Belange von Hund und Mensch einzu-

Unterschiedliche Bodenbeschaffenheiten fördern die Sinne und die Koordination.

gehen und den Hundebesitzer intensiv zu coachen. Dabei lernen die Hundebesitzer vieles über Körpersprache, Ausdrucksverhalten und Bedürfnisse ihres Vierbeiners sowie das korrekte Ausführen von Hörzeichen.

▶ **Hindernisse überwinden**

In Welpengruppen wird außerdem die Überwindung von kleinen Hindernissen, die Gewöhnung an unbekannte Bodenbeläge und Geräusche geübt.

Dabei sollte der Welpe zu keiner Übung gezwungen werden, sondern diese durch entsprechende Motivation aus eigenem Antrieb bewältigen. Lernerfahrungen, die mit Zwang und Angst verbunden sind, bewirken das Gegenteil des Lernziels. Wenn der Welpe nicht über die Wippe gehen möchte und darüber gezogen wird, kann er Angst vor dem Hindernis bekommen und es schadet dem Vertrauensverhältnis zum Menschen.

Die Leine sollte während der Übungen locker bleiben. Der Welpe wird beim Bewältigen des »Parcours« mit Stimme und Leckerlis motiviert.

▶ **Tipp**

Kontakt zu anderen Hunden

Hunde müssen auch nach dem Welpenalter unbedingt weiterhin Kontakt zu Artgenossen haben. Viele Hundeschulen und Vereine bieten Junghundespielstunden an, die weiterhin regelmäßig besucht werden sollten.

Nehmen Sie Ihren Welpen ruhig oft mit, z.B. auch ins Cafè.

Menschen aller Art

Beim (Auf-)Züchter und danach bei Ihnen sollte Ihr Welpe mehrmals in der Woche Kontakt zu fremden Menschen erhalten, die freundlich und sachkundig mit ihm umgehen.

Handelt es sich um für den Welpen bisher unbekannte Menschen (Rollstuhlfahrer, Menschen an Krücken, Menschen mit abweichendem Bewegungsablauf), lassen Sie ihn, wenn erwünscht und möglich, Kontakt zu ihnen aufnehmen. Das bietet dem Welpen die Möglichkeit, Menschen kennen zu lernen, die nicht seiner bisherigen Erfahrung entsprechen.

Lassen Sie nicht zu, dass fremde Menschen Ihren Hund mit Leckerlis vollstopfen, weil er ja sooo süß ist, ansonsten hängt er später an jeder Hosentasche und das kann ganz schön lästig sein. Auch in der Spielstunde haben nur Sie und der Trainer das Recht, den Kleinen zu belohnen. Ist Ihr Hund allerdings eher zurückhaltend und sehr vorsichtig fremden Menschen gegenüber, dann sollte er ruhig positive Erfahrungen sammeln, indem er ab und zu in Absprache mit Ihnen von Fremden gefüttert wird. Damit kann er seine Unsicherheit verlieren beziehungsweise Vertrauen gewinnen.

▶ **Jogger, Radfahrer und Inline-Skater**

Alles, was sich schnell bewegt, kann einen magischen Reiz auf einen Welpen ausüben, viele wollen hinterherrennen. Bei einem Welpen sieht das auch noch drollig aus. Läuft aber ein ausgewachsener Rhodesian Ridgeback oder Schäferhund hinter einem Jogger her, ist Schluss mit lustig. Übrigens: Sie machen die Ablenkung erst richtig spannend, wenn Sie selbst viel Aufhebens veranstalten. Deswegen sollte Ihr kleiner Vierbeiner bei den Spaziergängen anfangs mit Schleppleine laufen, damit Sie sich bei Ablenkung einfach kommentarlos auf die Leine stellen können.

▶ **Briefträger**

Zu Postboten haben viele erwachsene Hunde ein gespaltenes Verhältnis, das sich aus monatelanger Erfahrung aufgebaut hat. Von klein auf konnten sie eine Person beobachten und hören, die sich dem Grundstück nähert und sich geräuschvoll am »Haus zu schaffen« macht. Meist (aus Verunsicherung) bellen sie lautstark – mit einem überwältigenden Ergebnis: sie schlagen den Eindringling jedes Mal erfolgreich »in die Flucht«. Machen Sie deswegen den Kleinen frühzeitig mit dem Briefträger bekannt, damit er ihn als »netten Bekannten« und nicht als Eindringling kennen lernt.

▶ Menschenansammlungen

Menschenansammlungen trifft man in der Stadt, am Bahnhof, auf dem Marktplatz oder in Einkaufszentren.

Aus der Sicht eines Welpen können Menschenmengen bedrohlich sein. Setzen Sie sich an einem Samstag Vormittag mitten in die Fußgängerzone, dann können Sie es nachempfinden. Dennoch sollten Sie den Kleinen behutsam daran gewöhnen. Länger als 15 bis 20 Minuten darf die Übung allerdings nicht dauern. Setzen Sie sich in der Fußgängerzone zu Zeiten, in denen wenig los ist, auf eine Bank und geben Sie dem Welpen die Gelegenheit, sich das Treiben aus sicherer Entfernung anzusehen. Ebenso können Sie sich in der Nähe eines Supermarktparkplatzes aufhalten.

Wenn das nicht mehr allzu aufregend ist, gehen Sie dort spazieren, der Hund sollte jedoch schon mit der Leinenführigkeit (s. Kapitel 5, Seite 77, »Bei«) vertraut sein. Achten Sie unbedingt darauf, dass er nicht getreten, angerempelt oder erschreckt wird. Wird das Gedränge zu groß, sollten Sie den Winzling kommentarlos und ohne ihn zu trösten auf den Arm nehmen, bevor er negative Erfahrungen macht.

Weil Welpen ohnehin noch nicht so lange laufen sollen, kann ein Babytragetuch benutzt werden, in dem Sie ihn zwischendurch tragen können. Ab und zu darf er wieder für kurze Zeit herunter, um die Umwelt zu erkunden.

Noch sollten die Welpen zur Schonung der Gelenke getragen werden.

▶ Stadtgang auch für »Landeier«

Hunde sollten generell nicht mit in die volle Stadt geschleppt werden, weil die zahlreichen Eindrücke sehr anstrengend sind – viele Menschenbeine, fremde Gerüche und Geräusche, andere Lichtsituationen und vieles mehr. Allerdings sollten Sie ihn daran gewöhnen. Auch wenn Sie auf dem Lande wohnen, wo nicht viel los ist, braucht er diese Eindrücke. Warum? Vielleicht fahren Sie in den Urlaub und lassen Ihren Hund für diese Zeit von einem Bekannten betreuen, der in der Innenstadt wohnt. Dann ist es gut, wenn Ihr Hund das urbane Treiben kennt.

Führen Sie den jungen Hund behutsam an für ihn neue Gegenstände heran. Bleiben sie dabei gelassen, auch wenn er unsicheres Verhalten zeigt.

▸ Besuch im Café

Gewöhnen Sie Ihren Welpen auch daran, sich im Café und in der Kneipe ruhig zu verhalten. Am besten geht das nach einer Spielstunde oder einem Spaziergang, wenn der Kleine sowieso müde ist. Achten Sie darauf, dass er vorher ausreichend Möglichkeiten hatte, sich zu lösen. Setzen Sie sich an einen Tisch, der nicht mitten im Trubel steht, legen Sie eine Decke/ein Handtuch für ihn hin, etwas zum Kauen und stellen Sie dann einen Fuß auf die Leine, damit er nicht umherlaufen kann (s. Kapitel 5, S. 69, »Rein ins Leben«). Nach einer Weile hat der Welpe sich meist beruhigt, rollt sich auf der Decke zusammen und schläft.

Artgenossen und andere Tiere

Hunde sollten von der Welpenzeit an Erfahrungen mit einzelnen Artgenossen aller Couleur, Größen und Altersstufen machen, um später sozialverträglich mit ihnen umgehen zu können.

> **Welpenschutz**
>
> Der viel beschworene Welpenschutz existiert nur innerhalb der eigenen Familie. Fremde Hunde haben keine Veranlassung, andere Welpen zu schützen. Nicht jeder erwachsene Hund mag oder toleriert ungestüme Welpen und kann schlimmstenfalls zubeißen.

▸ Die Sache mit dem Welpenschutz

Mögen Sie es, wenn ein Vierjähriger Ihnen an der Supermarktkasse lachend den Einkaufswagen in die Beine rammt? Auch wir Menschen reagieren hier sehr unterschiedlich. Die einen verzeihen großzügig, die anderen werden laut oder gar unflätig. Ein Welpe, der ungehemmt auf erwachsene Hunde zuläuft, macht nichts anderes. Er ist schlicht und ergreifend distanzlos und der erwachsene Hund zieht daraus seine Konsequenzen. Selbstverständlich tolerieren viele erwachsene, sozialverträgliche Hunde Welpen mit einer ausgesprochenen Großzügigkeit, aber nicht per se. Welpenschutz bleibt dem eigenen Nachwuchs vorbehalten und selbst hier gibt es Hundemütter, die rigoros mit ihren Welpen umgehen. Behalten Sie den Kleinen bei Hundebegegnungen erst einmal bei sich, bis Sie ihn gegebenenfalls nach Absprache mit dem anderen Hundebesitzer laufen lassen. Fragen Sie vorher und stimmen Sie sich mit dem Hundehalter ab, ob der erwachsene Vierbeiner erfah-

Die anfängliche Unsicherheit erwachsenen Hunden gegenüber gibt sich schnell.

rungsgemäß freundlich oder zumindest geduldig mit Welpen umgeht. Dann können Kontakt und Spiel unter Ihrer Aufsicht stattfinden. Es ist wichtig, dass Ihr Kleiner nur Erfahrungen mit gut sozialisierten Hunden sammelt, die ihn zwar nach Hundeart zurechtweisen, sich aber angemessen verhalten. Nur so kann er einen unvoreingenommenen Umgang mit Artgenossen aller Art lernen.

▸ **Andere Tiere**

Machen Sie das Kerlchen frühzeitig und regelmäßig mit anderen Tieren vertraut, damit diese nicht zu etwas Außergewöhnlichem werden, mit denen wild gespielt wird oder die es zu hetzen lohnt. Denken Sie dabei an alle Tiere, denen der Welpe auch als erwachsener Hund begegnen könnte, dazu gehören Katzen, Kühe, Pferde, Ziegen und Schafe, aber auch Kleinsäuger wie Meerschweinchen, Kaninchen oder Vögel und Wildtiere.

Gehen Sie gelassen an die Sache heran und machen Sie die anderen Tiere nicht extrem wichtig, indem Sie »Schau, da sind die Kühe! Jetzt schau doch mal! Ui, so große Hundis!« sagen.

Wir können Ihnen versichern, Ihr Hund weiß, dass diese Tiere vor ihm stehen. Sie sollen für ihn das Normalste der Welt sein. Das sind sie allerdings nicht mehr, wenn Sie viel Wirbel um sie veranstalten. Zeigt Ihr Welpe Unsicherheit, sollten Sie, wenn möglich, zu dem anderen Tier gehen, es streicheln und sich darüber freuen. Sprechen Sie es freundlich an, damit Ihr Hund spürt, dass Ihre Stimmung positiv ist.

Gewöhnen Sie Ihren Kleinen in entspannter Atmosphäre an die Tiere, denen er später begegnen kann. Dazu gehören auch Pferde und Kühe.

▸ **Tipp**

Begegnungen im Dunkeln
Begegnungen, die Sie mit Menschen und Tieren trainieren, sollten Sie auch im Dunkeln üben. In der Dämmerung sind viele Hunde besonders misstrauisch Fremdem gegenüber und müssen lernen, dass ihnen auch jetzt keine Gefahr droht.

Auto fahren

Viele Welpen sind anfangs etwas ängstlich, was das Autofahren anbelangt, zumal ihnen dabei leicht übel werden kann. Sie sollten deshalb täglich eine kurze Runde drehen, damit dies zu einer ganz normalen Sache wird und seine Besonderheit verliert. Zeigt das kleine Kerlchen Unsicherheit, sollten Sie ihn öfter mal in das Auto setzen, ohne zu fahren, sondern um ihn darin zu füttern oder mit ihm zu spielen. Auf diese Art und Weise können Sie das Auto positiv besetzen. Zeigt er sich angstfrei, darf der Kleine seine erste kurze Strecke fahren, die mit einem angenehmen Erlebnis enden sollte. Welpen und kleine Hunde sollten im Auto in einer Transportbox untergebracht werden, große Hunde mit einem Gurt gesichert oder hinter einem stabilen Gitter im Kofferraum eines Kombis mit auf die Reise gehen. Viele Hunde fühlen sich im Fußraum zwar wohl, diese Form des Transportes ist allerdings verboten. Klappt das Autofahren gut, können Sie auch mal durch die Autowaschstraße fahren. In dem Fall sollte er allerdings nicht ganz allein hinten sitzen müssen, sondern einen vertrauten Menschen neben sich haben.

▸ Öffentliche Verkehrsmittel

Auch wenn Sie ein Auto besitzen, sollten Sie Ihren Vierbeiner an öffentliche Verkehrsmittel gewöhnen, es kann immer mal die Situation eintreten, dass Sie gemeinsam mit Ihrem Hund mit dem Zug oder dem Bus unterwegs sind. Fangen Sie damit an, dass Sie sich am Busbahnhof oder dem Bahnsteig auf eine Bank setzen und den Reisenden zusehen. Sobald der Kleine sich entspannt verhält, steigen Sie in den Bus oder Zug und fahren eine kurze Strecke. Kleine Welpen sollten Sie beim Ein- und Aussteigen auf den Arm nehmen, später können die Hunde selbst einsteigen. Lassen Sie den Vierbeiner dabei bitte angeleint.

Lärm

▸ Haushaltslärm

Staubsauger, Föhn, Rasenmäher und andere Maschinen wirken auf viele Welpen bedrohlich. Zur Gewöhnung sollten diese Geräte ab und zu angeschaltet werden, während Sie Ihrer ganz normalen Tätigkeit nachgehen, ohne diesen besondere Aufmerksamkeit zu widmen. Der Welpe sollte sich an plötzliche, laute, fremde Geräusche gewöhnen, damit er cool bleibt, sonst kann es passieren, dass er beim Spa-

Machen Sie Ihren Welpen auch mit Haushaltsgeräten vertraut.

ziergang in Panik gerät und wegläuft, wenn er beispielsweise einen Schuss oder das Knallen eines Auspuffs hört. Setzen Sie den Welpen gelegentlich verschiedenen Geräuschen aus und zeigen Sie sich selbst völlig unbeeindruckt.

▶ **Straßenlärm**

Wie Ihr Welpe auf Straßenverkehr reagieren wird, hängt natürlich auch davon ab, wo er aufgewachsen ist. Kennt er eine viel befahrene Straße aus der Zeit beim (Auf-)Züchter, wird er erfahrungsgemäß recht cool damit umgehen.

Ist er jedoch ländlich und sehr abgeschieden aufgewachsen, können ihn der Verkehrslärm und die vorbeifahrenden Autos erschrecken. Immer wieder sollte die Gewöhnung an den Straßenverkehr auf dem Programm stehen. Fangen Sie an einer wenig befahrenen Straße an, später können Sie auch an verkehrsreichen Strecken üben.

Apropos Lärm: Wenn es bei Ihnen in der Nähe einen Schießstand gibt, dann gehen Sie dort immer mal spazieren, damit Ihr Welpe auch Schusslärm kennen lernt.

Unterschiedliche Bodenbeläge und Treppen

Lernt der Welpe nicht, sich auf unterschiedlichen Belägen fortzubewegen, kann es später zu Problemen kommen, wenn Sie in der Stadt ein Gitter oder einen glatten Boden überqueren müssen. Deswegen sollten Sie, wann immer sich die Gelegenheit dazu bietet, mit ihm gemeinsam Metallboden, Plastikplanen, Stege an einem See und Ähnliches betreten.

Animieren Sie den Kleinen aufmunternd, Ihnen zu folgen und loben Sie ihn, wenn er sich tapfer auf den verschiedenen Untergründen bewegt. Die Leine sollte locker bleiben und der Hund nicht mitgezerrt werden.

Ob glatte Böden oder Gitterroste: Gewöhnen Sie Ihren Welpen positiv und mit sicherer Hand an unterschiedliche Untergründe.

Ernährung und Pflege

105	▶ Nährstoffbedarf	113	▶ Impfungen
105	▶ Fütterung	114	▶ Entwurmen
109	▶ Körperpflege	114	▶ Äußere Parasiten

Nährstoffbedarf

Der Nährstoffbedarf eines Welpen unterscheidet sich von dem eines erwachsenen Hundes. Hinzu kommen individuelle Unterschiede, je nach späterer Endgröße und Belastung des Vierbeiners. Die richtige Zusammensetzung des Futters zu berechnen, ist eine komplizierte Angelegenheit und erfordert großes Fachwissen in der Ernährungsmittelkunde. Wer seinen Welpen mit selbst zubereitetem Futter ernähren will, sollte sich deswegen vorher mit dessen Ernährungsansprüchen intensiv beschäftigen oder direkt auf ein gutes, hochwertiges Fertigfutter zurückgreifen. Lassen Sie sich hierbei von Ihrem (Auf-)Züchter oder Tierarzt beraten. Je nach Nährstoffbedarf wird entsprechendes Futter benötigt.

> ▶ **Keine Süßigkeiten**
>
> Süßigkeiten, vor allem (Zartbitter-)Schokolade, sind für Hunde tabu!
> Das in Schokolade enthaltene Theobromin führt zu Vergiftungen und kann bei entsprechenden Mengen tödlich wirken!

Wenn Sie Essensreste verfüttern, geben Sie Ihrem Hund bitte nichts scharf Gewürztes und stark Gesalzenes.

Fütterung

Die Verdauung des Hundekindes ist noch nicht darauf eingestellt, große Portionen zu verarbeiten und zu verwerten. Deswegen sollten Welpen mehrere Mahlzeiten pro Tag erhalten, um ihnen eine bestmögliche Nährstoffaufnahme zu bieten. Von der achten bis zur zwölften Woche sollten Sie die gesamte Tagesration auf vier bis fünf Mahlzeiten verteilen. Anschließend können Sie alle vier Wochen eine Mahlzeit wegfallen lassen, bis der halbjährige Vierbeiner schließlich nur noch zweimal täglich gefüttert wird.

Wie viel der Welpe bei jeder Fütterung bekommt, ist individuell verschieden. Selbst zwei Geschwister, die unter denselben Bedingungen leben, können unterschiedliche Ansprüche an die zugeführte Nahrungsmenge haben. Fragen Sie am besten Ihren Züchter oder die Person, von der Sie den Welpen erworben haben, um Rat. Sie können Ihnen einen Richtwert nennen und Sie probieren aus, ob es

Oftmals entwickeln sich Hunde zu schlechten Fressern, weil ihr Futter ständig zur Verfügung steht.

dem Welpen genügt oder ob er mehr bekommen sollte. Letztendlich ist entscheidend, wie der Welpe aussieht und wie er das Futter verträgt: Können Sie, wenn Sie mit der Hand über seinen Brustkorb streichen, die Rippen ansatzweise spüren oder müssen Sie sich durch eine Fettschicht bohren?

▸ Zeitlimit

Grundsätzlich sollten Sie dem Welpen das Futter nur eine Viertelstunde lang anbieten. Was er bis dahin nicht angerührt hat, kommt wieder weg. Achtung: Es gibt Hunde, die sehr langsam fressen. Denen wird der Teller natürlich nicht unter der Nase weggezogen, wenn er nach dieser Zeit nicht fertig ist! Viele Hunde, die ständig Zugang zu ihrem gefüllten Napf haben, entwickeln sich jedoch zu »schlechten Fressern«. Durch das Zeitlimit beugen Sie dem vor. Sie brauchen sich in der Regel keine Sorgen zu machen, wenn der Welpe einmal keinen Hunger hat oder nur wenig frisst. Das kann insbesondere während der Wachstumsphasen immer mal der Fall sein. Zeitweise fressen sie wie die »Scheunendrescher«, ein anderes Mal scheint nichts zu schmecken. Solange der Kleine munter ist, sein Verhalten nicht abweicht und bei den Übungen zwischendurch Leckerlis annimmt, ist alles in Ordnung. Ansonsten sollten Sie ihn untersuchen lassen.

Bitte kommen Sie nicht auf die Idee, ihm ein anderes Futter anzubieten, denn ganz schnell schmeckt ihm auch das nicht mehr, etwas Neues aber schon. Womöglich fangen Sie an zu kochen, damit er zufrieden ist, vielleicht wird er bald auch hier die Nase rümpfen – und damit hat der Hund Sie und nicht Sie den Hund erzogen.

Sie sollten kein Futter aus dem Kühlschrank verfüttern, denn das kann Durchfall verursachen. Besser ist es, das Futter hat Zimmertemperatur.

▸ Futterumstellung

Geben Sie dem Welpen mindestens zwei Wochen lang das gewohnte Futter und stellen Sie (falls gewünscht) erst um, wenn er sich bei Ihnen eingewöhnt hat, um nicht zu viele Veränderungen in Angriff zu nehmen. Um das Futter zu wechseln, sollten Sie den Anteil des neuen Futters langsam erhöhen. Zu schnelle Futterumstellungen bewirken manchmal Magenprobleme.

▸ »Tischmanieren«

Ignorieren Sie den Kleinen, wenn er sein Futter von Ihnen fordert, indem er sich vor Sie setzt und Sie herzerweichend ansieht, wenn Sie das Essen für die Familie zubereiten. Nicht er bestimmt, wann es etwas gibt, sondern Sie. Ansonsten wird er zukünftig mehr und mehr quengeln, bis es Futter gibt.

Bereiten Sie sein Futter vor, lassen Sie ihn so lange z.B. im Laufstall, später in seinem Körbchen warten, ehe Sie ihn zu sich rufen, damit er sein Futter bekommt. Er kann auch noch ein »Sit« ausführen, bevor er seinen Napf erhält, was aber nicht sein muss. Wichtig ist, dass der Welpe nicht drängelt und Sie dazu »nötigt«, sich zu beeilen, um ihm sein Futter zu liefern.

Vermeiden Sie es, ihn mit der Stimme zu unterstützen: »Ja, gleich kriegst du ja was! Ich beeile mich ja schon.«

Ihr Hund bekäme das Gefühl, er könne Sie antreiben und würde von Mal zu Mal unruhiger werden.

▶ **Futterzeiten**
Variieren Sie die Zeiten ein wenig. Er braucht nicht um Punkt 12 Uhr, 18 Uhr usw. seine Mahlzeit. Warum? Die festen Fütterungszeiten haben den Nachteil, dass Sie gebunden sind. Es ist lästig, wenn Sie während des Kinofilms nach Hause eilen müssen, um Ihren Vierbeiner zu versorgen.

▶ **Gib mir Dein Futter**
Wichtig ist, dass Ihr Welpe – und auch später der erwachsene Hund – Ihnen das Futter überlässt, wenn Sie es von ihm verlangen. Es kann passieren, dass er Unrat oder Schädliches ins Maul nimmt, was Sie ihm abnehmen möchten – es ist also gut, ab und zu zu üben, dass er Ihnen sein Futter/seinen Knochen gibt. Nehmen Sie ihm bitte nicht ständig seinen Napf weg, denn das kann das Gegenteil bewirken und ihn dazu veranlassen, sein Futter zu verteidigen. Vielmehr muss der Kleine lernen, dass Sie ihm seine Nahrung nicht streitig machen wollen und er sich sicher fühlen kann, wenn Sie sich ihm nähern, während er frisst. Teilen Sie ab und zu seine Ration in mehrere Portionen ein und geben Sie ihm zuerst nur einen Teil. Gehen Sie weg und kommen Sie anschließend zurück, um eine weitere Portion in seinen Napf zu füllen. So lernt der Welpe, dass der Mensch keine Bedrohung für ihn ist, sondern sogar gute Sachen mitbringt. Sie können sich um ihn herumbewegen, Küchenarbeiten erledigen und ihn dabei ignorieren. Damit signalisieren Sie, dass Sie nichts von ihm wollen.

Noch schwieriger fällt es den meisten Hunden, ihren Kauknochen herzugeben. In dem Fall ist mal wieder tauschen angesagt. Geben Sie ihm stattdessen etwas anderes Leckeres, zum Beispiel Käse- oder Wurststückchen, kurz danach erhält er seinen Knochen wieder.

Tauschen Sie mit Ihrem Hund: Er bekommt etwas Besonderes von Ihnen, und Sie seine »Beute«.

▸ Betteln verboten

Von vornherein sollten Sie aufpassen, dass Ihr Welpe nicht neben dem Esstisch, an dem Sie sitzen, steht, in der Absicht, etwas abzustauben. Die beste Vorbeugung ist, ihm niemals etwas vom Tisch zu geben, auch wenn er Sie noch so Mitleid erregend ansieht. Entscheidend ist dabei das Durchhaltevermögen aller Familienmitglieder. Wenn der Hund einmal ein Erfolgserlebnis hatte, wird er natürlich versuchen, dieses zu wiederholen.

Am besten ignorieren Sie den Vierbeiner vollständig, während Sie essen und beachten ihn nicht oder üben, dass er sich auf seiner Decke aufhält.

▸ Leckerchen

Leckerlis sollten nur zur Motivation beim Einüben neuer Signale und als Belohnung bei korrektem Verhalten sowie gut ausgeführter Übungen eingesetzt werden. Wenn Sie dem Kleinen zwischendurch immer wieder einen besonderen Leckerbissen zustecken, verbauen Sie sich viele Möglichkeiten, ihn zum Mitmachen zu animieren.

Bekommt ein Welpe zu viele Leckerlis, hat er auch bei den Hauptmahlzeiten keinen richtigen Hunger mehr und wird in der Folge nicht mehr ausgewogen ernährt. Zudem kann es passieren, dass Sie unbeabsichtigt ein Verhalten bestätigen, das unerwünscht ist. Wenn er z.B. bellt und Aufmerksamkeit fordert und Sie ihm dann etwas zustecken, belohnen Sie ihn dafür, dass er Sie angebellt hat. Das kann schnell zum Selbstläufer werden – bellen lohnt sich ganz offensichtlich und der Hund wird dieses Verhalten immer häufiger zeigen.

Leckerlis sind in der Hundeerziehung umstritten, häufig werden sie als Bestechung angesehen. Gegen diese Form der Belohnung ist jedoch nichts einzuwenden, wenn sie gezielt in der Erziehung eingesetzt wird und wir uns vom Hund nicht manipulieren lassen. Wir Menschen arbeiten schließlich auch gegen Bezahlung und sehen den Lohn nicht als Bestechung.

Da die Leckerlis eine Motivation und/oder eine besondere Belohnung für den Welpen darstellen sollen, müssen sie etwas Besonderes sein, wofür sich auch besondere Anstrengungen aus seiner Sicht lohnen. Gut geeignet sind beispielsweise kleine Käsestückchen oder winzige Brocken gekochtes Putenfleisch.

Wenn Sie möchten, können Sie seine Futterration ausschließlich aus der Hand verfüttern, in Verbindung mit kleinen Übungen, statt es im Napf zu reichen. Das kann den Beziehungsaufbau unterstützen und fördert den Spaß und die Aufmerksamkeit beim Üben.

Frisches Wasser sollte immer zur Verfügung stehen.

Gelobt wird immer! Führt Ihr Hund von Ihnen gegebene Hör-/Sichtzeichen jedoch zuverlässig aus, sollten Sie die Häufigkeit der Futterbelohnung langsam abbauen.

▶ **Wasser**
Wasser ist für jedes Lebewesen wichtig, um die Körperfunktionen aufrechtzuerhalten. Auch Ihrem Welpen muss ständig frisches Wasser in einem sauberen Napf zur Verfügung stehen. Sind Sie längere Zeit samt Vierbeiner unterwegs, sollten Sie immer Wasser und einen Napf dabei haben, um ihm zwischendurch die Gelegenheit zu geben, seinen Flüssigkeitshaushalt auszugleichen. Das ist besonders im Sommer sehr wichtig.

Körperpflege

▶ **Fellpflege**
Je nach Rasse wird sich die Pflege Ihres Welpen und vor allem des erwachsenen Hundes mehr oder weniger aufwändig gestalten. Bei kurzhaarigen Vertretern ist dies meist schnell erledigt. Bei üppig behaarten, erwachsenen Hunden wie beispielsweise dem Bobtail sollten mehrere Stunden wöchentlich für die Fellpflege eingeplant werden. Bei allen Hunden – besonders aber bei den letzten Kandidaten – ist es wichtig, dass schon die Welpen lernen, gebürstet und gekämmt zu werden, sonst kann die regelmäßige Prozedur für alle Beteiligten sehr nervenaufreibend werden, wenn der erwachsene Hund sich dagegen sträubt, nicht stillhalten will oder sogar schnappt.

Auch das Bürsten will gelernt sein! Fangen Sie zunächst mit kurzen Übungseinheiten an.

BÜRSTEN ÜBEN ▶ Fangen Sie mit kurzen Einheiten an, zeigen Sie dem Welpen zuerst die Pflegewerkzeuge und fahren Sie ihm damit durch das Fell. Lässt der Hund sich das gefallen, loben Sie ihn mit freundlicher, ruhiger Stimme, denn durch eine helle, aufgedrehte Stimme werden Welpen oftmals zappelig. Wehrt er sich, machen Sie ruhig und bestimmt weiter, bis er sich entspannt. Würden Sie ihn in so einem Moment loslassen, lernt er bald, dass sein unruhiges Verhalten erfolgreich ist, und er wird es wieder anwenden, um sich frei zu strampeln. Steigern Sie die Zeit der Pflege etwas, bis Sie schließlich alle Körperstellen ohne Probleme bürsten und kämmen können. Übertreiben sollten Sie es jedoch nicht, denn der Welpe sollte nur zu Gewöhnungszwecken gebürstet werden.

BADEN ▶ Grundsätzlich sollten Hunde nur gebadet werden, wenn es wirklich notwendig ist, beispielsweise wenn sie sich in stinkendem Aas gewälzt haben oder der Tierarzt dies verordnet hat. Hat der Kleine in einem

Maulwurfhügel gebuddelt, reicht es normalerweise aus, ihn abzubürsten und ihn anschließend gründlich abzurubbeln. Zu Übungszwecken kann er zwar mal gebadet werden, dann aber lediglich mit Wasser ohne Shampoo.

Ist Shampoo nötig, sollte er nicht mit Menschenshampoo gebadet werden, denn das würde der natürlichen Fettschicht schaden. Verwenden Sie stattdessen ein spezielles Hundeshampoo. Dieses wirkt rückfettend und trocknet das Fell nicht aus.

Achten Sie darauf, dass Ihr Welpe einen sicheren Stand hat, beispielsweise durch das Unterlegen einer Gummimatte, und kein Wasser oder Shampoo in Augen und Ohren gelangt. Das Wasser sollte handwarm sein, auf keinen Fall wärmer, denn das wäre dem Hund sehr unangenehm. Zuerst wird er gründlich nass gemacht und dann mit verdünntem Shampoo eingeschäumt. Anschließend sollte das Shampoo wieder gründlich ausgespült werden. Es dürfen sich keine Reste im Fell befinden, denn das kann Haut und Haar schaden. Nach dem Baden wird der Welpe gründlich abgerubbelt. Wieder nach draußen darf der Kleine bei kühleren Temperaturen erst, wenn er vollkommen trocken ist. Im Sommer kann er sich auch im Garten »trocken toben«.

Neues Gelände zu erkunden, verursacht ein wenig Stress. Doch »milder Stress« gehört zur positiven Entwicklung der Welpen dazu und stärkt das Immunsystem.

»Milder Stress«

Welpen sind robuster als es den Anschein hat. Milder Stress (Dr. U. Gansloßer) gehört zu einer positiven Entwicklung dazu, denn dadurch wird das Immunsystem gestärkt. Dazu zählt auch, bei Wind und Wetter ins Freie zu gehen. Hundewelpen dürfen auch bei Regen hinaus oder im Schnee toben, aber sollten natürlich nicht bei minus 4° C stundenlang in der Nordsee baden! Solange der Kleine in Bewegung ist, wird er auch nicht krank. Wenn es dann aber wieder ins Auto oder nach Hause geht, sollten Sie den Welpen abtrocknen, damit er nicht pitschnass auf seinem Platz liegt, auskühlt und sich dann erkältet.

▶ **Körperkontrolle**
Gewöhnen Sie den Welpen daran, sich von Ihnen an allen Körperteilen anfassen zu lassen und dabei still zu halten. Hat er in diesem Alter gelernt, dass das gar nicht schlimm ist und Spaß machen kann, dann haben Sie es später wesentlich einfacher, Zecken zu entfernen, Pfoten abzuputzen und ihn auf Verletzungen hin zu untersuchen. Drehen Sie ihn liebevoll beziehungsweise spielerisch auf den Rücken. Das dient nie der Unterwerfung! Er sollte diese »Untersuchung« ohne Angst kennen lernen, ohne steif und angespannt zu sein, und diese vertrauensvoll genießen können.

Trainieren Sie all dies bereits jetzt, auch wenn kein konkreter Anlass dafür besteht. Später, wenn er beispielsweise eine Ohrenentzündung hat, die Schmerzen verursacht, wird dieses notwendige Handling ungleich problematischer, wenn er es nicht kennt, sich in die Ohren schauen zu lassen.

Bei dieser regelmäßigen Untersuchung werden Ihnen auch Veränderungen am Hund auffallen, die eventuell von einem Tierarzt untersucht werden sollten. Zudem werden tierärztliche Behandlungen für beide Seiten wesentlich stressfreier ablaufen, wenn es der Hund gewohnt ist, dabei still zu halten. So manchem Hund blieb dadurch eine Narkose erspart, weil eine lokale Betäubung ausreichte.

AUGENCHECK ▶ Die Bindehäute sollten hellrosa sein. Sind sie hingegen feuerrot, suchen Sie bitte einen Tierarzt auf. Viele Junghunde haben Follikel, kleine Bläschen auf dem dritten Augenlid, die behandelt werden sollten. Gelber Schleim weist oft auf eine Bindehautentzündung hin. Können Sie dies bei Ihrem Welpen feststellen, sollten Sie zum Tierarzt gehen.

GEPFLEGTE OHREN ▶ Wischen Sie die Ohren des Welpen immer mal mit einem sauberen Tuch aus, jedoch nur außen – gehen Sie niemals tiefer in den Gehörgang, das kann für den Hund sehr schmerzhaft und gefährlich sein. Träufeln Sie bitte nichts in die empfindlichen Hundeohren hinein, außer Ohrenreiniger, den Ihnen der Tierarzt empfohlen hat.

Spielerisches Auf-den-Rücken-Drehen will auch gelernt sein.

Im Sommer können Grannen in die Ohren geraten. Ihr Hund wird plötzlich den Kopf schief halten, sich kratzen und schütteln. Bitte warten Sie nicht zu lange und lassen Sie den Tierarzt umgehend ins Ohr schauen, denn die Grannen arbeiten sich immer tiefer in den Gehörgang hinein und sind daher nicht ungefährlich.

ZÄHNE ZEIGEN ▶ Werfen Sie immer mal wieder einen Blick ins Maul und auf das Gebiss des Welpen. Das ist vielen Hunden unangenehm, deshalb beginnen Sie am besten mit kurzen Zeitintervallen.

Mit ca. dreieinhalb bis vier Monaten kommen Welpen in den Zahnwechsel. Kontrollieren Sie regelmäßig, ob der Zahnwechsel reibungslos verläuft. Stellen Sie dabei fest, dass die neuen Zähne bereits durchgebrochen und deutlich sichtbar hochgewachsen sind und die Milchzähne parallel dazu festsitzen, müssen die Milchzähnchen eventuell gezogen werden. Wenn man damit zu lange wartet (mehr als zwei Wochen), können Zahnfehlstellungen die Folge sein.

PFOTENPFLEGE ▶ Normalerweise nutzen sich die Krallen des Hundes ausreichend ab, wenn er genügend Gelegenheit hat, auf hartem Untergrund zu laufen. Sind Sie aber meist in Feld und Wald unterwegs, können die Krallen sehr lang werden. Das kann bei bestimmten Rassen vermehrt auftreten oder der Fall sein, wenn der Hund einmal krank oder alt ist und nicht (mehr) viel laufen kann oder sich nur auf weichen Böden bewegen darf. Gewöhnen Sie Ihren Welpen an das Kürzen der Krallen. Beim Welpen können Sie anfangs noch einen Nagelknipser verwenden, später sollte es eine spezielle Krallenschere sein. Achten Sie darauf, beim Kürzen keine Ader zu verletzen, das ist für den Hund sehr schmerzhaft. Sind Sie sich unsicher, wie kurz Sie schneiden dürfen, lassen Sie sich

> **Dringend zum Tierarzt**
>
> Versuchen Sie nicht, mit Hausmittelchen zu experimentieren, wenn Ihr Welpe krank ist. Obwohl die kleinen Kerlchen sehr robust sind, können ihnen akute Erkrankungen sehr zusetzen und den kleinen Körper schnell schwächen. Besonders gefährlich ist ein Flüssigkeitsverlust bei Welpen. Rufen Sie im Zweifelsfall lieber einmal zu viel beim Tierarzt an, um zu fragen, ob er den Welpen sehen möchte, bevor Sie zu lang damit warten. Wenn Ihr Welpe folgende Krankheitsanzeichen zeigt, muss er auf dem schnellsten Weg zum Tierarzt:
>
> ▶ Apathie
> ▶ Starker Durchfall
> ▶ Blut im Kot
> ▶ Blut im Urin
> ▶ Mehrfaches oder starkes Erbrechen
> ▶ Fieber (über 39 °C)
> ▶ Lahmen
> ▶ Anhaltende Schmerzäußerungen (Wimmern, Aufschrei bei Berührung)
> ▶ tiefere Wunden (kleine Schrammen sind meist harmlos)
> ▶ Ständiges Kopfschütteln
> ▶ Ständiges Reiben der Augen mit den Pfoten
> ▶ Husten
> ▶ Eitriger Nasenausfluss

Die Zahnpflege gehört zur täglichen Prozedur.

»Zeigt her eure Füße!«

von einer Person helfen, die sich damit auskennt. Ihr Welpe sollte auch lernen, dass Sie die Zwischenräume zwischen den Ballen untersuchen, um festzustellen, ob er sich etwas eingetreten hat.

Impfungen

Mit der ersten Muttermilch, der so genannten Kolostralmilch, nehmen Welpen wichtige Antikörper gegen Infektionskrankheiten auf und sind in den ersten Wochen recht gut geschützt, wenn sie von einem vernünftigen (Auf-)Züchter kommen. Nach einigen Wochen ist dieser Schutz jedoch »aufgebraucht« und das Immunsystem sollte unbedingt mit Hilfe von Impfungen gegen gefährliche Krankheiten geschützt werden, die tödlich enden können.

Nach der Grundimmunisierung im zweiten und im dritten Monat müssen diese Impfungen in regelmäßigen Abständen aufgefrischt werden. Lassen Sie sich von Ihrem Tierarzt beraten, welche Impfintervalle und Vorsorgeimpfungen für Ihren Welpen empfehlenswert sind. Geimpft wird in der Regel gegen Staupe, Hepatitis, Parvovirose, Leptospirose, Zwingerhusten und Tollwut. Die Borrelioseimpfung sollte je nach Gefährdungslage vorgenommen werden, wichtiger ist hier jedoch die Prophylaxe in Form eines Zeckenhalsbandes oder anderen Mitteln. Vorschriften zu Impfungen gibt es nicht, doch zumindest die Tollwutimpfung muss nachgewiesen werden, wenn der Hund an Ausstellungen oder Turnieren teilnehmen soll oder mit ins Ausland reist. In Deutschland treten immer wieder Tollwutfälle auf. Nicht geimpfte Haustiere werden bei Kontakt zu erkrankten Tieren getötet.

> ### Tipp
>
> **Krankheiten aus südlichen Ländern**
> Da immer mehr Menschen ihre Hunde mit in den Urlaub, besonders nach Südeuropa, nehmen, ist ein besonderer Schutz vor Krankheiten, welche durch Sandfliegen übertragen werden, nötig. Nach einem Aufenthalt in gefährdeten Gebieten sollte zur Sicherheit eine Blutuntersuchung durchgeführt werden.

Entwurmen

Der (Auf-)Züchter wird den Welpen vor der Abgabe (hoffentlich) bereits mehrmals entwurmt haben. Eine Entwurmung wirkt nicht prophylaktisch, der Welpe kann kurz danach erneut mit Würmern befallen sein.

Besonders Welpen schnuppern an Kot oder fressen gar den Kot von Wild-, Haus- und Nutztieren, die manchmal von Darmparasiten befallen sind und infizieren sich so immer wieder neu.

Da einige Wurmarten auch auf den Menschen übertragbar sind und diesem auch sehr gefährlich werden können, ist es wichtig, gegen Parasiten vorzubeugen.

Äußere Parasiten

▶ Flöhe

Flöhe sind der Schrecken vieler Hundebesitzer und starker Flohbefall kann gerade Welpen sehr zu schaffen machen. Oft reicht ein einziger Flohbiss aus, um eine Flohallergie auszulösen. Kratzt Ihr Hund sich ständig, sollten Sie sein Fell mit einem besonders engzinkigem Flohkamm durchkämmen. Bleiben braune Krümel im Kamm hängen, sollten Sie diese auf ein helles Tuch geben, anfeuchten und verreiben. Färben sie sich rötlichbraun, handelt es sich meist um Flohkot. Die Flöhe selbst bekommt man selten zu Gesicht, es sei denn, der Hund ist stark befallen. Stellen Sie bei Ihrem Welpen Flohbefall fest, kann Ihr Tierarzt Ihnen wirksame Präparate verordnen, mit denen Sie den Vierbeiner und das Umfeld behandeln können.

▶ Zecken

Zecken sind nicht nur unangenehm, sondern können auch Borreliose, Anaplasmose, Ehrlichiose und Babesiose übertragen und FSME (eine Hirnhauterkrankung) verursachen. Deswegen sollten Sie Ihren Hund in der Zeit vom Frühjahr bis zum Herbst nach jedem Spaziergang nach diesen Plagegeistern absuchen. Hat sich bereits eine Zecke festgesetzt, entfernen Sie diese möglichst bald mit einer speziellen Zeckenzange. Sowohl für Flöhe als auch für Zecken gibt es Mittel, die vorbeugend Schutz vor den Parasiten bieten.

Na, was juckt denn da?

Die Mensch-Hund-Beziehung

Die Mensch-Hund-Beziehung

116 ▸ Für ein harmonisches Miteinander	118 ▸ Gefahrenabwehr
117 ▸ Wie sich Stimmungen übertragen	119 ▸ Spaß und Grenzen

Für ein harmonisches Miteinander

Was macht eine gute Mensch-Hund-Beziehung aus? Muss er sich an Geräusche gewöhnt haben, ruhig auf dem Tierarzttisch sitzen, ordentlich an der Leine laufen? Muss Ihr Hund hierfür »Sit« und »Platz« können? Sicher, all das macht beiden Seiten das Leben leichter.

Eine gute Mensch-Hund-Beziehung beinhaltet jedoch viel mehr. »Gehorsamsübungen« sind dann nur noch Nebenprodukt, wenn Mensch und Hund einen gemeinsamen Weg der Kommunikation finden.

Der erste Schritt auf dem Weg zu einem richtigen Team ist gelegt, wenn wir Menschen versuchen, unsere Vierbeiner zu verstehen. Was sagen sie, wenn sie mit der Rute wedeln – ist das immer gleichbedeutend mit Freude? Nein, es kann sich auch um einen Erregungszustand handeln, zum Beispiel wenn zwei fremde Hunde aufeinander treffen und sie sich erst einmal steifbeinig umkreisen.

Hundesprache ist viel komplexer und spannender, als man auf den ersten Blick denken mag. Versuchen Sie, Ihren Hund »lesen« zu lernen, um verstehen zu können, warum er wie handelt. Lernen Sie im Vorfeld zu »sehen«, wie er sich im nächsten Moment verhalten wird.

Überdenken Sie des Weiteren, welche Bedürfnisse Ihr Hund hat: Was braucht er und was können Sie ihm bieten (Beschäftigung, Bewegung, Kontakt zu Artgenossen)?

▸ Was noch zu einer guten Beziehung gehört

Eine ganz entscheidende Rolle spielt das Vertrauen, und zwar das Vertrauen des Menschen in den Hund aber auch Vertrauen des Hundes in den Menschen. Und spätestens hier wird deutlich, dass eine Beziehung etwas ist, das wachsen muss und nicht von heute auf morgen entstehen kann.

Vertrauen kann sich aufbauen, wenn man über einen längeren Zeitraum feststellt, dass man einen Partner an der Seite hat, der für einen da ist, der positiven Sozialkontakt bietet, der Gefahren fernhält und der einen Plan hat, von dem, was er tut (Günther Bloch).

Ein positives Mensch-Hund-Verhältnis ist vergleichbar mit einer guten Beziehung zwischen Eltern und Kindern:

Die Eltern achten darauf, dass ihr Kind versorgt ist, was Nahrung, Kleidung und Gesundheit anbelangt.

Sie machen Unternehmungen miteinander, die dazu dienen, im Schutz »der Großen« das Leben kennen zu lernen. Doch die gemeinsamen positiven Erlebnisse schweißen auch mehr und mehr zusammen.

Sie haben Fürsorgepflicht und achten zum Beispiel im Kleinkindalter darauf, dass es nicht vor ein Auto rennt oder im Supermarkt alle Fruchtzwerge aufreißt.

Sie stellen Regeln auf, unter anderem, um das Kind vor Gefahren zu bewahren, aber auch, um ihm Orientierung zu geben. Das ist erlaubt und das ist nicht erlaubt: Kinder-TV ja, der 20.00-Uhr-Krimi nicht!

Sie lassen aber idealerweise genug Freiheiten, dass das Kind seine eigenen Erfahrungen sammeln kann und nicht nur in Watte gepackt und behütet wird. Es darf auf dem Spielplatz auf dem Klettergerüst herumturnen, Sie sind da und haben ein Auge auf Ihr Kind, stehen aber nicht direkt dahinter, damit es sich ja nicht verletzt.

Ja, Sie haben Recht: Menschen sind Menschen und Hunde sind Hunde. Kindern können wir etwas erklären, Hunden nicht.

Dennoch: So unterschiedlich sind wir gar nicht ... Es lässt sich Einiges vom menschlichen Umgang auf Hunde übertragen.

Hunde leben von Natur aus in einem sozialen Verband und sind bereit, sich jemandem anzuschließen, der dieses »Jobs« würdig ist. Würdig ist der, mit dem man vertrauensvoll durchs Leben geht und der dabei Sicherheit vermittelt. Damit sind wir bei dem wichtigen Punkt »Stimmungsübertragung«.

Wie sich Stimmungen übertragen

Immer wieder gibt es für den jungen Hund neue Situationen oder Dinge, die ihm fremd sind. Schnappen Sie sich z.B. Ihren Welpen und laufen eiligen Schrittes nach Hause, weil ein Gewitter naht, setzen Sie ein Signal. Der Kleine lernt unter Umständen, dass ein Gewitter etwas Bedrohliches ist. Sie brauchen sich nicht zu wundern, wenn er bei Regen und Gewitter das Haus nicht verlassen mag und sogar Angst davor entwickelt. Dies lässt sich auf verschiedene Situationen des Alltags übertragen, z.B. wenn Sie den Welpen bei der Annäherung eines anderen Hundes oder bei einem vorbeifahrenden Lastwagen – in Sorge um den Kleinen – auf den Arm nehmen.

> **Stimmungsübertragung**
>
> Trost und beruhigenden Zuspruch empfindet der Welpe als Bestätigung für sein Verhalten. Hektik und Aufregung, verbunden mit erhöhtem Herzschlag, Atemfrequenz und verändertem Geruch des Halters, können aus Hundesicht Gefahr signalisieren.
> Entspannt kann Ihr Welpe aufwachsen, wenn er spürt, dass Sie von der Grundeinstellung her fröhlich sind und dabei sicher auftreten. Das braucht Ihr kleiner Kerl, wenn er jetzt die Welt entdeckt.

Ihm können Sie nichts vormachen, entscheidend ist, wie Sie sich fühlen! Wenn Sie sich unwohl fühlen, dann wird der Knirps es spüren.

▶ **Bitte nicht trösten**

Trost und beruhigendes Zureden wie auch besorgtes Untersuchen auf kleine Verletzungen werden vom Hund als Bestätigung für ängstliches Verhalten aufgefasst.

»Wenn ich mich fürchte, bekomme ich Zuwendung, also ist es richtig Angst zu haben.« Dies ist die Lehre, die der Welpe daraus zieht, und er wird sich zunehmend unsicher verhalten. »Mein Mensch fürchtet sich, ich habe dazu wohl auch allen Grund.« Stattdessen »freuen« Sie sich lieber über einen Gegenstand, über Gewitter oder über Lärm, und zwar ganz laut und deutlich. Angenommen, er weicht vor dem Staubsauger ängstlich zurück, freuen Sie sich lautstark über diesen: »Mensch, das ist ja ein prima Staubsauger, den wir hier haben, der ist ja klasse!« Machen Sie das bitte einfach nur für sich, ohne den Welpen mit Zwang dorthin zu drängen. Er sollte die Zeit haben, von allein näher zu kommen. Schutz ist eher passiv zu gewähren. Das bedeutet: Ihr Hund kann sich in Ihre Nähe begeben, wird dort jedoch nicht getröstet.

Gefahrenabwehr

Aktiv sollten Sie werden, wenn es um »Gefahrenabwehr« geht.

Beispiel: Sie gehen mit Ihrem angeleinten Welpen spazieren und ein anderer Hund stürmt bellend auf Sie zu. Nun ist es Ihre Pflicht, dafür Sorge zu tragen, dass dieser Hund Ihrem

Kleinen nicht zu nahe kommt und ihn in Angst und Schrecken versetzt. Das können Sie tun, indem Sie mit einem großen Schritt und einer Abwehrgeste auf den fremden Hund zugehen und ihn laut ansprechen. Die meisten Hunde verabschieden sich dann.

Warum das so wichtig ist? Würde dieser Hund jetzt zu Ihrem Welpen flitzen und ihn bedrängen, vielleicht sogar beißen, dann hätten Sie als – nennen wir es mal – »Aufsichtsperson« versagt. Trotz Ihrer Anwesenheit ist dem Kleinen etwas zugestoßen. Sie wollen aber eine gute Beziehung und ein Vertrauensverhältnis aufbauen. Wird dieses enttäuscht, wird der Hund Ihnen möglicherweise nicht mehr so einfach »glauben«, weil Sie ja nicht im Stande waren, ihn zu schützen.

Dies ist einer der Gründe, weshalb erwachsene, angeleinte Hunde häufig andere Hunde anbellen: Der Mensch ist aus Hundesicht nicht dazu in der Lage, die Situation zu meistern und einer muss sich ja um die Gefahrenabwehr kümmern.

Natürlich darf und soll Ihr Welpe mit erwachsenen Hunden spielen – das ist keine Frage. Aber Sie treffen hierbei die Entscheidung, wer der Spielkamerad sein sollte. Gefahrenabwehr bedeutet nicht, dass Sie permanent hinter Ihrem Welpen herlaufen sollen, damit ihm ja nichts passiert. Er würde unsicherer und »dümmer« gemacht, wenn wir ihm alles abnehmen und jeden Hund von ihm fernhalten, weil der eigene umgeschubst werden oder er im Spiel gegen einen Zaun stoßen könnte.

Spaß und Grenzen

Wir hatten bereits angesprochen, dass gemeinsamer Spaß immens wichtig ist, um eine gute Beziehung aufzubauen! Nur Sonnenseiten? Nein, es gehören auch Grenzen zur Hundeerziehung. Dabei sollte einer, und zwar Sie, das »Zepter« in der Hand halten, denn der Hund wäre damit überfordert. Chefsein hat nicht nur Vorteile, sondern ist sehr anstrengend, weil man Entscheidungen treffen muss und die Verantwortung trägt.

Wünschenswert aus Sicht des Hundes ist, dass Sie dafür Sorge tragen, dass das soziale Miteinander funktioniert. Sie geben die Strukturen und nehmen dadurch Stress und Unruhe.

Beherzigen Sie dies bitte von Anfang an und warten nicht erst, bis sich der Kleine eingelebt hat. Es ist für ihn viel schwerer sich umzugewöhnen, als es gleich richtig zu lernen.

In der Vielzahl der Situationen sollten Sie es sein, den Hund zu gemeinsamen Unternehmungen zu bewegen. (z.B.: Er kommt, wenn Sie ihn rufen. Sie lassen ihn zum gemeinsamen Spaß auf einen Baumstamm springen usw.)

▶ Privilegien

Haben Sie keinerlei Schwierigkeiten mit Ihrem Vierbeiner und er gehorcht zuverlässig, dann darf er gerne gewisse Privilegien genießen, im Bett schlafen, Sie zum Spielen auffordern oder bei Tisch betteln.

Natürlich können wir auch mal über ihn steigen, wenn er im Weg

Schließlich soll er sich an Ihnen orientieren und nicht umgekehrt.

Ist das ab und zu der Fall, dann mag das kein Problem sein – die Summe der Situationen ist entscheidend. Und: Wer sich im Haus als Chef fühlt, der tut das auch draußen!

Mit diesen Überlegungen sind wir, liebe Leser, am Ende unseres Buches rund um den Hundewelpen angelangt. Wollen Sie Ihrem Hund etwas Gutes tun (und wer will das nicht), dann sehen Sie Verständnis und Vertrauen als die Grundlage der Mensch-Hund-Beziehung und damit auch als den Schlüssel zur Erziehung Ihres Hundes. Seien Sie vergnügt, seien Sie geduldig, bleiben Sie konsequent und vor allen Dingen gelassen und denken Sie daran: Die Erziehung Ihres Hundes ist niemals abgeschlossen.

liegt, aber nicht permanent, denn der Hund merkt natürlich, dass wir es ihm passend machen.

Mit dem Welpen gehen wir anfangs noch langsam spazieren, bleiben aber bald, wenn er flotter unterwegs ist, nicht alle drei Meter stehen, weil Monsieur mal schnüffeln oder einen entgegenkommenden Hund begutachten möchte.

Daran werden Sie erinnert, wenn Ihr Welpe auf dem Weg zum Hund in seine «Rüpelphase», kommt. Aber das ist wieder eine ganz andere Geschichte.

> ### Danksagung
>
> Danken möchten wir zunächst einmal sämtlichen Vierbeinern, die unsere Wege bisher kreuzten und die uns vieles über sie lehrten.
> Ganz herzlich möchten wir uns bei den Menschen bedanken, die zur Entstehung dieses Buches beigetragen haben:
> Günther Bloch, Dr. Eva Döring, Dr. Udo Gansloßer, Dr. Gudrun Groussel, Martin Kniese, Tanja Koop, Dr. Gabi Niepel, Eliette Michel, Ulrike Thurau, Heike Schmidt-Röger, Birgit Scheuplein, Edith Stölting, Sabine Stuewer
> ... all unseren Kunden, Ralf Scheuermann und all denen, deren Namen wir hier nicht explizit erwähnt haben.
> **Danke für Euer aller Unterstützung!**

Was ist Kommunikation?

123 ▸ Nachrichtenaustausch   126 ▸ Lernen durch Kommunikation

Nachrichtenaustausch

Wir leben im Zeitalter der Kommunikation – dies wird uns zumindest permanent gesagt. Weniger deutlich wird gesagt, was Kommunikation eigentlich ist, was es im Einzelnen bedeutet zu kommunizieren und was dabei alles schief laufen kann.

▸ Welche Auswirkungen hat es, wenn die Kommunikation schief läuft?
▸ Mit wem oder was kann man kommunizieren?
▸ Wie sollte Kommunikation ablaufen?
▸ Muss man sich überhaupt Gedanken über Kommunikation machen – noch dazu mit Hunden?

Auf die letzte Frage gibt es nur eine Antwort: ein dickes, großes und fett gedrucktes JA!

▸ **Biologische Systeme**

»Kommunikation« bedeutet nichts anderes als »Nachrichtenaustausch«. Sehr abstrakt formuliert: Es findet eine Verständigung zwischen biologischen oder technischen Systemen statt. Biologische Systeme sind Lebewesen – also z. B. auch ein Hund und der dazugehörige Besitzer. Und Kommunikation mit irgendetwas findet bei Lebewesen eigentlich immer, in jeder Sekunde ihres Lebens statt. Jeder Hundebesitzer kommuniziert beispielsweise intensiv dann mit seinem Hund, wenn er oder sie mit ihm trainiert, Gehorsam übt, etc. Aber er oder sie kommuniziert auch häufig unbewusst mit dem Hund; Hunde achten z. B. sehr auf die Körpersprache ihres Gegenübers, und dieses wird uns Menschen oft nicht bewusst. So können sich Fehler bei der Kommunikation einschleichen und darüber dann Probleme im Zusammenleben Hund-Mensch entstehen. Die meisten Gehorsamsprobleme sind, neben einem Zeichen für mangelhafte Trainingsintensität, immer auch ein Zeichen für eine fehlerhafte Kommunikation zwischen Hund und Besitzer. Und genau aus diesem Grund sollte sich jeder Hundebesitzer mit diesem Thema befassen. Wenn Sie wissen, wie und wodurch Ihr Hund »zu Ihnen spricht«, hat dies viele Vorteile für ein entspanntes, harmonisches und stressfreies Miteinander. Aber auch für den Hund wird das Zusammenleben mit Ihnen womöglich einfacher, übersichtlicher und entspannter. Es lohnt sich also, etwas über die Kommunikation von und mit Hunden zu erfahren.

Kommunikation bedeutet Nachrichtenaustausch – hier zwischen Hund und Besitzer.

▸ Bedürfnisse des Hundes

Stellen Sie sich vor, Sie sind Mitteleuropäer und reisen nach Japan. Sie sprechen kein Japanisch. Da ist schon einmal die erste Hürde, um stressfrei zu reisen. Permanent müssen Sie sich zunächst fragen: »Sitze ich im richtigen Zug?« oder »Wo kann ich nun etwas zu essen kaufen?« Nicht zu wissen, wo und wann man seine Grundbedürfnisse befriedigen kann, erzeugt Stress. Zu den Grundbedürfnissen gehört auch, eine Art eigenes Territorium (Hotelzimmer) zügig aufsuchen zu können. Stellen Sie sich nun den Hund vor, der in ein neues Zuhause gekommen ist. Ihm geht es ähnlich mit den Grundbedürfnissen wie Ihnen in Japan. Die meisten Menschen achten bei diesen Punkten sogar noch einigermaßen auf

Zu den Grundbedürfnissen eines Hundes gehört auch der regelmäßige und häufige Sozialkontakt mit den anderen Gruppenmitgliedern.

die grundlegenden Bedürfnisse des Hundes. Futter- und Wassernapf stehen zumeist an einem festen Ort, Futterzeiten sind recht regelmäßig und ein Lagerplatz wurde auch zugewiesen. Aber weiß der Hund auch sicher, dass es am nächsten Tag noch genauso aussehen wird und dass er überhaupt ohne Gefahr fressen kann? Er weiß es nicht sofort, da er unsere Sprache nicht spricht. Genauso wenig wie Sie die japanischen Schriftzeichen auf Schildern entziffern können oder verstehen, wenn Ihnen ein Einheimischer den Weg zum Bahnhof erklärt, versteht der Hund anfangs Worte wie »hier ist dein Platz«. Er wird über das weitere menschliche Verhalten aber lernen können, dass dieser Platz seiner ist und Ruhe und Erholung bedeutet. Und Sie lernen in Japan über einige Wiederholungen hinweg, dass »Eki« Hauptbahnhof bedeutet.

▶ **Leben in fremden Kulturen**
Wir Menschen bieten unseren Hunden im Grunde eine fremde Kultur – und in genau so einer sind auch Sie auf Ihrer Reise nach Japan gelandet. Stressfrei und angenehm leben oder reisen können Sie hier erst, wenn Sie einiges Wissenswerte und Nützliche über diese Kultur gelernt haben. Dazu gehören, neben der eben beschriebenen Sprache, auch noch einige Dinge mehr. Sie müssen letztendlich die Spielregeln kennen lernen, die in dieser zunächst unbekannten Gesellschaft herrschen, und sich damit arrangieren. Nichts anderes muss der Hund auch machen. Er kommt ja in der Regel aus einer »Hundegesellschaft« (Mama und Wurfgeschwister) in eine »Menschengesellschaft«.

Hier herrschen nun andere Spielregeln als vorher und bis man diese durchschaut hat, ist das Leben recht anstrengend. Eine klare Ansage darüber, was gewünscht und was unerwünscht, was erlaubt und was nicht erlaubt ist, ist zum Lernen dieser Spielregeln äußerst hilfreich. Wie dumm nur, dass Sie kein Japanisch sprechen und der Hund keine Menschensprache. Wie gut aber, dass sowohl Sie als auch Ihr Hund ein Gehirn haben, welches solche Dinge lernen kann.

In der Menschengesellschaft gelten Spielregeln, die dem Hund unter Umständen sogar bedrohlich vorkommen können.

»Shake Hands, Partner«. »Pfötchengeben« kann sich auch aus Situationen entwickeln, in denen der Besitzer seinen Hund unbewußt bedroht. Der Hund hebt die Pfote als Geste der Deeskalation und der Besitzer steigt erfreut darauf ein. So entwickelt sich ein Ritual, bei dem der Hund am Ende wieder entspannter ist.

Lernen durch Kommunikation

Lernen kann nur parallel zu einer intensiven Kommunikation stattfinden – ohne Kommunikation, also ohne Nachrichtenaustausch, funktioniert es eigentlich nicht. Gelernt werden Informationen über die Umwelt und Zusammenhänge zwischen bestimmten Dingen – und durch Kommunikation gelangen diese an den Ort, wo gelernt wird: ins Gehirn. Dies hört sich jetzt sehr einfach an; was könnte dabei schief laufen?

▶ **Missverständnisse**
Bewegen Sie sich gedanklich einmal nach Japan zurück. Da verbeugt sich ein Japaner vor Ihnen zur Begrüßung – das kennen Sie sogar schon etwas, denn es gehört vielleicht zu den klischeehaften vor-Urteilen, die Sie als Mitteleuropäer über Japaner haben.

Sie sind entspannt, denn es verursacht Entspannung, wenn eine Erwartungshaltung erfüllt wird. Nun wird dieser Japaner plötzlich beim Erzählen laut und gestikuliert wild mit den Armen vor Ihnen herum; er schiebt Ihren Körper vielleicht in eine Richtung. Er entspricht nicht mehr Ihrer Erwartungshaltung – er ist laut und wirkt auf Sie eventuell sogar etwas aggressiv. Sie zucken zurück, zeigen Unsicherheit oder reagieren nun ihrerseits aggressiv. Dies wiederum versteht der Japaner nicht – er wollte Ihnen nur auf seine Art den Weg zeigen.

BLICKKONTAKT ▶ Solche Beispiele für Missverständnisse in der Kommunikation gibt es viele und sie können unter Umständen sehr ernste Folgen haben. Ein typisches Beispiel hierfür, mit eventuell dramatischen Folgen zwischen Hund und Mensch, ist die Sache mit dem Blickkontakt. Die Spielregel zwischen Menschen heißt: »Es ist höflich, seinem Gegenüber beim Gespräch in die Augen zu schauen«. Die Spielregel zwischen Hunden heißt: »Es ist unhöflich (= gefährlich) seinem Gegenüber in die Augen zu schauen«, denn der direkte Blickkontakt gehört in die Gruppe der Imponier- und Drohsignale. Wenn ein Mensch nun seinem Hund permanent in die Augen sieht, z. B. im Training, kann sich der Hund permanent bedroht fühlen und darauf entsprechend reagieren. Solche Reaktionen (z. B. Flucht oder Aggression, etc.) versteht der Mensch wiederum nicht und es entwickelt sich ein wunderschöner Problemkreislauf, der keinem nutzt und allen starken Stress bereitet. Hätte sich der Mensch dagegen vorher die Mühe gemacht, seinem Hund beizubringen, dass der Blickkontakt zu Menschen etwas anders gelagert ist als zwischen Hunden, wäre das Problem nicht entstanden. Der Hund hätte diese neue Fremdsprache gelernt und sie verstehen und anwenden können.

▶ **Schluss mit »alten Hüten«**
Deshalb ist es so wichtig, sich doch etwas intensiver mit dem Thema Hundesprache zu befassen. Sie können somit eine Menge möglicher Probleme im Voraus verhindern. Einfach, indem Sie sich nicht auf klischeehafte vor-Urteile über Hundeverhalten verlassen, die vielleicht seit vielen Jahrzehnten kursieren, aber nichtsdestotrotz nach dem neuesten Wissensstand falsch sind. Mit diesem Buch wollen wir Ihnen Hilfestellung geben. Sie erfahren etwas über die Kommunikationsmöglichkeiten und Kommunikationsmethoden von Hunden. So lernen Sie Ihren Hund besser einzuschätzen und können positiver und entspannter mit ihm umgehen. Bevor wir diese speziellen Dinge wie »Kommunikation unter Hunden« und »Kommunikation zwischen Mensch und Hund« vertiefen, wollen wir Ihnen noch etwas zur Kommunikationstheorie an sich vorstellen. Was ist Kommunikation nun genau und wie hat sie sich im Tierreich entwickelt?

Das »Fixieren durch die Kamera« kann für einen Hund leicht bedrohlich wirken; zumindest, wenn er derartiges Verhalten von Menschen nicht kennt.

Informationssysteme

129 ▶ Das komplexe System   130 ▶ Signale als Informationsträger

Das komplexe System

Zum Thema »Kommunikation« gibt es viele wissenschaftliche Arbeiten, sowohl theoretische als auch praktische. Es gibt an Universitäten ganze Fachbereiche, die sich nur mit der Kommunikationswissenschaft befassen und es wurde in den letzten zwei bis drei Jahrzehnten viel auf diesem Gebiet geforscht. Zeit also, das Ganze nun einmal für die Kommunikation mit Hunden zusammenzufassen und mit den nötigen praktischen Beispielen zu versehen.

Der Nachrichtenaustausch zwischen biologischen oder technischen Systemen wird Kommunikation genannt – das wurde schon gesagt. Aber was genau ist ein Nachrichtenaustausch und nach welchen Regeln funktioniert er? Solche Fragen werden z. B. in der Kommunikationswissenschaft beantwortet.

▶ Sender, Empfänger und Information

Damit Kommunikation stattfinden kann, müssen bestimmte Vorgaben erfüllt sein; das heißt, ein bestimmtes komplexes System muss vorhanden sein, damit von Kommunikation gesprochen werden kann. Grundsätzlich sind dies drei Elemente: Sender, Empfänger und Information. Der Sender sendet eine Information aus und der Empfänger empfängt sie. Erst wenn dies abgelaufen ist, kann man von Kommunikation sprechen. Dabei unterscheidet man zwei verschiedene Systeme.

Sender-Empfänger-Systeme

1. Direkter Informationsaustausch
Zum einen kann ein Sender bewusst an einen ganz individuellen Empfänger senden. Wenn ein Hund einen anderen Hund anknurrt, dann findet der Informationsaustausch gewollt nur zwischen diesen beiden statt. Natürlich würden auch andere Hunde in der Nähe dieses Knurren hören (empfangen), aber vom Sender ist damit gezielt nur ein ganz bestimmter Hund direkt angesprochen worden; dieses wissen etwaige »Mithörer« auch.

2. Indirekter Informationsaustausch
Im anderen System sendet der Sender nicht gezielt an einen bestimmten Adressaten. Diese Art von Kommunikation liegt z. B. dann vor, wenn Hunde ein bestimmtes Areal mit ihrem Urin markieren. Jeder, der dann später daran vorbeikommt, wird die Information über die Nase aufnehmen und darüber zum Empfänger dieser Information werden. Der eine Hund, der die Duftmarke gesetzt hatte, hat nun aber keinen Einfluss mehr darauf, wer sich alles von seinem Signal angesprochen fühlt.

Komplexer Informationsaustausch: Ein Geruchssignal wird empfangen und ein neues Signal wird gesendet. Ein neuer Empfänger nimmt die Information auf und setzt seine »Nachrichten« oben drauf.

Dazu findet über das Schnuppern aneinander auch noch ein direkter Informationsaustausch statt.

Signale als Informationsträger

Die jetzt schon oft benutzten Begriffe »Information« und »Signal« sollten noch genauer definiert werden, nicht zuletzt, damit die Kommunikation zwischen Autorinnen und Lesern klappt. Kommunikation beginnt nämlich immer da schief zu laufen, wo Signale nicht eindeutig genug definiert sind.

Für den Begriff »Signal« gibt es viele analoge Begriffe, z. B. »Zeichen«, »Reiz« oder »Stimulus«. Allen gemeinsam ist, dass sie den gleichen Job haben: sie tragen Information. Die Information wird durch das jeweilige Signal so verpackt und dargeboten, dass das empfangende Lebewesen diese Information aufnehmen und verarbeiten kann. Eine gesendete Information wäre beispielsweise der sachliche Inhalt des letzten Satzes, den Sie gerade gelesen haben. Ihr Gehirn verarbeitet jetzt gerade diesen Sachinhalt und darüber ist Ihnen die Information bewusst geworden. Die dazugehörigen Signale sind die Buchstaben; diese sind die Träger der Information. Ein anderes Beispiel wäre das Wortsignal SITZ an Ihren Hund. Das Signal ist ein Geräusch mit einer bestimmten Frequenz, Länge und Tonmodulation. Die dazugehörige Information für Ihren Hund ist »Hintern auf den Boden«. Dabei muss ein Signal nicht unbedingt nur eine relativ kurze Einzelinformation sein. Auch komplexe Verhaltensweisen eines Lebewesens haben Signalcharakter und sprechen gleichzeitig mehrere Sinneskanäle des Empfängers an (siehe weiter unten).

> **Definition Signal**
>
> Definition des Begriffes Signal oder Zeichen in der Kommunikationswissenschaft:
> »Ein Signal oder Zeichen ist etwas, was für jemanden etwas bedeutet«.

Kommunikation funktioniert nur da, wo beide Kommunikationspartner für ein bestimmtes Signal exakt den gleichen Informationsgehalt verknüpfen. In dem Moment, wo es hier Unterschiede gibt, tauchen Probleme auf. Das vorhin zitierte Beispiel mit dem Blickkontakt kann dies noch einmal gut illustrieren. Für den Menschen bedeutet das Signal »direkter Blickkontakt« vielleicht so etwas wie »freundliche Wertschätzung oder Aufmerksamkeit beim Gespräch«. Für den Hund jedoch bedeutet das technisch gleiche Signal das genaue Gegenteil: »Konflikt um etwas (vielleicht eine bestimmte Rangposition) und damit Imponiergehabe oder Bedrohung«. Und schon ist ein Problem im Entstehen begriffen.

> **Wie Hunde Signale empfangen**

Viele Elemente oder Dinge, die uns im täglichen Leben »umwabern«, haben Signalcharakter. Wir leben in einer so genannten »Semiosphäre« – einer Welt der Signale oder Zeichen. Damit ein Signal seine Information aber auch »loswerden« kann, muss eine weitere Bedingung erfüllt sein: Der designierte oder angepeilte Empfänger muss die entsprechenden Vorrichtungen besitzen, um dieses Signal zu erkennen und den Informationsgehalt herauslösen zu können. Solche Vorrichtungen sind z. B. unsere Ohren. Sie können Geräuschsignale empfangen und so an das Gehirn zur weiteren Benutzung leiten, dass das Gehirn auch tatsächlich etwas damit anfangen kann – und damit wäre uns dann der Informationsgehalt eines bestimmten Signals bewusst geworden. »Empfangsvorrichtungen« sind also die Sinnesorgane des Lebewesens: Augen (Gesichtssinn), Ohren (Gehörsinn), Nase/Zunge (Geruchs- und Geschmackssinn), Haut (Tastsinn); dazu gibt es dann noch eine weitere Wahrnehmungsvorrichtung für Gefahren, die eventuell gerade aktuell und sehr nahe den Körper bedrohen: die Schmerzrezeptoren.

Der Hund stammt vom Raubtier Wolf ab, und die Sinnesorgane (Nase, Augen, Ohren) sind zum Aufspüren von Beute bestens geeignet.

INFORMATIONSSYSTEME

UNTERSCHIEDLICHE SINNESAUSPRÄGUNGEN ▸ In der Evolution haben sich Arten unterschiedlich entwickelt. Keine zwei Tierarten besitzen im Grunde die gleiche komplette Anzahl an Sinnesorganen und/oder die gleiche Leistungsfähigkeit dieser Sinnesorgane. Jede Tierart hat sich ihrer ökologischen Nische, ihrem Lebensraum, angepasst. Nur so kann die Tierart darin auch bestehen bleiben. Es wäre für eine Fledermaus z. B. nicht sehr praktisch, Ohren mit der menschlichen Leistungsfähigkeit zu haben. Für die Fledermaus ist es wichtig, ihre Beutetiere im Dunkeln zu orten. Die Beutetiere sind klein (Insekten) und wendig. Die Sinnesorgane der Fledermaus haben sich dem angepasst. Die Fledermaus hört im Ultraschallbereich und sie kann zudem auch noch aus dem Gehörten ganz exakt die Richtung des Beutetieres und den eigenen Abstand zur Beute ablesen. Dieses sind Eigenschaften, über die wir Menschen nicht verfügen – warum auch: Beutetiere und dadurch das ganze Jagdverhalten waren bei den frühen Menschen gänzlich anders. Hier hatten/haben die Augen oder die Nase eine genauso wichtige, wenn nicht sogar wichtigere Rolle für den Jagderfolg gespielt als die Ohren.

▸ **Wichtig**

Wenn man außerhalb der eigenen Art kommuniziert, muss man bedenken und berücksichtigen, dass die jeweils andere Tierart anders geeichte Sinnessysteme hat. Davon auszugehen, dass der andere genauso denkt wie man selber und in den gleichen Signalsystemen lebt, ist immer der gerade Weg in ein Kommunikationsproblem hinein.

▸ **Wie man funktionierende Kommunikation erkennt**

Signale werden gesendet, um einen Empfänger mit bestimmten Informationen zu versorgen. Und diese Signale haben immer, zumindest anteilig, einen Informationsgehalt, der beim Empfänger eine bestimmte Verhaltensänderung bewirken soll. Selbst wenn Sie einem menschlichen Kommunikationspartner eine Information über sich senden wie »mir geht es gut/schlecht« oder »ich liebe Bilder von Picasso«, ist dort anteilig etwas enthalten, was beim Empfänger eine Verhaltensänderung auslöst (auslösen soll). Die Verhaltensänderung könnte darin bestehen, dass sich der Empfänger ganz einfach dem Sender zuwendet, ihm Aufmerksamkeit schenkt. In exakt diesem Moment ist natürlich der vorhe-

Ein erfolgreicher Kommunikationsversuch oder: »Was sollte da gerade gelernt werden?«

rige Empfänger selber zum Sender geworden und der ehemalige Sender zum Empfänger. Wenn Ihnen der angepeilte Empfänger nämlich Aufmerksamkeit schenkt, zeigt er eine Verhaltensänderung, die Sie dann wieder über Ohren oder Augen wahrnehmen. Wenn Sie Ihrem Hund das Signal SITZ senden und er setzt sich hin, ist dieses »sich Hinsetzen« ein Signal, welches von Ihnen wahrgenommen wird. Damit sind Sie dann der Empfänger und der Hund ist zum Sender geworden.

NICHT-REAGIEREN ▶ Den Erfolg ihres Kommunikationsversuches erkennen Sie also am Verhalten des designierten Empfängers. Dort, wo sich der Empfänger nicht in der von Ihnen gewünschten Art und Weise verhält, ist bei der Kommunikation etwas schief gelaufen. Die Hauptursache ist in den meisten Fällen tatsächlich, dass das gesendete Signal nicht mit dem beabsichtigten Informationsgehalt beim Empfänger angekommen ist und der Empfänger dadurch gar keine Möglichkeit hatte, im Sinne des Senders zu reagieren. Für das Abstellen dieser Fehlerquelle ist eigentlich immer der Sender zuständig. Möglich wäre natürlich auch ein absichtliches »Nicht-Reagieren« des Empfängers auf das Signal. Es kann in Einzelfällen manchmal schwer sein, diesen Unterschied herauszufinden. Wenn man merkt, dass die Kommunikation nicht im gewünschten/geplanten Sinne gelaufen ist, sollte man zunächst immer sehr genau prüfen und hinterfragen, was alles schief gelaufen sein könnte, bevor man weitere oder andere Maßnahmen einleitet. Eine dritte Möglichkeit als Ursache für Misserfolg in der Kommunikation wäre auch noch ein »Versagen« der entsprechenden Sinneskanäle. Wir erleben es tatsächlich von Zeit zu Zeit, dass Besitzer mit einem vermeintlichen Gehorsamsproblem zu uns kommen: »Mein Hund hört überhaupt nicht mehr« – und dann hört dieser Hund tatsächlich nicht oder nicht mehr, weil er im Alter ertaubt ist oder eine chronische Ohrenentzündung hat, etc.

Jemanden, der also im Training nicht so reagiert, wie man es erwartet, dann sofort und gleich als dumm und ohne alles Lernvermögen oder als renitent zu bezeichnen, macht keinen Sinn, solange man nichts darüber weiß, welche Probleme vorliegen könnten. Und nebenbei bemerkt ist es sowieso immer die unsinnigste und am wenigsten nützliche Sache der Welt, einen Kommunikationspartner als »dumm« zu bezeichnen.

Der Hund zeigt Unsicherheit und Submission, weil er das Signal nicht kennt (und daher nicht versteht). Er sucht sein Heil in der Deeskalation, um einem möglichen Konflikt vorzubeugen.

Beide Hunde haben ein Aufmerksamkeitssignal erhalten. Der eine kannte es schon – der andere muss erst lernen, was von ihm gewünscht wird.

▶ Trainieren eines Signals

Besser ist es, genau zu überlegen, ob Sender und Empfänger wirklich den gleichen Informationsgehalt für ein bestimmtes Signal verknüpft hatten. Gerade in der Hundeausbildung erleben wir häufig, dass Hund und Besitzer aneinander vorbeireden. Der Hund kann sich nur als Hund verhalten, mit seinem Wissen von der (Hunde)Welt und seinen Sprachkenntnissen – und dem Menschen geht es anders herum genauso. Beide reden nicht bewusst und mit Absicht aneinander vorbei, sondern weil sie es gerade nicht besser wissen und können. Sehr häufig beobachten wir, dass die Besitzer schon beim Auftrainieren eines Signals Fehler machen. Das Auftrainieren ist der Moment, in dem ein Signal einen bestimmten Informationsgehalt bekommt. Hier kommt man nun nicht darum herum, einige Grundsätze aus der Lernbiologie einzubringen, denn für das weitere Verständnis sind sie wichtig.

1. Es werden nur die Dinge perfekt gelernt (= im Gehirn fest und effektiv miteinander verknüpft), die gleichzeitig oder zumindest in sehr engem zeitlichen Abstand (ca. 1 Sekunde) voneinander geschehen.

2. Es braucht eine gewisse Häufigkeit dieser Paarungen, damit dauerhaft gelernt wird (für das Langzeitgedächtnis); dabei müssen die Signale, bzw. die zu verknüpfenden Elemente, immer eindeutig und im Informationsgehalt gleich sein, um zügig eine feste Verknüpfung zu erreichen. Je genauer, exakter und konsequenter man dieses Auftrainieren betreibt, desto schneller wird man einen langfristigen Trainingserfolg erreichen. Das Geräusch SITZ ist zu Beginn des

Trainings für den Hund nichts anderes als ein neutrales Zischgeräusch. Erst über einige (mehr oder weniger viele) gleichzeitige Paarungen mit dem Verhalten »Hintern auf den Boden« bekommt dieses Geräusch einen Informationsgehalt. Irgendwann, wenn das Auftrainieren genügend weit fortgeschritten ist, wird das Signal SITZ dann zuverlässig die Verhaltensänderung beim Hund auslösen: Er setzt sich hin.

FEHLERQUELLEN ▶ Diese gibt es selbst bei solch einem einfachen Kommando wie SITZ. Der Besitzer z. B., der vor seinem stehenden Hund mehrmals hintereinander SITZ sagt, bringt dem Hund einen anderen Informationsgehalt als »hinsetzen« bei. Wenn der Hund auf vier Pfoten steht und dieses Verhalten mehrmals gleichzeitig mit dem Zischgeräusch SITZ gepaart wird, erfolgt zwangsläufig erst einmal eine Verknüpfung mit »stehen auf vier Pfoten«. Natürlich kann der Informationsgehalt von Signalen über entsprechendes Training permanent und auch später noch geändert werden – aber dies kostet Zeit, verunsichert unter Umständen den Hund und frustriert den Besitzer, wenn die Dinge anfangs nicht so laufen wie geplant. Das alles erspart man sich, wenn man sich zu Beginn eines Trainings erst einmal Gedanken darüber macht, welchen Informationsgehalt ein bestimmtes Signal haben soll und auf welchem Weg man am einfachsten dort hinkommen kann.

Signalaufbau: Unter menschlicher Regie einigen sich Hund und Besitzer auf den Informationsgehalt für ein bestimmtes Signal.

Wie funktioniert Kommunikation?

137	▶	Entstehung	142 ▶	Entwicklung von Signalen
139	▶	Gründe für Kommunikation		

Entstehung

Die Fähigkeit zur Kommunikation bei verschiedenen Tierarten ist nicht einfach »irgendwann einmal entstanden«, sondern hat sich kontinuierlich im Laufe der Evolution entwickelt. Im Grunde kann kein Lebewesen ohne einen regelmäßigen Nachrichtenaustausch mit der Umwelt überleben – irgendwie muss man ja zumindest wissen, wo, wann und wie man seinen Hunger stillen kann. Und so beobachtet man Kommunikation mit der Umwelt schon bei einzelligen Lebewesen wie z. B. Bakterien oder Amöben. Dabei geschieht die Kommunikation mit der Umwelt bei den Einzellern nicht über spezielle Sinnesorgane wie bei den höher entwickelten Tieren. Bakterien haben z. B. keine Geschmacksrezeptoren.

Die Rezeptoren in den Sinnesorganen sind dabei nämlich die eigentlichen Empfangsorgane für die Signale. Die Netzhaut im Auge von Säugetieren ist z. B. dicht an dicht mit speziellen Rezeptoren bestückt, den Stäbchen und Zapfen, die die Lichtsignale aufnehmen. Genauso gibt es spezielle Rezeptoren auf der Zunge, in der Nase, im Ohr oder auf/in der Haut.

▶ **Informationsaustausch bei Einzellern**

Bei den Einzellern erfolgt ein Informationsaustausch mit der Umgebung direkt über die äußere Hülle des Organismus, die Zellmembran. So kann das Lebewesen z. B. wahrnehmen, in welcher Konzentration bestimmte Nährstoffe in seiner Umgebung gerade vorkommen. Das Kleinstlebewesen kann aber auch wahrnehmen, ob bestimmte schädliche Stoffe auftreten, die man lieber meiden sollte. So kann sich auch ein Bakterium, wenn es zur Fortbewegung fähig ist, »entscheiden«, ob es dableibt oder diesen speziellen Ort nicht lieber verlassen möchte. Dabei sind derartige »Entscheidungen« natürlich nicht mit den mentalen Prozessen vergleichbar, wie sie in Lebewesen ablaufen, die ein Gehirn besitzen. Aber immerhin gibt es im Inneren von Einzellern spezifische biochemische Regelmechanismen, die bei bestimmten äußeren Umständen ganz bestimmte Aktionen in Gang setzen. Diese sind von der Leistung her, die erbracht wird,

Auch eine Form der Kommunikation – das Auffinden der Nahrung.

Evolution der Kommunikation: Vom Jäger in einer Gruppe von Artgenossen ...

... zum Lebensbegleiter im Alltag des Menschen. Aber auch mit Brille handelt es sich noch um einen Hund, dessen Verhaltensrepertoire in weiten Teilen dem des Wolfes entspricht.

durchaus vergleichbar mit Schutzreflexen bei höheren Tieren. Der Schmerz an der Fußsohle, wenn wir auf einen scharfen Gegenstand auf dem Boden treten, ist eine Information und löst reflexartig das Anheben des Beines aus, ohne dass wir groß darüber nachdenken. Zumeist wird uns die Information dieses Signals gerade erst dann voll bewusst (»Aua, es tut weh«), wenn das Bein schon leicht angehoben ist. Die Natur hat hier für kurze Wege beim Informationsfluss gesorgt – im Interesse der Lebewesen, die ja letztendlich überleben wollen.

AUSTAUSCH VON ERBSUBSTANZ ▶
Einzeller tauschen aber auch schon direkt untereinander Informationen aus. Es gibt bestimmte Bakterien, die sich nicht nur über Zweiteilung fortpflanzen, sondern bereits eine Methode entwickelt haben, wie sie auch untereinander Erbsubstanz austauschen können. Dies ist sicher nicht absolut vergleichbar mit der sexuellen Fortpflanzung höherer Tiere, stellt aber auf dem Weg dahin einen Zwischenschritt von den Einzellern zu höher organisierten Tieren dar. Auch diese Vorgehensweise zum Austausch von Erbsubstanz ist letztendlich eine Form von Kommunikation.

Gründe für Kommunikation

Der Beginn der Evolutionsgeschichte von biologischen Kommunikationssystemen (Nachrichtenaustausch mit der Umwelt und Artgenossen) lag in ganz konkreten Gründen: Nahrung finden; Schäden/Feinde vermeiden; Fortpflanzungspartner auffinden und für ihn attraktiv sein, so dass die Fortpflanzung stattfindet – und das Ganze möglichst effektiv und Kosten sparend. Und im Grunde hat sich in den Millionen Jahren, seitdem sich aus den Einzellern die ersten mehrzelligen Lebewesen entwickelt hatten, nichts an diesen Gründen geändert. Auch heute geht es jedem Lebewesen im Grunde nur um diese Punkte, die möglichen Unterschiede zwischen Menschen und Tieren wären hier eher philosophisch zu diskutieren, nicht biologisch.

▶ **Das »egoistische« Gen**
Heute geht man davon aus, dass das Hauptziel eines jeden Lebewesens die Weitergabe der eigenen Erbmasse ist. Lange dachte man, es gehe dem einzelnen Tier einer bestimmten Art nicht direkt um sich selber, sondern eher um die Erhaltung der Art. Aber genauere Beobachtungen von Tieren in den letzten 30 Jahren haben zu der Erkenntnis geführt, dass es eben nicht um die gesamte Art, sondern ganz »egoistisch« nur um die eigenen Gene (die eigene Erbsubstanz) geht. Bei vielen Tierarten kann man z. B. Infantizid (Kindstötung) beobachten. Häufig tritt dieses Phänomen dort auf, wo Tiere in so genannten Haremsstrukturen leben. Löst ein junges, stärkeres Männchen den alten Harems-Pascha ab, tötet es sofort eventuell vorhandene Nachkommen des alten Paschas. Die weiblichen Tiere werden danach recht schnell empfängnisbereit und der neue Pascha kann so zügig seine eigenen Nachkommen zeugen und muss nicht die eines alten Rivalen »durchfüttern«. Solche Beobachtungen bei Löwen in den 70er-Jahren des letzten Jahrhunderts brachten zum ersten Mal das »Arterhaltungsmodell« ins Wanken; viele weitere Beobachtungen bei anderen Tierarten, z. B. auch Affen, haben dazu geführt, dass heute dem Modell des »egoistischen Gens« der Vorrang gegeben wird. Hierbei geht man davon aus, dass letztendlich jedes individuelle Tier ganz egoistisch seine eigene Erbmasse (seine eigenen Gene) an die nächste Generation weitergeben will. Der Begriff »Fitness« bezeichnet dabei im biologischen Sinne den Erfolg eines Tieres in dieser Hinsicht. Ein Tier mit einer hohen Fitness hat eine große Menge seiner Gene an die nächste Generation weitergegeben.

Der Pascha inmitten seines Harems und seiner Nachkommen.

WIE FUNKTIONIERT KOMMUNIKATION?

Der linke Wolf zeigt Beschwichtigungsverhalten gegenüber dem älteren Sozialpartner.

Eine Wolfsmutter mit ihrem hungrigen Nachwuchs.

▶ Fortpflanzung bei Wölfen

Bei vielen sozial lebenden Tierarten, wie z. B. auch den Wölfen, haben sich Konstruktionen des Zusammenlebens entwickelt, bei denen sich gerade nicht alle Mitglieder der Gruppe gleichberechtigt fortpflanzen können. Beim Wolf ist es in der Regel so, dass sich nur die beiden ranghöchsten Tiere verpaaren und Nachkommen haben. Wenn man davon ausgehen kann, dass es letztlich jedem einzelnen Wolf darum geht, seine eigene individuelle Fitness zu erhöhen, mag es verwundern, wenn man solche Gruppen beobachtet, die über Jahre hinweg halbwegs unproblematisch zusammenleben und wo sich tatsächlich einige Wölfe nie fortpflanzen. Und trotzdem ist das Modell des egoistischen Gens auch hier anwendbar.

VERZICHT AUF FORTPFLANZUNG ▶
Es kann für individuelle Wölfe praktisch sein, auf die Fortpflanzung zu verzichten – nämlich dann, wenn das Risiko und die Kosten für ein derartiges Verhalten hoch sind und in keinem Verhältnis zum erzielten Nutzen stehen. Die reinen Kosten der Fortpflanzung sind bei Wölfen tatsächlich relativ hoch. Man muss z. B. extra Kalorien »erbeuten«, um Embryos heranwachsen und die Welpen später ernähren zu können. Man muss die Nachkommen schützen, hat dadurch eventuell etwas weniger Schlaf als sonst und kann nicht so uneingeschränkt zur Jagd, als

wenn sie nicht vorhanden wären. Diese Kosten sind dabei für das Muttertier höher als für den Vater, aber auch der Wolfspapa hat hier sein Päckchen zu tragen. Sich fortzupflanzen bedeutet immer auch Risiken – dabei sind solche Risiken im Grunde auch nur Posten, die auf der »Kostenseite« zu verbuchen sind: Fortpflanzung kann Leben kosten! Man muss mögliche Rivalen um die Gunst des Partners ausschalten, man muss eventuell ein Territorium gewinnen und man ist zumindest im Moment der reinen Zeugung der Nachkommen gegenüber möglichen Feinden unachtsam und wehrlos. Jeder individuelle Wolf (wie tatsächlich jedes andere Lebewesen auf der Welt auch) wägt also seine Chancen (Kosten und Nutzen für ein bestimmtes Verhalten in einer Situation) gegeneinander ab und entscheidet sich dann für oder gegen eine bestimmte Handlung. Dieses Abwägen findet im Sekundenbruchteil im Gehirn statt – auch im Menschengehirn, ohne dass es uns tatsächlich bewusst wird.

In bestimmten Situationen auf die Fortpflanzung ganz zu verzichten, kann also tatsächlich für den einzelnen Wolf Vorteile haben; und die Nachteile sind dabei geringer, als man jetzt vielleicht denkt. Der im Rang niedrigere Wolf, der darauf verzichtet, sich mit dem Ranghöheren um das Recht zur Fortpflanzung zu streiten, geht kein Verletzungsrisiko ein, ihm bleibt der Schutz der sozialen Gruppe erhalten und ein Teil seiner Gene wird trotzdem weitergegeben. Wolfsrudel sind nämlich keine bunt zusammengewürfelten Gruppen aus einander fremden Tieren. Im Rudel sind normalerweise alle miteinander verwandt und tragen so auch einen mehr oder weniger identischen Satz an Genen. Und so verhelfen der Wolf, oder die Wölfin, die als rangniedere Rudelmitglieder bei der Aufzucht der Welpen der beiden Ranghohen helfen, auch einem Teil der eigenen Gene in die nächste Generation.

KOMMUNIKATIONSSYSTEM ▶ Damit nun aber gerade dieser Teil des Zusammenlebens bei den Wölfen gut funktioniert, so dass letztendlich jeder auf seine Kosten kommt, ist ein gut ausgeklügeltes und fein differenziertes Kommunikationssystem nötig. Und dieses feine Kommunikationssystem, welches dem unseren so ähnlich ist, hat vielleicht auch ganz maßgeblich dazu beigetragen, dass der Hund von allen Haustieren des Menschen als Erstes aus der entsprechenden Wildform domestiziert wurde, und dass der Hund auch nach wie vor das beliebteste Haustier des Menschen ist.

Damit es in sozialen Gruppen mit dem »Miteinander« klappt, ist ein fein differenziertes Kommunikationssystem nötig.

Das Chorheulen der Wölfe zeigen unsere heutigen Hunde zum Glück nicht so häufig.

Entwicklung von Signalen

Im Laufe der Evolution haben sich bei den verschiedenen Tierarten individuelle Sendevorrichtungen entwickelt und ausdifferenziert, ebenso wie die dazugehörigen Empfangskanäle. Zum Beispiel sind bei bestimmten Tierarten Stimmbänder entstanden; diese, bzw. ihre vielfältigen Möglichkeiten, wären alleine aber nutzlos, wenn nicht auf der anderen Seite auch die entsprechend sensiblen Ohren vorhanden wären.

Die Entwicklung dieser Sende- und Empfangsorgane ging vermutlich mit der Entwicklung erster artspezifischer Signale in einem bestimmten Ökosystem einher. Bestimmte Tiere haben, eventuell durch Mutationen begünstigt, bestimmte Signale gesendet und hatten darüber plötzlich einen Vorteil gegenüber ihren Artgenossen. Dieser Vorteil hat vielleicht darin gelegen, dass das Tier mit dem »neuen Signal« plötzlich viel attraktiver für mögliche Fortpflanzungspartner wurde – und so wurden in kurzer Zeit viele Tiere dieser Art geboren, die die gleiche Mutation in der Erbmasse besaßen und somit auch das neue Signal senden konnten. Dies konnte aber natürlich nur funktionieren, wenn auch schon vorher eine gewisse Möglichkeit zum Empfang des neuen Signals gegeben war. Man weiß heute, dass die grundlegenden Funktionsprinzipien von Sinnesorganen der höheren Tiere ziemlich ähnlich sind und sich letztendlich auch biochemisch nicht groß von den Funktionsprinzi-

> **Kommunikationsmöglichkeiten beim Hund**
>
> Im Laufe der Domestikation (der Haustierwerdung) und der Züchtung verschiedener Rassen hat sich das Spektrum an Kommunikationsmöglichkeiten beim Hund gewandelt. Je unähnlicher der Hund seinem Urahn wurde, um so geringer sind die Fähigkeiten zur differenzierten Kommunikation im Verhältnis zum Wolf. Gewisse Feinheiten in der Kommunikation des Wolfes sind einigen unserer modernen Hunderassen abhanden gekommen (»weggezüchtet worden«). Hierauf wird im Kapitel »Hundesprache verstehen« noch genauer eingegangen.

pien für den Nachrichtenaustausch bei niederen und niedrigsten Tierarten unterscheiden.

▶ **Signalausprägung**

Im Grunde kann man sagen, dass sich die Natur sehr ökonomisch verhält: wenn sie einmal eine gute Idee hatte, wird diese in der Regel in der Evolution nur noch weiterentwickelt und verfeinert/verbessert, aber nicht zugunsten von etwas völlig Neuem auf einmal wieder aufgegeben. Gleiches gilt z.B. auch für das Lernen und die Herausbildung des Langzeitgedächtnisses im Gehirn. Hier wird bei allen Tieren, einschließlich der höheren Säugetiere, ein biochemischer Vorgang innerhalb der Nervenzellen im Gehirn vollzogen, der als solcher schon in Bakterien auftritt und hier im Ansatz durchaus auch etwas mit Lernen zu tun hat.

Man geht davon aus, dass optische und geruchliche Signale in der Entwicklungsgeschichte der Kommunikation die erste wichtige Rolle gespielt haben. Dieses schließt man aus der Entwicklung des Gehirns.

Bei der Reifung der befruchteten Eizelle und der Entwicklung des Embryos entsteht das Gehirn z. B. aus einer Ausstülpung der Augenanlagen. Und wenn man genauer in das Gehirn hineinschaut und betrachtet, welche Gehirnbereiche nun maßgeblich das individuelle Verhalten eines Tieres (oder eines Menschen) steuern, kommt man zu Bereichen, die sehr eng mit Strukturen für die Verarbeitung von Gerüchen vernetzt sind.

▶ **Wichtig**

Kommunikation dient dazu, sich Vorteile zu verschaffen (bei der Nahrungssuche und der Fortpflanzung) und Schäden für einen selbst zu vermeiden. Unter dieser Maßgabe (»Steigerung der Fitness im weitesten Sinne ohne zu große Kosten/Risiken einzugehen«) haben sich die heute bei den verschiedenen Tierarten zu beobachtenden Kommunikationssysteme entwickelt.

Geruchliche und optische Signale haben in der Entwicklungsgeschichte der Kommunikation wohl die erste Rolle gespielt.

Anspringen ist ein »überlebenswichtiges« Verhalten für Welpen und wird später zu einem Begrüßungsritual gegenüber ranghöheren Gruppenmitgliedern. Wenn der Mensch nicht aufpasst, kann es aber auch zu einer generalisierten Begrüßung gegenüber allen Menschen werden – und damit sehr lästig.

SIGNALINTENSITÄT ▶ Es kostet immer etwas, ein Signal zu senden. Lange vor Telefongebühren und Gebühreneinzugszentrale hat die Natur dieses Prinzip vorgestellt. Signale kosten Energie und eventuell sogar Leben. Über laute und/oder deutliche Signale zieht man eben nicht nur den Fortpflanzungspartner an, sondern kann auch ein Stück Beute verjagen oder einen Feind erst recht auf sich aufmerksam machen. Und so findet man z.B. sehr laute Signale entweder bei Tieren, die sehr weit oben in der Nahrungskette stehen oder bei Tieren, für die Flucht schnell und einfach möglich ist. Zu den »lauten Signalen« zählt z. B. das Chorheulen der Wölfe oder der Gesang von Vögeln. Ein »lautes Signal« wäre aber auch ein sehr deutliches Balzverhalten, bei dem sich das Tier sehr exponiert, erkennbar macht und exzessiv bewegt. Zu den Kosten gehört dann noch der Energiefaktor: Ein lautes Signal mag vielleicht effektiver sein als ein leises – es kostet aber auch mehr Kalorien.

INFORMATIONSGEHALT EINES SIGNALS ▶ Dieser hat sich ebenfalls im Laufe der Evolution entwickelt und verändert, zusammen mit den Sende- und Empfangsvorrichtungen. Schon Konrad Lorenz und Niko Tinbergen hatten erkannt, dass sich viele Signale im Laufe der Zeit aus eher nebensächlichen Bewegungen oder sonstigen beiläufigen Verhaltensäußerungen eines Senders entwickelt haben. Wenn ein Empfänger nun in der Lage war, aus diesen nebensächlichen oder beiläufigen Signalen Rückschlüsse auf zukünftiges, wichtiges Verhalten des Senders zu ziehen, hatte dieser Empfänger eventuell

einen kleinen Vorteil für seine eigene Fitness und hat auf solche »beiläufigen« Signale auch häufiger geachtet. Im Laufe der Zeit wurde dann das Wissen um bestimmte Signale bzw. die Fähigkeit, sie herzustellen, in der Erbsubstanz verankert und so an die Nachkommen direkt weitergegeben. Damit mussten die Nachkommen das Signal und seine Information nun nicht mehr extra lernen. Im Gegenzug muss dabei aber auch der Sender solcher »erkannten« Signale Vorteile in Bezug auf die eigene Fitness gehabt haben – sonst hätte sich das spezielle Kommunikationssystem nicht so perfekt entwickelt. Hätte nämlich immer nur einer von einer bestimmten Sache profitiert, hätte sich der andere irgendwann gänzlich neu orientiert und ein »gemeinsames« Kommunikationssystem wäre gar nicht entstanden.

▶ **Ritualisierung von Signalen**
Am besten kann man diesen Verlauf vielleicht an einem Signal der Wölfe und Hunde verdeutlichen: »Nasenrückenrunzeln und mehr oder weniger Zeigen der Zähne.« Dieses Signal ist heute bei Wölfen und Hunden ein Drohsignal und soll einen Gegner auf Abstand halten, ohne dass man sich ernster in einem Kampf engagieren muss. Wie und aus welchem Verhalten könnte es einmal entstanden sein?

Wenn ein Wolf oder Hund zubeißen will, muss er das Maul aufmachen und die Lefzen zumindest so weit hochziehen, dass er sich beim Zubeißen nicht selber verletzen kann. Ganz zwangsläufig werden dabei die Zähne entblößt und der Nasenrücken kräuselt sich ein wenig. Ein Empfänger, der diesen Zusammenhang (vor dem eigentlichen Zubeißen wird kurz die Nase gekräuselt und man sieht die Zähne) einige Male beobachtet hat, kann nun unter Umständen einer drohenden Verletzung ausweichen, wenn er schnell genug auf diese kurze Verhaltensäußerung reagiert. Nasenrückenrunzeln des Senders kündigt an: Gleich tut es dem Empfänger weh. Im Gegenzug macht der Sender (der mit der Nase) die Erfahrung, dass er sich häufig das energiezehrendere und risikoreichere Zubeißen sparen kann, wenn er nur deutlich genug kurz vorher den Nasenrücken runzelt und leicht seine Zähne zeigt. So wurde dieses Signal innerhalb der Tierart ritualisiert. Eine zufällig beobachtete Begleiterscheinung vor einem anderen, ganz bestimmten Verhalten wurde zu einem Signal für einen sehr spezifischen Informationsgehalt: »Geh weg, sonst tue ich dir weh.«

Geh weg, sonst tue ich dir weh.

Je ritualisierter gerade die Begrüßungen ausfallen, desto geringer ist das Risiko von Konflikten.

Über diesen Weg der Ritualisierung wurden dann in der Evolution zunehmend diejenigen Sender und Empfänger begünstigt, die das entsprechende Drohsignal senden und/oder empfangen konnten. Diese Lebewesen waren gegenüber den anderen, die das Signal entweder nicht erkennen oder nicht senden konnten, eindeutig im Vorteil und ihre Fitness wurde größer. Und letztendlich entwickelte sich damit so etwas wie eine allgemein akzeptierte Sprache innerhalb einer bestimmten Tierart.

MOTIVATIONSKONFLIKT ▶ Viele der Signale von Tieren sind in der Evolution aus Bewegungen bzw. Verhaltensweisen hervorgegangen, die Handlungsabsichten ankündigen. Eine andere Gruppe von Signalen kommt aus dem Bereich »Motivationskonflikt«. Das »sich selber über die Schnauze lecken« der Hunde ist ein gutes Beispiel dafür. Wir kennen dieses Signal als Demutsgeste und als Geste der Verunsicherung, bzw. als Geste für/bei Stress. Welpen haben wohl dieses Signal entwickelt: Auf der einen Seite hatten sie einen knurrenden Bauch und versuchten, bei Mama zu saugen – und auf der anderen Seite wurden sie von der Mutter angeknurrt, weil diese ab einem bestimmten Alter der Welpen nicht mehr uneingeschränkt Milch hatte. Die Welpen leckten sich in Erwartung der Nahrung, bzw. in Erwartung des Zitzenkontaktes, die Schnauze – blieben aber auf Abstand, da Mama sie durch das Knurren verunsicherte. Die Mutter wiederum hat nun beobachten können, dass ein Welpe mit Schnauzenlecken auf Abstand bleibt, wenn sie nur laut genug knurrt. Da die Welpen dann auf Abstand blieben, konnte die Mutter das Knurren wieder einstellen – ein Signal, um den anderen zu beschwichtigen und zu besänftigen (genau dies sind Demutssignale), war geboren.

MARKIERURINIEREN ▶ Ein weiteres Beispiel für ein ritualisiertes Signal bei Wölfen und Hunden, das Markierurinieren, könnte sich aus einer Stresssituation heraus entwickelt haben. Die Blase unkontrolliert zu entleeren ist ein typisches Stress-Symptom für alle Säugetiere. Vielleicht hat einmal ein Wolf einen Rivalen an der Territoriumsgrenze getroffen, hat sich erschrocken und unkontrolliert Urin abgesetzt. Nun konnte dieser Wolf beobachten, dass der andere daran schnuppert und dann plötzlich geht. Damit war ein Signal entwickelt worden, um gezielt das Territorium zu markieren.

▶ **Veränderung von Signalen**
Ritualisierung bedeutet nicht nur, dass der Informationsgehalt fest verankert wird, sondern dass sich das Signal selbst auch noch leicht verändert. Zumeist werden diese zufällig abgeleiteten Signale im Laufe der Ritualisierung

etwas vereinfacht und darin dann wieder überbetont – so dass sie auch wirklich eindeutig erkennbar sind. Diese größere Eindeutigkeit bedeutet dann natürlich auf der anderen Seite auch wieder einen leicht reduzierten Informationsgehalt für das Signal. Dieses hat aber durchaus Vorteile für die eigene Fitness. Bei einem Konflikt mit einem Artgenossen kann es manchmal durchaus günstiger sein, nicht zu viel Information an den Kontrahenten auf einmal zu senden. Es kann nützlich sein, einen Kontrahenten über bestimmte Dinge zunächst im Dunkeln zu lassen; man muss es ja z. B. nicht immer gleich erzählen, wenn man sich vor Panik am liebsten in die Hose machen möchte. Über ein separates Signal »Nasenrückenrunzeln« wird also erst einmal nur eine Absicht zum Beißen, bzw. eine »Bitte um Abstand« (Drohung) ausgedrückt. Welcher emotionale Hintergrund dabei im Sender herrscht, wird rein über das Nasenrückenrunzeln noch nicht zum Ausdruck gebracht. Hier kann sich der Sender jetzt entscheiden, ob er die Gesamtinformation für den Empfänger erhöht, indem er weitere Signale dazu gibt. Der Sender kann in dieser Situation z. B. noch ein Signal senden, welches bedeutet »ich habe Angst« oder »ich habe gut gefrühstückt und fühle mich stark«.

> **Wichtig**
>
> Die beschriebenen Entwicklungen von Signalen sind natürlich nicht über Nacht geschehen. Man kann davon ausgehen, dass sie sich über Tausende von Generationen in der Evolution hingezogen haben.

Begrüßungsrituale sollte der Hund schon als Welpe lernen können.

Beide Hunde sind bei dieser Begrüßungszeremonie unsicher und zeigen Zeichen für Stress.

cken« bis »unter dem Bauch«) und die Bewegung kann unterschiedlich weit sein (von kleinen »Zitterbewegungen« bis zum Halbkreis von einer Körperseite zur anderen). Viele Menschen meinen, dass ein wedelnder Hund auch grundsätzlich ein freundlicher Hund sei – und dies ist falsch. Wenn der Hund seinen Schwanz mehr oder weniger heftig hin und her bewegt, heißt dies zunächst nur: »Ich bin erregt, aufgeregt oder vielleicht auch schon gestresst.« Welche weitere Stimmung dabei noch im Hund vorliegt (freudige

SIGNALE MISCHEN ▶ Gerade diese Möglichkeit des »Mixens« macht es Menschen manchmal schwer, ihren Hund ganz korrekt einzuschätzen. Menschen neigen dazu, sich auf einige Schwerpunktsignale zu beschränken und den Rest nicht mehr genügend zu beachten. Beim Schwanzwedeln ist dies sehr häufig zu beobachten. »Wedeln« bedeutet, dass der Hund seinen Schwanz mehr oder weniger schnell hin und her bewegt. Der Schwanz kann dabei in unterschiedlichen Stellungen getragen werden (von »über dem Rü-

Erregung, Angst, etc.), zeigt er über weitere zusätzliche Signale; wenn diese dann vom Menschen nicht bemerkt oder beachtet werden, kann man böse Überraschungen erleben.

▶ **Täuschungssignale**
Eine zusätzliche Hypothese zur Ritualisierung von Signalen und deren Informationsgehalt ging davon aus, dass sich Sender und Empfänger in der Evolution ein Rennen geliefert haben, wer wen besser manipulieren kann, beziehungsweise wer sich von wem nicht

manipulieren lässt. Aber auch hierbei geht es letztendlich immer um die eigene Fitness bei Sender und Empfänger, zu deren Gunsten manipuliert wird. Dabei sollte man deutlich sagen, dass der Vorgang der Manipulation bei Tieren keine vorsätzlichen Taten beinhaltet, wie sie bei Menschen zu finden sind. Tiere agieren hierbei immer recht aktuell und nicht bewusst über Tage in die Zukunft geplant. So haben sich im Tierreich auch so genannte »Täuschungssignale« entwickelt, ohne dass man sagen kann, dass die Tiere dabei genauso absichtsvoll oder bewusst lügen wie ein Mensch. Das »sich größer machen« als Imponiergeste bei Wölfen ist im Grunde nichts anderes als solch ein Bluff. Man versucht, den anderen schon gleich zu Beginn der Kommunikation abzuschrecken, indem man so tut, als ob mehr dahinter sei. Und darum werden dann manchmal einzelne Signale auch so zusammengesetzt, dass der Empfänger über die wahren Absichten des Senders getäuscht wird. Hunde können einzelne Ausdruckselemente für Angst, Demut, Stress, Spiel, oder Wut variationsreich kombinieren.

BLUFFS ▶ Auch unsere eigenen Hunde können wundervoll bluffen. Unsere alte Hündin z. B. isst für ihr Leben gerne Pferdeäpfel. Wenn sie zu Pferdeäpfeln hinläuft, wird sie zurückgerufen und wenn man es zu spät beachtet und sie hat das Fressen schon begonnen, wird mit einem OFF unterbrochen. Sie gehorcht jeweils sofort – aber man merkt ihr den Motivationskonflikt häufig an. Sie kommt zwar immer zügig zurück, da sowohl Rückruf als auch OFF gut gelernte Kommandos sind, aber sie zeigt dabei durchaus, dass die Belohnung vom Menschen eigentlich nicht mit Pferdeäpfeln mithalten kann. Im Laufe der Zeit hat sie sich ein Täuschungsmanöver angewöhnt, über das wir ab dem Moment, wo wir es durchschaut hatten, einfach nur herzlich lachen konnten (und haben es seitdem bei vielen anderen Hunden beobachtet, beziehungsweise es von deren Besitzern beschrieben bekommen).

Wenn diese Hündin irgendwo Pferdeäpfel roch, orientierte sie sich nicht mehr in die entsprechende Richtung (das würde man ja gleich merken), sondern lief beiläufig mit dem Menschen

Auch der Geruch kann etwas über den emotionalen Zustand aussagen.

mit; sie wurde im Laufen allerdings immer langsamer. Irgendwann lag sie dann so weit hinten, dass sie halbwegs unbemerkt schnell zu dem Haufen zurückgaloppieren konnte und einige herzhafte Bissen nahm, bevor es entdeckt wurde.

Es hat sich dann ein kleines »Wettrüsten« in unserer Kommunikation entwickelt. Nachdem ihr Trick durchschaut war, wurde gezielt in Gegenden spazieren gegangen, in denen auch Reiter unterwegs waren. Man hat bewusst darauf geachtet, wann die Trödelei anfing und hat sie dann zügig weitergehen lassen. Daraufhin hat sie etwas Neues probiert: Sie lief nicht einfach nur langsamer, sondern schnupperte angestrengt am Boden. Da denkt man natürlich erst einmal, dass der Hund einen Platz für die Geschäfte sucht, oder dass dort tatsächlich etwas ganz Wichtiges zu riechen ist und ein Haufen Pferdeäpfel irgendwo in der Ferne nicht der Grund sein kann. Und prompt tappt man in die Falle – man ging weiter und der Hund raste zum Ort der Begierde zurück.

Irgendwann fingen wir dann an, die Haufen direkt aufzusuchen und mit dem OFF zu belegen. So entwickelte sie ein Meideverhalten, welches nun von Zeit zu Zeit immer wieder einmal aufgefrischt werden muss – und wenn man dies vergisst, versucht die Hündin wieder, einen auszutricksen. Drastischere Erziehungsmethoden wurden hierbei nicht angewandt. Der Aufwand eines drastischeren Trainings stand nicht im Verhältnis zu dem kleinen Problem, was tatsächlich mit diesem Hundeverhalten bestand. Grundsätzlich finden wir es nicht so schlimm, wenn ein Hund Pferdeäpfel frisst; der Wolf frisst auch, zumindest wenn es nichts weiteres gibt, den Mageninhalt seiner Beute. Und was das Hygienerisiko angeht, gibt es sehr viel unangenehmere und gesundheitsschädlichere (für Hund und Mensch) »Essgewohnheiten« bei Hunden.

▸ **Kommunikation zwischen verschiedenen Tierarten**

Für Tiere, die Feinde oder Beutegreifer zu fürchten haben, ist es überlebenswichtig, einen Feind rechtzeitig zu erkennen. Auch dies geschieht über Signale – über Signale, die der Feind entsendet. Aus Gründen der Ökonomie sollte man aber auch erkennen und ein-

Pferdeäpfel sind für die meisten Hunde etwas Tolles.

> **Wichtig**
>
> Tiere haben in der Evolution verschiedene Kommunikationsformen entwickelt. Sie haben gelernt, auf bestimmte Verhaltensweisen bei anderen zu achten, um die Handlungsabsicht des Gegenübers zum eigenen Nutzen frühzeitig zu erkennen und eventuell das Gegenüber auch zum eigenen Nutzen manipulieren zu können. Bestimmte Lernvorgänge fanden dabei auch »artübergreifend« statt. Artübergreifend heißt hier tatsächlich von einer Tierart zur anderen; die Kommunikation zwischen Mensch und Hund ist z. B. artübergreifend.

Kommunikation zum beiderseitigen Nutzen: Früher ging man gemeinsam auf die Jagd – heute macht man Jagdspiele.

ordnen können, wann man tatsächlich fliehen muss und wann der Feind zwar vorhanden ist, aber keine Gefahr darstellt.

Seehunde und Orcas teilen sich das gleiche Ökosystem – und Seehunde sind für Orcas Beutetiere. Orcas fressen aber nicht nur Seehunde, sondern es gibt auch Familiengruppen, die ausschließlich nur von Fisch leben. Seehunde haben nun gelernt, die verschiedenen Gruppen anhand ihrer Sprache zu unterscheiden. Sie unterscheiden die verschiedenen Orca-Dialekte und können so »Freund und Feind« voneinander trennen. Dabei sind die Seehunde reine »Mithörer« der Unterhaltung der Wale und haben nur im Laufe der Evolution ein wenig diese Sprache gelernt. Sie kommunizieren nicht reziprok (erwidernd) mit den Orcas. In der Regel findet zwischen Räuber und Beute keine reziproke Kommunikation statt. Der Räuber versucht, seine Beute zu finden und zu erlegen, und die Beute versucht, sich zu tarnen, zu schützen oder zu verteidigen. Zwangsläufig findet dabei Kommunikation statt – aber nicht in der Art, dass immer bewusst und gezielt vom Sender an den Empfänger gesendet wird. Das Rascheln einer Maus ist ein Signal, das von Katzenohren aufgefangen wird. Die Maus hat es aber nicht gezielt an die Katze gesendet (wohl eher im Gegenteil).

REZIPROKE KOMMUNIKATION ▶

Es gibt aber auch Beispiele für eine reziproke Kommunikation von Mitgliedern einer Tierart mit Mitgliedern einer anderen. Sie tritt überall dort auf, wo sich Tiere aus verschiedenen Tierarten den gleichen Lebensraum (das gleiche Ökosystem) teilen und wo auf bestimmte Art und Weise Berührungspunkte zwischen Tieren dieser Arten vorhanden sind, die über ein reines Beute-Jäger-Verhältnis hinausgehen. So etwas findet man z. B. zwischen Löwen und Hyänen als Räuber, die um die gleiche Ressource konkurrieren. Man findet es aber auch dort, wo eine Tierart eine andere als Helfer benötigt, um eigene Ziele zu erreichen. Denken Sie nur an bestimmte Vogelarten, die im geöffneten Maul von Krokodilen herumwandern und Futterreste herauspicken. Krokodile und Vögel haben dabei beide ihre Vorteile und die Krokodile würden diese Vögel so ohne weiteres nicht fressen.

Gewisse Kommunikationsformen entwickelten sich also nicht nur unter Tieren der gleichen Art, sondern zwangsläufig auch unter Tieren verschiedener Arten.

▸ **»Games Theory«**
Für genau definierte Ökosysteme lassen sich in der Verhaltensbiologie sehr schöne Rechenbeispiele entwickeln, wie sich wohl im Laufe der Evolution gewisse Kommunikationsstrategien entwickelten und mit welcher Wahrscheinlichkeit Tiere nun unter gegebenen Bedingungen bestimmte Reaktionen zeigen werden. Dabei gelten diese Rechenbeispiele sowohl für den Vergleich zweier verschiedener Arten als auch zur Veranschaulichung, wie sich bestimmte Kommunikationsformen innerhalb einer Art entwickelt haben könnten.

Die so genannte »Games Theory« (Spiele-Theorie als mathematisches Modell) war ursprünglich für Wirtschaftswissenschaften entwickelt worden. Sie eignet sich aber auch wunderbar als Erklärung für die Entwicklung bestimmter tierischer Verhaltensweisen. Das berühmteste Rechenbeispiel spielt in einem Ökosystem, in welchem eine Tierart lebt, bei der eigentlich nur zwei verschiedene Verhaltensweisen auftreten: Falken- und Taubeneigenschaften. Die Falken kämpfen immer, wenn sie auf ein anderes Tier treffen,

▸ **Kommunikationsformen**

Wo beide Tierarten in einem gewissen Abhängigkeitsverhältnis zueinander stehen kommt es zur artübergreifenden Kommunikation. Dies hat sicherlich auch zwischen den frühen Menschen und frühen Hunden stattgefunden. Bei solch einer artübergreifenden Kommunikation kann es auch dazu kommen, dass ein Partner bestimmte Signale des anderen übernimmt oder nachmacht. Hunde können z. B. das »Lächeln« von Menschen als Begrüßungssignal in ihr Verhaltensrepertoire aufnehmen. Das Zeigen der Zähne gehört ja für Hunde zu den Drohsignalen. Wenn man lächelt zeigt man die Zähne und dieses menschliche Signal wird oft von Hunden missverstanden – eben als Drohung und nicht als Freundlichkeit, wie vom Mensch eigentlich gemeint. Es gibt aber Hunde, die tatsächlich gelernt haben bei der Begrüßung von Menschen zu lächeln. Sie zeigen dieses Signal dann auch nur Menschen gegenüber und in der Regel auch nur in Begrüßungssituationen.

entweder um zu verletzen oder um zu töten. Tauben dagegen drohen nur und töten nie. Stellen Sie sich jetzt eine Population vor, in der nur Tiere mit Taubeneigenschaften leben. Ein durch Zuwanderung oder Mutation hinzukommender Falke könnte sich bald extrem durchsetzen und vermehren, weil seine Strategie zunächst sehr erfolgreich wähen und ansonsten dem Kampf ausweichen wo es geht. In der Evolution wird sich für diese Tierart eine kombinierte Falken-Tauben-Strategie durchgesetzt haben. Diese Strategie ist stabil und wird sich lange halten (evolutionär stabile Strategie), wenn sich für beide Seiten Kosten und Nutzen des jeweiligen Verhaltens halbwegs die Waage halten.

Sie teilen sich das gleiche Ökosystem und sind Konkurrenten um die Beute.

re. Eine reine »Taubenstrategie« hätte in der Natur also keine Chance, sich in der Evolution durchzusetzen. Die reine Falkenstrategie aber auch nicht – da dann für jeden einzelnen Falken das Risiko der Beschädigung der eigenen Fitness sehr stark zunehmen würde. Wenn viele Falken da sind, haben auf einmal die Tauben wieder eine Chance: Die Falken beschädigen sich massiv gegenseitig, da sie ja auf jeden Kampf eingehen, während die Tauben nur drohen

Mit solchen mathematischen Modellen hat man auch untersucht, wie rationell Tiere handeln. Der Mensch sieht sich ja gerne als die Krone der Schöpfung – auch was das Verhalten, den Intellekt und die Kontrolle über Emotionen angeht. Interessanterweise haben die Rechenbeispiele der Games Theory gezeigt, dass Tiere ihre Probleme oftmals viel rationeller und logischer angehen als Menschen. Ob dies den Tieren bewusst wird, wäre zu diskutieren.

Der Hund – ein Rudeltier

Der Hund – ein Rudeltier

156 ▶ Kommunikationsstrategien
164 ▶ Wie Welpen Hundesprache lernen
168 ▶ Geräusche, Nase und Körpersprache

Kommunikationsstrategien

So wie bei der »Games Theory« beschrieben, muss man sich auch die Evolution bestimmter Kommunikationsstrategien bei Wölfen vorstellen. Auch unter Wölfen gibt es »Falken« und »Tauben«. Als hochsoziale Tiere leben Wölfe sehr eng mit Artgenossen zusammen. Dabei reichen die möglichen Gruppengrößen von der kleinen Zweiergruppe bis hin zu großen Rudeln mit 10 bis 20 Mitgliedern. Tatsache ist, dass man sich als gut bewaffneter Wolf vorsehen muss, nicht zu viele Konflikte aktiv in der Gruppe auszutragen. Für jedes Gruppenmitglied stellt die Gruppe, egal wie groß, einen wichtigen Überlebensfaktor dar. Es wäre für jeden Einzelnen schädlich, wenn man sich innerhalb der Gruppe permanente Kämpfe liefern würde. Eine reine »Falkenstrategie« hätte die Wölfe wohl schnell aussterben lassen und auch den späteren Hund nicht unbedingt zum beliebten Hausgenossen des Menschen werden lassen.

Sinn und Zweck der fein differenzierten Kommunikation bei Wölfen und Hunden ist es, Kooperation und Konkurrenz im sozialen Miteinander zu regeln. Das Kommunikationsverhalten gehört zum Sozialverhalten der Wölfe und Hunde und spielt hier eine tragende Rolle. Einzelne Gruppenmitglieder müssen miteinander kooperieren, da sonst jeder in der Gruppe in seinem Weiterleben gefährdet wäre. Da die Mitglieder einer sozialen Gruppe eng aufeinander hocken, entwickeln sich zwangsläufig auch Konflikte; in der Regel um Ressourcen wie z. B. den Fortpflanzungspartner, Futter oder den besten Lagerplatz. Diese Konflikte müssen über Kommunikationsstrategien entschärft werden.

▶ **Schadensvermeidung**
Die Kommunikationsstrategien bei Wölfen (und Hunden) verfolgen verschiedene Ansätze, wobei der zentrale Punkt immer ist, dass Schaden für eines oder mehrere Gruppenmitglieder vermieden werden soll, soweit irgend möglich. Ein wichtiger Ansatz in der Kommunikation ist also, zunächst einmal Informationen über sich selbst zu geben: über Gefühle, Stimmungen oder Handlungsabsichten (z. B. »ich möchte diesen Knochen haben«) – und die entsprechend passenden Informationen beim Gegenüber abzufragen. Vielleicht sagt daraufhin der Partner in der Kommunikation einfach »geht klar (nimm dir den Knochen, den du haben willst)«. Wenn er dies nicht sagt und man will diesen Knochen immer noch haben, muss ein anderer Ansatz in der Kommunikation verfolgt werden. Man kann vielleicht deutlich machen, wie dringend man diesen Knochen nun ge-

müssen wieder geändert werden. Wenn der andere sich als sehr stark erweisen sollte, mag dies Unsicherheit bis hin zur Angst bei dem Wolf mit dem ursprünglichen Knochenwunsch auslösen. Jetzt muss er sich entscheiden, ob er diese Angst seinem Gegenüber zeigt. Dies könnte Vorteile und Nachteile haben. Vorteil könnte sein, dass der andere (der Knochen-Verteidiger) sich wieder etwas entspannt und nicht mehr so großes Interesse an der Verteidigung des Knochens bekundet; Nachteil kann sein, dass der Knochenverteidiger sagt »jetzt erst recht« und stärker mit Drohen anfängt, um den Knochenräuber zu vertreiben. Nächste Strategien könnten dann die Flucht sein, oder das Zeigen von Demutsgesten, um den anderen zu besänftigen, oder noch einmal der Versuch, den anderen auszutricksen. Und natürlich bleibt als weitere mögliche Strategie immer auch noch das ernsthaftere Kämpfen: offensives Aggressionsverhalten wie z. B. Beißen. Wölfe und Hunde haben eine Vielzahl an Möglichkeiten, wie sie in Konflikten miteinander kommunizieren können.

rade braucht, um dem Hungertod zu entkommen; man kann versuchen, den Kommunikationspartner auszutricksen indem man so tut, als ob einen der Knochen so gar nicht interessiert und wenn der andere sich abwendet, nimmt man ihn schnell.

Man kann natürlich auch versuchen, sich als stärker hinzustellen und dem Gegenüber zu vermitteln, dass dieser in einem möglichen Kampf so gar keine Chance hätte. Vielleicht fängt dann der Kommunikationspartner aber auch an zu Imponieren und die Strategien

Auch um Spielzeug können sich Konflikte entwickeln. Das gut geübte »Aus-Kommando« ist eine unter mehreren Möglichkeiten, um diese zu umgehen.

Die vier F´s

Aus der englischen Sprache heraus werden diese vier groben Strategien, wie mit einem Konflikt umgegangen werden kann, als die »4-F´s« bezeichnet. Wenn man Angst oder Stress vor irgendetwas oder durch irgendwen hat, kann man:

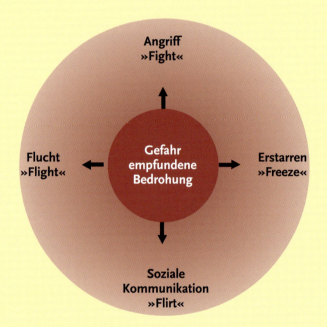

1. Fliehen und hoffen, dass der andere langsamer ist
   (englisch: **flight**)
2. Erstarren und hoffen, dass der andere einen nicht mehr beachtet
   (englisch: **freeze**)
3. Angreifen und hoffen, dass der andere schwächer ist
   (englisch: **fight**)
4. Versuchen, mit dem anderen zu kommunizieren und zu erreichen, dass man sich ohne Kampf einigen kann und dass nicht einer aus der Gruppe fliehen muss
   (englisch: **flirt**).

▶ **Umgang mit Gefahr**
Die vier Strategien bei Gefahr (also bei Angst, Stress, Bedrohung von Ressourcen) haben sich recht universell während der Evolution im Tierreich entwickelt. Dabei sind sie bei den verschiedenen Tierarten mit unterschiedlichen Schwerpunkten ausgebildet. Das Erstarren gehört z. B. zur Überlebensstrategie bei Kaninchen; auch ein Fohlen wird in den ersten Lebenstagen eher versuchen, »unsichtbar« im hohen Gras zu verharren anstatt zu flüchten, wie es eigentlich die erste Strategie des Fluchttieres Pferd bei Gefahr ist. Bestimmte Fischarten, wie z. B. der Stichling, werden beim Anblick eines männlichen Artgenossen sofort attackieren anstatt zu »flirten«, wie sie es bei Damenbesuch im Revier tun würden.

KONFLIKTENTSCHÄRFUNG ▶ Diese 4 F´s sind aber nur grobe Richtungen und keine fixen Vorgaben im Sinne von »entweder/oder«. Ein Wolf, der im Anblick einer Bedrohung zunächst die Konfliktentschärfung über Dominanz- und Demutsgesten sucht, kann ohne weiteres nach einer halben Minute auf Flucht oder die offensive Aggression umschwenken, wenn er merkt, dass »Flirt« ihm nicht den gewünschten Erfolg in dieser Situation bringt. Und er kann auch noch drei Mal zwischen allen Varianten hin und her wechseln, wenn er meint, dass es ihm in der entsprechenden Situation nützt.

▶ **Lernen durch Erfahrung**
Auf Dauer wird ein Lebewesen natürlich Lernerfahrungen sammeln, welche Strategien in bestimmten Situation welche Vorteile mit sich bringen. In Zukunft wird das Tier dann einer bestimmten Variante immer zunächst den Vorzug geben, bevor es andere ausprobiert. Hunde und Briefträger – dieser Problemkomplex ist ein schönes Beispiel für ein derartiges Lernen.

BRIEFTRÄGER ▶ Sie sind eigentlich, aus der Sicht des Hundes, eine permanente Bedrohung des Territoriums. Jeden Tag kommen sie an, verletzen die Grenze und klappern an irgendetwas, was zum Territorium gehört, herum – das Ganze auch noch direkt vor dem wichtigsten Zutrittsweg in oder innerhalb dieses Territoriums. Bestimmte Hunde fangen nun an zu bellen. Bellen ist ein Signal, welches bei Hunden verschiedene Informationen tragen kann. Bellen kann ein reines Aufmerksamkeitssignal sein: »Hallo, hier bin ich und will etwas von dir«; Bellen kann aber auch bedeuten »Hilfe, ich bin allein, wo seid ihr?«; und natürlich kann ein Hund über Gebell auch sagen »du

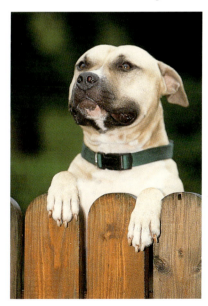

Begegnung an der Territoriumsgrenze: Dieser Hund wartet auf sein Leckerli, welches sein Freund immer dabei hat.

Der Mensch ist beim Spaziergang mit seinem Hund selten allein unterwegs, sondern trifft regelmäßig auf andere Hunde.

machst mir Angst, ich fühle mich bedroht (ich fühle mein Territorium bedroht), geh weg sonst beiße ich dich«. Der Briefträger bekommt zumeist die letzte Information, wenn er von Hunden angebellt wird.

Und nun beginnt ein Teufelskreis ins Problem hinein. Natürlich hat kein Briefträger Zeit, sich einmal länger vor einer Tür aufzuhalten als nötig. Der Briefträger macht seine Arbeit und die bedeutet in möglichst kurzer Zeit viele Häuser/Gärten abzuklappern. Das weiß der Hund aber nicht! Für ihn sieht die Lage so aus, dass er den Briefträger erfolgreich mit seinem Gebell in die Flucht geschlagen hat.

Hier tritt ein weiterer Grundsatz der Lernbiologie in Aktion: »Verhalten, welches belohnt wird, wird auf Dauer öfter gezeigt«. Das vermeintliche Verschwinden des Briefträgers auf das Gebell hin ist die Belohnung für den Hund – und das Verbellen von Briefträgern durch die Tür oder den Zaun hindurch wird dadurch verstärkt. Durch Lernen hat der Hund also eine bestimmte Kommunikationsstrategie für diese Situation der Bedrohung verfestigt: »Lautes Drohen nutzt mir, um ein Problem zu beseitigen.« Er wird diese Strategie immer schneller und immer stereotyper in den entsprechenden Situationen zeigen.

Irgendwann kommt dann aber doch einmal der Tag, wo sich Hund und Briefträger ohne Zaun oder Tür dazwischen gegenüberstehen, und wo der Briefträger auch nicht gleich verschwindet, weil er z. B. ein Einschreiben abgeben muss oder Ähnliches. Die alte Strategie des Hundes war jetzt nutzlos (Briefträger »flüchtet« zunächst ja nicht) und zudem ist die Bedrohung des Territoriums akuter vorhanden als sonst. Einige Hunde (zumindest die, die dann auch Briefträger gebissen haben) schwenken nun zur Strategie »Angriff ist die beste Verteidigung«. Sie beißen den Briefträger, um über dieses deutlichere Mittel der Kommunikation noch einmal nachdrücklich zu sagen, dass er verschwinden soll. Dabei sind dies dann keine »bösartigen« Hunde – es sind Hunde, die Normalverhalten zeigen; dieses Normalverhalten ist nur (verständlicherweise) in unserer heutigen Gesellschaft nicht erwünscht und sollte darum über entsprechendes Training verändert werden.

> **Wichtig**
>
> Über Lernerfahrungen sind Kommunikationsstrategien beeinflussbar. Dies ist auch vernünftig so. Ein Lebewesen, welches nicht aus seinen Erfahrungen lernen könnte, wäre in seiner Fitness sehr eingeschränkt, wenn nicht sogar deutlich gefährdet.

▶ Bildung von Hierarchien

Wölfe sind nicht nur hochsoziale Tiere, sondern sie haben in der Evolution auch noch eine ganz bestimmte Sozialstruktur entwickelt: Im Zusammenleben von Wölfen bilden sich Hierarchien (Rangstrukturen) in der Gruppe. Auch bei unseren Hunden finden wir derartige Rangstrukturen, allerdings kann man das soziale Leben der Wölfe nicht so ohne weiteres eins zu eins auf das Zusammenleben von Hunden, eventuell auch noch mit dem Menschen, übertragen.

für sich haben zu wollen. Wenn sich zwei völlig fremde Hunde treffen, besteht zwischen ihnen noch kein Rangunterschied. Sie fangen vorsichtig an, sich gegenseitig auszuloten. Dabei zeigen sie auch mehr oder weniger Imponierverhalten – und dies wird von Menschen häufig mit »Dominanz« gleichgesetzt, obwohl es in Wahrheit nur der Weg dahin ist. Zur Ausbildung einer Rangposition gehören immer zwei – ein einzelnes Tier pauschal als »mein Hund ist ja immer sooo dominant« zu bezeichnen ist Quatsch. Damit sich ein Rangunterschied herausbilden kann, also damit hinterher einer dominant und der andere subdominant ist, reicht es nicht nur, dass einer massiv imponiert. Es gehört immer auch der andere dazu, der im entscheidenden Moment das passende Gegensignal sendet – der nämlich Submission (Unterwerfung) zeigt. Wird diese nicht gezeigt, kann der andere Imponieren bis ihm schwarz vor Augen wird – Chef ist er alleine dadurch noch lange nicht.

Diese Hunde tauschen Informationen untereinander aus, um sich auf Dauer stressfrei auf dem gleichen Gelände bewegen zu können. Über mehrere solcher Begegnungen werden auch Hierarchien ausgebildet.

»RANGUNTERSCHIED« ▶ Dies bedeutet, dass ein Lebewesen dominant ist und das andere subdominant. Dominanz oder Subdominanz sind dabei keine angeborenen Eigenschaften wie eine bestimmte Augenfarbe oder Körpergröße. Ein bestimmter Rangunterschied zwischen zwei Wölfen oder Hunden kann sich nur entwickeln, wenn man sich zumindest etwas kennen gelernt hat; wenn man also etwas über des anderen Stärken und Schwächen oder Ambitionen weiß – z. B. der Ambition, eine bestimmte Ressource

> **Wichtig**
>
> Rangunterschiede entwickeln sich nur dort und in dem Ausmaß, wo es aus Sicht der Tiere nötig ist. Eine differenziert und gut strukturierte Hierarchie ist dort wichtig, wo Tiere auf engem Raum zusammenleben und aufeinander angewiesen sind. Genau dann ist diese Hierarchie der Garant dafür, dass permanente kräftezehrende Konflikte vermieden werden. Über die Hierarchie ist genau festgelegt, wer wann welche Rechte auf welche Ressourcen hat. Damit werden Streitigkeiten vermieden und man kann sich auf die wichtigen Dinge konzentrieren.

▶ Begegnungen zwischen rudelfremden Tieren

Wenn sich zwei Wölfe aus verschiedenen Rudeln zufällig im Gelände begegnen, werden sie sich nicht lange genug miteinander beschäftigen, um einen Rangunterschied herauszubilden. Wozu auch – da sie nicht enger sozial zusammenleben, ist eine Hierarchie zwischen ihnen schlicht nicht nötig. Sie werden sich dort, wo es geht, aus dem Weg gehen. Wenn das Zusammentreffen auf dem Territorium eines der beiden Wölfe stattfindet, wird dieser wohl versuchen, den Eindringling zu vertreiben. Das wird mit großer Wahrscheinlichkeit auch zunächst über Imponierverhalten und Drohverhalten stattfinden, weil diese Verhaltensweisen im Verhältnis zur ernsten offensiven Auseinandersetzung Kosten sparender sind. Aber in diesem Fall dient das Imponieren nur dazu, den Gegner in die Flucht zu schlagen.

DOMESTIKATION ▶ Unsere Hunde treffen nun permanent mit rudelfremden Artgenossen zusammen. Im Grunde ist es den Hunden hoch anzurechnen (und letztendlich ein Ausdruck für eine perfekte Domestikation), dass im Verhältnis so wenig ernste Zwischenfälle in diesem Bereich passieren. Die Domestikation vom Wolf zum Hund hat wohl dazu geführt, dass gerade das Territorialverhalten mehr oder weniger stark abgeschwächt wurde. Man hat allerdings manchmal den Eindruck, dass die Menschen diese enorme Leistung unserer Hunde gar nicht richtig zu würdigen wissen.

Rangunterschiede zwischen »rudelfremden« Hunden bilden sich heraus, aber erst, wenn diese Hunde sich einige Male auf dem Spaziergang begegnet sind und sich kennen lernen konnten. Rangunterschiede müssen sich auch zwangsläufig herausbilden, da Hunde in unserer menschlichen Gesellschaft immer wieder mit vielen anderen auf einem bestimmten Areal (Territorium) zusammentreffen. Dies ist eine andere

Eine alltägliche Situation mit Konfliktpotential auf unseren Straßen. Auch wenn es hierbei für diesen Hund nicht um Rangunterschiede geht – durch solche »merkwürdigen« Gestalten könnte er sich bedroht fühlen.

Situation als sie bei den Wölfen vorliegt. Dieses permanente Zusammentreffen mit anderen Hunden bedeutet Stress; der Stress wird dadurch reduziert, dass man sich kennen lernt, weiß wen man vor sich hat, und sich gewisse Spielregeln für die zukünftigen Treffen ergeben.

DROHVERHALTEN ▶ Dort, wo Imponieren und/oder reines Drohverhalten nicht den gewünschten Erfolg bringt, wird in der Kommunikation eine Stufe höher geschaltet: nun kann auch offensives aggressives Verhalten wie Schnappen oder tatsächlich auch Beißen gezeigt werden. Dabei kann im Laufe der Zeit dieser Eskalationsweg verloren gehen. Hunde lernen schnell, welches Verhalten erfolgreich ist und welches nicht. Wenn ein Hund die Erfahrung macht, dass Knurren nichts nutzt, weil das Gegenüber z. B. nicht die vom Hund gewünschte Reaktion zeigt, wird er über kurz oder lang auf das Knurren verzichten (Energieverschwendung!) und stattdessen lieber gleich schnappen. Menschen nennen solche Hunde gerne sehr vermenschlichend »bösartig« oder »falsch«. Dabei liegt der Fehler eher beim Menschen, der nicht ausreichend genug auf das Hundeverhalten geachtet hatte.

Wenn Hunde regelmäßig in bestimmten Konfliktsituationen beißen, ist dies weniger ein Ausdruck von »Dominanz«, sondern eher von Unsicherheit und Angst – z. B. aufgrund der Unsicherheit über die eigene Rangposition. Der in einer bestimmten Zweierbeziehung dominante und zugleich sichere Hund hat es nicht nötig, sich permanent zu echauffieren, zu drohen und diese Drohung weiter zu verschärfen. Dieser Hund wird genau abwägen, wo der Energieaufwand für derart drastisches Verhalten gerechtfertigt und nötig ist und dann wird er zügig und in der Regel kontrolliert handeln. Der unsichere und leicht zu ängstigende Hund ist für das Zusammenleben mit dem Menschen der eigentliche Risikofaktor. Wenn dann noch ein Mensch dazukommt, der das Verhalten des Hundes nicht gut einschätzen kann, kann es schnell gefährlich werden. Genau hier will dieses Buch helfen und vorbeugen.

Auch zwischen Hund und Mensch bilden sich Hierarchien – hier eine ranganmaßende Geste der Besitzerin gegenüber ihrem Hund. Ob sich der Mensch in diesem Moment tatsächlich Gedanken über die Hierarchie macht?

Wie Welpen Hundesprache lernen

Welpen müssen die Grundlagen der Kommunikation mit ihresgleichen und den erwachsenen Rudelgenossen erst lernen. Ab einem bestimmten Alter, so ca. mit Beginn der vierten Lebenswoche, ist zwar die motorische Kontrolle über die Muskeln gut ausgeprägt, die feine Motorik für bestimmte Signale und vor allen Dingen deren Informationsgehalt wird sich aber erst im Laufe der weiteren Lebenswochen herausbilden. Welpen können z. B. ab einem bestimmten Alter wunderschön den Nasenrücken kräuseln – den Informationsgehalt dieses Signals müssen sie aber genauso lernen, wie sie lernen müssen, wann und wie stark sie ihre Zähne an einem Gegenüber einsetzen.

▶ **Soziale Spielregeln im Rudel**
Im Wolfsrudel würden sich die Welpen miteinander beschäftigen – aber auch mit den Eltern und den anderen Rudelmitgliedern, in der Regel also Onkel und Tanten und diverse Halbgeschwister, Cousins oder Cousinen. Bei unseren Haushunden stehen zumeist nur die Mutter und die Wurfgeschwister für das Lernen der sozialen Spielregeln und der Kommunikation zur Verfügung. Und anders als der Wolf, der sich im restlichen Leben nur mit seinesgleichen auseinander setzen muss, muss der Hund sich in einer deutlich vielfältigeren Gesellschaft zurechtfinden. Im Grunde gibt es so für unsere Hunde mehr zu Lernen als für den

Ein Konflikt um einen Ball wird spielerisch ausgetragen und damit entschärft. Trotzdem macht der Setter seinen Anspruch auf die »Beute« deutlich.

Wolf bei weniger differenzierten Möglichkeiten, dieses auch tatsächlich machen zu können. Ein guter Hundezüchter zeichnet sich denn auch dadurch aus, dass er sich mit seinen Welpen viel Arbeit macht. Das fängt schon damit an, dass die »richtigen« Elterntiere verpaart werden. Einfach nur auf »Schönheit« sollten heute keine Hunde mehr gezüchtet werden. Wer dies tut, verkennt, dass es diverse vererbte Gesundheitsprobleme bei Hunden gibt. Und es gibt auch bestimmte charakterliche Veranlagungen, die bei der Auswahl der passenden Eltern bedacht werden sollten.

ÄNGSTLICHKEIT ▶ Man weiß, dass Angstbereitschaft zumindest anteilig vererbt wird. Über das genaue Ausmaß kann man keine konkreten Angaben machen; man kann bei einem Hund im späteren Leben nicht mehr konkret sagen, wie viel an seinem Charakter denn nun wirklich angeboren und wie viel erlernt, also durch die Umwelt beeinflusst worden ist. Aber man kann sagen, dass es immer eine Mischung aus beidem ist. Durch eine sehr gute Aufzucht können »ängstliche Gene« bis zu einem bestimmten Punkt ausgeglichen werden – und »sichere Gene« (als Gegensatz zu ängstlich) können sich durch eine falsche Aufzucht im späteren Charakter des Hundes nicht mehr positiv bemerkbar machen. Ganz fatal wird es dort, wo angeborenerweise eine erhöhte Tendenz zur Ängstlichkeit vorhanden ist und dann noch eine falsche Aufzucht hinzukommt.

»Dann eben nicht ...« – auch mit einem Stock kann man imponieren.

Der Setter kann mit »seinem Besitztum« entkommen.

Ohne dass der Mensch es vielleicht sofort mitbekommt, kann aus solchen Spielen beim älteren Hund Ernst werden.

HUNDEKAUF ▶ Als angehender Hundebesitzer lohnt es sich also, mehrere Züchter zu befragen und sich auch vor Ort zu informieren. Man sollte sich immer anschauen, wie die Welpen beim Züchter leben und auch, wie das Verhalten des Muttertieres ist. Wenn die Mutter schon ängstlich oder sogar aggressiv gegenüber den Besuchern reagiert, sollte vom Welpenkauf Abstand genommen werden. Ebenfalls Abstand sollte genommen werden, wenn die Welpen völlig isoliert von allen weiteren Kontakten und/oder Umwelteinflüssen »irgendwo abseits« untergebracht sind. Diese Welpen haben zu wenig Möglichkeiten, das komplette Spektrum an Sozialverhalten und Kommunikationsstrategien zu lernen, welches sie brauchen, um später in unserer menschlichen Welt mit Hektik, Lärm, anderen Menschen und anderen Hunden stressfrei zu leben. Probleme sind dann vorprogrammiert!

SOZIALKONTAKT ▶ Nur über den wiederholten Kontakt mit verschiedenen Sozialpartnern lernen die kleinen Hunde, ihr Kommunikations-Werkzeug korrekt und effektiv zu gebrauchen. Ungefähr mit der vierten Lebenswoche werden z. B. zum ersten Mal Elemente aus dem Aggressionsverhalten gezeigt. Man beißt als Welpe wahllos in das Lebewesen, welches man gerade zufällig vor der Nase hat. Dieses Beißen wird vom Opfer zumeist nicht klaglos hingenommen, denn Welpenzähne sind spitz und pieksen fürchterlich. Das Gegenüber wird also reagie-

Erkundungstouren mit dem vertrauten Partner schaffen schnell Sicherheit.

Ein Welpe muss auch allein und in seinem eigenen Tempo Erfahrungen machen können.

ren. Ein gleichaltriges Wurfgeschwister kann noch nicht differenziert reagieren. Es wird die Schnauze aufreißen, fiepen und zurückbeißen. So lernt derjenige, der als Erstes gebissen hat, dass dieser Einsatz der Zähne weh tut – und zwar ihm selber. Und bevor es weh tut, schreit es auch noch laut. Fiepen oder Schreien bekommt so einen Informationsgehalt: es wird zu einem Signal, mit dem man sein Unbehagen ausdrücken kann – und der Empfänger dieses Signals hat dadurch die Möglichkeit, sein eigenes Verhalten rechtzeitig so zu verändern, dass es ihm nicht in der nächsten Sekunde weh tut. Derjenige, der gefiept hatte, lernt aber auch, dass man nicht unbedingt nach dem Fiepen gleich beißen muss, denn der andere lockert aufgrund des Fiepens meist schnell den Griff mit den Zähnen. Beide Welpen werden auf Dauer ihre Zähne vorsichtiger benutzen – so wird dann die Beißhemmung gelernt. Über viele Wiederholungen solcher Interaktionen werden also bestimmte Signale zu beiderseitigem Nutzen und zum Nutzen für das stressfreie Zusammenleben mit Inhalten gefüllt.

> ### Die soziale Kompetenz

Die spätere soziale Kompetenz und die Kompetenz in der Kommunikation entscheiden sich in dieser wichtigen Phase im Leben eines Welpen: zwischen der vierten und ca. zwölften Lebenswoche. Je intensiver der Welpe hier lernen kann, desto sicherer und stressfreier wird er durch das spätere Leben gehen. Dabei ist es nicht nötig, dass der Welpe nun unbedingt das komplette Spektrum an späteren Umweltreizen erfährt; wichtig ist eher eine gewisse Vielfalt und große Unterschiedlichkeit der einzelnen Eindrücke. Dieses Wissen gibt Sicherheit! Vielfältige Lösungsmöglichkeiten für Probleme im Kopf parat zu haben, senkt die Stressanfälligkeit und gibt Handlungsspielraum. Solche Welpen und späteren Hunde sind angenehme Sozialpartner für Menschen und andere Hunde, weil sie kompetent und variationsreich kommunizieren können.

Geräusche, Nase und Körpersprache

Der Mensch nutzt in der Kommunikation mit dem Hund eigentlich nur einen kleinen Ausschnitt im ganzen Spektrum der Kommunikationsmöglichkeiten, welche dem Hund zur Verfügung stehen. Menschen kommunizieren mit ihren Hunden bewusst eigentlich fast ausschließlich über Geräusche. Daneben (und für viele Menschen unbewusst) wird zwischen Hund und Mensch über Körpersprache kommuniziert. Diese Form der Kommunikation (über Ausdrucksverhalten und Berührungen) ist nun aber gerade für Hunde die Hauptkomponente in der Kommunikation mit dem Sozialpartner. Es wundert also nicht, dass genau hier auch viele Missverständnisse zwischen Hund und Mensch ihren Ursprung haben.

▶ **Definition von Kommunikation**
Sie bezeichnet den Nachrichtenaustausch zwischen Lebewesen. Nachrichten werden über die entsprechenden Sendevorrichtungen gesendet und über entsprechende Empfangsvorrichtungen vom designierten Empfänger aufgefangen. Die folgenden Kapitel, die sich mit der Kommunikation unter Hunden und gezielt mit der Kommunikation zwischen Hund und Mensch befassen, werden jetzt nur die Kommunikationsformen beim Hund behandeln, bei denen wir Menschen selber gut empfangen und auch gezielt aussenden können. Uns fehlt z. B. die sensible Nase der Hunde – es ist den Menschen unmöglich, die Geruchsinformationen aufzunehmen, die der Hund aufnehmen kann. Wichtiger ist es, sich beim Thema »Kommunikation unter Hunden« und »Kommunikation mit Hunden« auf die Dinge zu beschränken, mit denen der Mensch und der Hund etwas anfangen können. Darum wird im Folgenden intensiv auf das Ausdrucksverhalten der Hunde eingegangen. Dies beinhaltet eine optische aber auch eine taktile Kommunikation. Dazu wird zudem ein wenig auf die akustische Sprache eingegangen – aber nur so weit, wie Geräusche bei bestimmten körperlichen Ausdrucksformen regelmäßig beteiligt sind.

Bei diesem Weg der Informationsübertragung kann der Mensch nicht mithalten.

Vom Wolf zum Hund

Vom Wolf zum Hund

170 ▶ Sozialer Umgang   171 ▶ Körpersprache und Mimik

Sozialer Umgang

Der Wolf ist der Stammvater aller Hunderassen. Aus diesem Grund ist es richtig und wichtig, sich in einem Buch über die Kommunikation mit Hunden auch mit dem Wolf zu befassen. Dabei muss bedacht werden, dass sich das gesamte Verhaltensrepertoire des Hundes schon in diversen Punkten erkennbar von dem des Wolfes unterscheidet. Aber es gibt nach wie vor viele Gemeinsamkeiten, und gewisse grundlegende Komponenten im Verhalten entsprechen sich. Wölfe und Hunde sind gesellige Tiere; sie sind sozusagen »obligat sozial«. Wölfe leben üblicherweise in Familiengruppen miteinander und es wurde im ersten Teil des Buches schon angesprochen, welche Vorteile und welche Nachteile solch ein enges Zusammenleben hat. Unsere Haushunde leben nicht regulär in Familiengruppen (obwohl dies auch im Zusammenleben mit dem Menschen durchaus vorkommen kann). Aber trotzdem gelten für die sozialen Strukturen, in denen die meisten Haushunde leben, die gleichen Maßstäbe wie für den Wolf. Hier hat die Zeitspanne der Domestikation vom Wolf zum Hund nicht ausgereicht, um bestimmte genetisch verankerte grundsätzliche Verhaltensstrukturen (z. B. Kosten-Nutzen-Rechnung oder die Handlungsmöglichkeiten bei Bedrohung – 4 F's, siehe S. 158) aus der Erbmasse zu löschen.

▶ Verständigung

Immer noch liegt der Schwerpunkt für die Kommunikation auch für den Hund darin, das soziale Miteinander so zu regeln, dass das einzelne Tier keinen Schaden nimmt und seinen eigenen Zustand optimiert. Dabei ist es dem Hund generell egal, ob der Kommunikationspartner (Sozialpartner) ein Mensch oder ein anderer Hund ist. Der Hund kann sich natürlich im Laufe des Zusammenlebens mit Menschen in gewissen Grenzen an diese anpassen und neue Kommunikationsformen lernen – aber wer als Mensch nur darauf setzt, hat die Probleme in der Verständigung mit seinem Hund bereits vorprogrammiert. Vernünftiger ist es, zunächst als Mensch zu lernen, wie Hunde miteinander »sprechen« und dieses Wissen dann im Umgang mit Hunden anzuwenden.

Bellen, ein akustisches Signal, das der Hund häufiger als sein Vorfahr einsetzt.

Die Hauptsozialpartner des Hundes: Der Mensch und sein Hund.

Aus diesem Grund wird nun auf Kommunikationsformen und die einzelnen Ausdruckselemente des Hundes und des Wolfes eingegangen.

Körpersprache und Mimik

Im Nahbereich (also im engeren sozialen Miteinander) kommuniziert der Wolf überwiegend über optische und taktile Signale. Akustische Signale setzt er hierbei ergänzend ein, um bestimmte Aussagen zu verdeutlichen.

Der Wolf nutzt seinen ganzen Körper, um optische Signale zu senden. Seine Ausdruckselemente sind die einzelnen Körperteile und die Körperhaltung als solche. Die Hauptkörpermerkmale des Gesichtes machen die Mimik aus. Dazu gehören die Augen, die Ohren, die Stirn, die Maulspalte (Lippen) und der Nasenrücken. Die Gestik des Wolfes ergibt sich aus seiner Körperhaltung, Körperbewegung sowie der Kopfhaltung und der Rutenstellung.

Wenn man bedenkt, dass der Wolf über ca. 60 verschiedene Mimiken verfügt, wird klar, wie fein er die einzelnen Ausdruckselemente differenzieren kann. Erst wenn man die Gesamtheit der einzelnen Elemente betrachtet, erhält man eine Aussage über den momentanen Gefühlszustand eines Wolfes oder seine Handlungsabsicht.

In bestimmten Bereichen kann der Mensch einen Hund nur schwer ersetzen.

Das Grundrepertoire an Ausdrucksverhalten von Wolf und Hund ist grundsätzlich ähnlich, jedoch kann der Wolf feiner differenzieren als der Hund. Die Unterschiede zwischen Hund und Wolf kommen dadurch zustande, dass der Mensch durch die Zucht der verschiedenen Rassen die ursprüngliche äußere Erscheinung des Wolfes zum Teil massiv verändert hat. So ist es zu einer Reduktion der Ausdrucksmöglichkeiten bei Hunden gekommen.

▶ Unterschiede zwischen Wolf und Hund

Wölfe sehen sich innerhalb der Art ähnlich. Es gibt leichte Variationen z. B. bei der Größe oder der Länge des Deckhaares, je nachdem auf welchem Kontinent und in welchem Klima sie leben. Aber grundsätzlich verfügen alle Wölfe aufgrund körperlicher Ähnlichkeit über dieselben Körpermerkmale. Daher drücken sie ihre Gefühlszustände auf eine Weise aus, die innerhalb der Art gleich ist und eigentlich von allen Artgenossen verstanden wird.

KÖRPERMERKMALE ▶ Hunde verfügen von Rasse zu Rasse durchaus über unterschiedliche Körpermerkmale. Es fehlen bei einigen Rassen bestimmte Körpermerkmale komplett, andere sind zwar vorhanden jedoch unterschiedlich ausgeprägt.

Dadurch können gleiche Gefühlszustände, wie z. B. Angst, in einer konkreten Situation auf völlig verschiedene Arten und Weisen gezeigt werden. Damit wird es Menschen und anderen Hunden erschwert, Hinweise über den aktuellen Gefühlszustand ihres Gegenübers zu erhalten. Wenn ein an »stehohrige« Hunde sozialisierter Hund auf einmal einen Cockerspaniel

Ähnliche Gefühle, gleiches Aussehen?

vor sich hat, wird er eventuell dessen Ausdruckssignale der Angst nicht als das erkennen, was es ist, weil der Cockerspaniel z. B. seine Ohren nicht so variationsreich stellen und legen kann wie ein Hund mit Stehohren.

RUTENHALTUNG ▶ Ein anderes Beispiel für Verständigungsprobleme aufgrund der Tatsache, dass bestimmte Signale nicht übermittelt werden können, wäre die Rutenhaltung. Einige Rassen verfügen über lange Ruten, andere über Ringelruten, bei wieder anderen wurden die Ruten zum Teil oder auch komplett durch den Menschen kupiert oder sind angeborenerweise nicht vorhanden.

DIFFERENZIERTE SIGNALWIRKUNG
▶ Diese geht bei manchen Rassen verloren, da einige Signale aufgrund bestimmter Körpermerkmale dauerhaft vorhanden sind. Dies trifft z. B. auf den Rhodesian Ridgeback zu, dessen Rückenhaarstellung wie ein permanent gesträubtes Nackenfell aussieht. Nackenfell und Rutenstellung jedoch sind wichtige Signale z. B. beim Drohen, aus welchem Gefühlszustand auch immer. Beim sicheren Drohen des Wolfes wird die Rute z. B. immer oberhalb der Rückenlinie getragen. Dies ist beim Hund aufgrund der anatomischen Merkmale häufig gar nicht mehr möglich, wie z. B. beim Dobermann mit kupierter Rute. Andere Rassen wiederum tragen ihre Rute auch in entspanntem Zustand oberhalb der Rückenlinie, z. B. der Labrador.

In der Tabelle auf Seite 174 sind die Hauptausdruckselemente von Wolf und Hund aufgeführt und deren Variationsmöglichkeiten, beziehungsweise Abweichungen bei einzelnen Rassen dargestellt.

Nicht nur ein Größenunterschied, sondern zum Teil auch unterschiedliche Ausdruckselemente.

174 VOM WOLF ZUM HUND

Ausdruckselemente im Vergleich Wolf – Hund

Ausdrucks-element	Wolf	Hund
Maulspalte	Aufhellung im Schnauzenbereich zur besseren Darstellung der Lippen	Aufhellung nur bei einigen Rassen z. B. Islandhund, Dobermann
	Lippen gut beweglich und Lippenbewegung gut erkennbar	Bei schweren Lefzen kaum Lippenbewegung zu erkennen z. B. Mastiff
Schnauze	Glatter Nasenrücken eindeutig erkennbar	Dauerhaft gekräuselter Nasenrücken z. B.. Bulldogge Kein Nasenrücken erkennbar z. B. Mops
	Kräuseln des Nasenrückens möglich	Ramsnase, daher kaum Mimik möglich z. B. Bullterrier
Augen	Augen und Augenbrauen klar erkennbar, Augenbrauen hervorgehoben durch Aufhellung	Augen durch langes Fell nicht erkennbar, Augenbrauen farblich nicht hervorgehoben, Augenform und Gesamtbild verändert durch Hängelider; z. B. Bluthund
Stirn	Veränderungen von glatt bis faltenreich möglich	Dauerhafte Faltenbildung z. B. Bordeauxdogge Faltenbildung kaum möglich z. B. Bullterrier Nicht erkennbar bei langhaarigen Hunden z. B. Briard

KÖRPERSPRACHE UND MIMIK

Ausdrucks-element	Wolf	Hund
Ohren	Ohrbewegungen durch Drehungen in 3 Ebenen möglich	Nur Ohrwurzelbewegungen erkennbar bei mäßig langen Schlappohren z. B. Retriever Keine Bewegung erkennbar: – bei zu schweren Ohren z. B. Bloodhound – bei dichter Behaarung z. B. Bobtail – bei stark kupierten Ohren (in Deutschland ist das Kupieren seit 1986 verboten)
Kopfhaltung	Klar erkennbar, Kopf gut gegen Hals abgegrenzt	Schwer zu erkennen bei stark behaarten Hunden z. B. Briard
Körperhaltung	Klar erkennbar	Schwer zu erkennen bei stark behaarten Hunden
	Aufstellen des Nackenfelles	Aufstellen des Nackenfelles nicht oder schwer zu erkennen bei: – sehr kurzhaarigen Hunden z. B. Dalmatiner – langhaarigen Hunden z. B. Bobtail – dauerhaft aufgestelltes Nackenfell z. B. Rhodesian Ridgeback
Rute	10 unterschiedliche Stellungen möglich	Eingeschränkte Bewegungsmöglichkeit bei: – Ringelruten z. B. Spitze – kupierten Ruten (in Deutschland ist das Kupieren seit 1998 verboten)

Trotz unterschiedlichem Aussehen – hier klappt die Verständigung.

▶ Verstehen unterschiedlicher »Dialekte«

Aufgrund der Vielzahl unterschiedlicher Hunderassen sind die einzelnen Körpermerkmale je Rasse unterschiedlich ausgeprägt, und daher hat es ein Hund viel schwerer mit seinen Artgenossen zu kommunizieren als der Wolf. Für eine reibungslose Kommunikation ist beim Hund das Verstehen möglichst vieler »Dialekte« notwendig. Dieses muss ein Hund in seiner Sozialisationsphase lernen (siehe Sozialisation, S. 166).

Möchte man selber das Ausdrucksverhalten eines Hundes beurteilen, ist es sehr wichtig, dass man sich erst einmal einen Hund dieser Rasse in neutralem Zustand vorstellt. Betrachtet man die Rutenstellung, so trägt z. B. der Schäferhund in entspanntem Zustand seine Rute abfallend bis zum Sprunggelenk mit leichtem Aufwärtsbogen. Ist er erregt, imponiert oder droht er relativ sicher, trägt er die Rute über der Rückenlinie. Der Dalmatiner hingegen trägt seine Rute auch in entspanntem Zustand über der Rückenlinie.

▶ Sicheres/Unsicheres Verhalten

DER SICHERE HUND ▶ Allgemein kann man sagen, dass die Körpersignale um so mehr in Richtung des Gegenübers gerichtet werden, je sicherer ein Hund ist. Der sichere Hund blickt zumeist nach vorn (ohne zwangsläufig zu fixieren), er richtet die Ohren nach vorne, verkürzt die Maulspalte (z. B. beim sicheren Drohen), verlagert das Gewicht des Körpers auf die Schultern und hebt seine Rute.

DER UNSICHERE HUND ▶ Die einzelnen Ausdruckselemente weisen um so mehr vom Gegenüber weg, je unsicherer ein Hund ist. Die Augen des unsicheren Hundes flackern (sein Blick ist nicht auf einen Punkt gerichtet), er legt die Ohren an, zieht die Maulspalte lang, verlagert das Gewicht auf die Hinterhand und senkt die Rute.

Leider sind hier vielfältige Mischungen der einzelnen Ausdruckselemente möglich. Hunde zeigen sich nicht zwangsläufig entweder komplett sicher oder unsicher. Die einzelnen Elemente können in ihrem Ausdrucksgehalt abgestuft gezeigt werden (soweit es rasse-

typisch möglich ist) und es können auch Signale für Unsicherheit und zugleich für Sicherheit in einem Hund auftreten. Ein Hund kann sich z. B. groß machen (vielleicht um zu imponieren) und trotzdem die Ohren nach hinten legen, wenn er zusätzlich auch Unsicherheit verspürt.

Zusätzlich können Hunde auch lernen, trotz vorhandener Unsicherheit, Sicherheit anhand ihrer Körperhaltung vorzutäuschen. Wenn ein Hund die Erfahrung macht, dass das Zeigen von bestimmten Signalen, wie z. B. dem hochaufgerichteten Körper, einen Gegner auf Abstand hält, wird er dieses Ausdruckssignal auch zeigen, wenn er eventuell sehr verunsichert ist. Auch hier kann man jedoch als genauer Beobachter immer noch einige Signale der Unsicherheit erkennen, die parallel auch gezeigt werden.

Der Schäferhund zeigt bei der Begrüßung Unsicherheitssignale.

Betrachtet man das mittlere Bild, sieht man einen Schäferhund mit neutraler Mimik.
Betrachtet man vom neutralen Schäferhund aus, so sieht man,
- dass der Schäferhund nach oben hin immer sicherer droht,
- dass der Schäferhund nach unten hin immer unsicherer droht.

Betrachtet man die Bilder von rechts nach links, so nimmt die Intensität des gezeigten Aggressionsverhalten des Hundes zu.

KÖRPERSPRACHE UND MIMIK

Die Zeichnungen zeigen die Mimik und Körpersprache beim Schäferhund.
Oben: entspannter Schäferhund
Mitte links: aufmerksam, angespannt
Unten links: sicheres Drohen
Mitte rechts: passive Demut
Unten rechts: verstärkte passive Demut

Hundesprache verstehen

181	▶ Soziale Annäherung	186	▶ Offensives und defensives Verhalten
182	▶ Aktive Unterwerfung	186	▶ Spielverhalten
183	▶ Imponierverhalten		

Soziale Annäherung

Zu ihr gehören alle Verhaltensweisen, bei denen der Hund den Abstand zu seinem Gegenüber verringert. Das Spielverhalten, in dessen Verlauf es auch zu einer Annäherung der Tiere kommt, wird später gesondert aufgeführt.

Zur sozialen Annäherung gehören alle zufälligen Begegnungen zwischen Hunden, in deren Verlauf es zu Schnauzenkontakten, Geruchskontrolle oder freundlichem Umeinanderlaufen kommen kann. Treffen zwei Hunde aufeinander, werden hierbei zunächst Informationen »zur eigenen Person« ausgetauscht: man sendet Informationen über sich selber und erhält Informationen von der Gegenseite. Des Weiteren demonstrieren beide, schon recht bald nach dem ersten Kontakt, in welcher sozialen Position sie sich jeweils sehen. Im Allgemeinen kann man sagen, dass der Hund, der die Kontaktaufnahme bestimmt und damit zunächst die Situation kontrolliert, sich in einer stärkeren Position sieht. Lässt der andere Hund diese Kontaktaufnahme zu, so akzeptiert er zumindest zunächst diese Position seines Gegenübers. Bei zufälligen Begegnungen werden zumeist keine festen Rangordnungen gebildet.

Solche Begegnungen können damit enden, dass beide Hunde nach dem Beschnuppern wieder ihrer Wege gehen oder aber überwechseln in eine andere Verhaltenskategorie z. B. dem Spiel- oder auch dem Drohverhalten.

▶ **Wichtig**

Das Ausdrucksverhalten des Hundes lässt sich in verschiedene Kategorien einteilen:
▶ soziale Annäherung
▶ Imponieren
▶ agonistisches Verhalten
▶ Spielverhalten
Die einzelnen Kategorien sind anhand bestimmter optischer Signale und Signalsequenzen zu erkennen und im Folgenden aufgeführt.

Eine zufällige Begegnung kann dazu führen, dass man sich lieber aus dem Weg geht.

▸ Soziale Annäherung innerhalb fester sozialer Gruppen

Besonders befreundete oder zusammenlebende Tiere zeigen häufig gegenseitiges Fellpflegeverhalten (Allogrooming) oder auch Kontaktliegen. Beim Allogrooming kommt es zum gegenseitigen Belecken und Beknabbern unterschiedlicher Körperteile, z. B. der Ohren oder Augen. Des Weiteren kommt es unter befreundeten Tieren vielfach zu Schnauzenkontakten. Es werden freundliche »Fechtkämpfe« mit den Schnauzen ausgeführt und es wird häufig Schnauzenlecken und Schnauzenstoßen gezeigt. Diese Verhaltensweisen fördern und bestätigen die Bindung der Tiere untereinander.

Die momentan herrschende Hierarchie zwischen den beteiligten Tieren wird hierbei immer wieder demonstriert und gefestigt.

Entscheidend ist dabei, wer wann wen an welchen Stellen berührt und beknabbert. Die Rangordnung innerhalb einer Hundegruppe oder eines Wolfsrudels bildet und festigt sich üblicherweise anhand vieler Sozialkontakte in entspannten Situationen und nicht zwangsläufig anhand von möglichen Auseinandersetzungen in Konfliktsituationen. Dieses gilt auch für Rangordnungen im Zusammenleben zwischen Mensch und Hund und wird auf Seite 211 noch einmal ausführlich beschrieben.

Aktive Unterwerfung

Im Rahmen der Begrüßung freundlich gesonnener oder bekannter Tiere zeigt häufig das rangniedere Tier Gesten der aktiven Unterwerfung gegenüber dem ranghöheren Tier/Menschen.

Bei dieser Art der Begrüßung werden ebenfalls die bestehende Bindung und die Rangordnung bestätigt und gefestigt. Eine Geste der aktiven Unterwerfung ist z. B. das Maulwinkellecken. Es hat sich aus dem Maulwinkelstoßen der Welpen gegen den Kopf- und Schnauzenbereich der Elterntiere beim Futterbetteln entwickelt. Auch erwachsene Hunde zeigen dieses Verhalten (Stoßen mit der Schnauze gegen den Schnauzenbereich des Gegenübers) häufig gegenüber ranghöheren Sozialpartnern.

Aktive Unterwerfung

Ausdruckselement	Stellung
Maulspalte	zurückziehen der Lippen (engl.: submissive grin)
Schnauze	Maulwinkellecken, Maulwinkelstoßen, beim Mensch wird ersatzweise häufig auch die Hand als Ziel des Stoßens oder Leckens genommen
Augen	schlitzförmig durch glatt ziehen der Stirnhaut
Stirn	glatt gezogen
Ohren	seitlich gedreht, können leicht nach hinten zeigen
Kopfhaltung	flach, in Verlängerung der Rückenlinie
Körperhaltung	geduckt
Rute	gesenktes Wedeln oder eingezogene Rute

Die aktive Unterwerfung kann auch als Reaktion auf Droh- oder Imponierverhalten gezeigt werden, um einen Konflikt zu entschärfen.

Imponierverhalten

Hunde, insbesondere Rüden, zeigen ab der Pubertät gegenüber den ihnen begegnenden Hunden häufig Imponierverhalten. Es wird sowohl Rüden als auch Hündinnen gegenüber gezeigt. Die imponierenden Tiere begegnen sich hoch aufgerichtet und steifbeinig; sie wollen hierdurch ihre Stärke demonstrieren und ihr Gegenüber beeindrucken. Rüden zeigen Hündinnen gegenüber Imponierverhalten, um attraktiv zu erscheinen.

Läufigen Hündinnen gegenüber wird stärker imponiert, da während dieser Zeit die Wahl eines »starken« Partners besonders wichtig ist. Nur während dieser Zeitspanne kann es zur Verpaarung kommen und im Sinne der Fitnessoptimierung werden dann »starke« Partner durchaus bevorzugt.

Der Junghund macht sich klein und zeigt Maulwinkelstoßen. Er begegnet dem imponierenden Älteren mit aktiver Unterwerfung.

Imponierverhalten

Ausdruckselement	Stellung
Maulspalte	Lippen gerade nach hinten gezogen
Schnauze	glatter Nasenrücken
Augen	vom Artgenossen abgewandt
Stirn	glatt, ohne Falten
Ohren	Ohrwurzel wird nach vorn gedreht und gegen den Scheitelpunkt des Schädels hin zusammengezogen, so dass bei Stehohren die Ohröffnung nur schmal nach vorne zeigt. Schlappohren werden seitlich am Kopf hochgezogen (wie ein Satteldach beim Haus)
Kopfhaltung	aufgerichtet
Körperhaltung	so groß wie möglich aufgerichtet, alle Gelenke werden gestreckt, dadurch entsteht ein steifer Gang; Nackenfell kann zusätzlich aufgerichtet werden
Rute	angehoben bis oder über Rückenlinie, bei Erregung entsteht ein schnelles, steifes Wedeln, häufig auch unterstrichen mit leisem Fiepen

► Imponierverhalten zwischen gleichgeschlechtlichen Tieren

Bei gleichgeschlechtlichen Tieren soll durch das Imponierverhalten ein Konflikt mit direktem Körperkontakt und somit das Risiko einer Verletzung vermieden werden. Der imponierende Hund versucht, seine ganze Kraft und Größe zur Schau zu stellen, so dass sein Gegenüber von einer körperlichen Auseinandersetzung absieht.

Innerhalb einer etablierten Gruppe imponieren daher überwiegend Hunde mit geringem Rangunterschied gegenseitig. Bei Tieren mit großem Rangunterschied sind die Positionen und die Kräfteverhältnisse geklärt und Konflikte treten insgesamt mit geringerer Wahrscheinlichkeit auf.

Außerhalb einer etablierten Gruppe zeigen viele Hunde nur gegenüber gleich großen/gleich alten oder größeren/älteren Tieren Imponierverhalten. Viele sind sich ihrer Überlegenheit gegenüber kleineren/jüngeren Tieren bewusst und lassen sich daher, auch wenn diese imponieren, nicht von ihnen provozieren. Ein Abwenden des Überlegenen in solch einer Interaktion hat in diesem Fall nichts mit »Schwäche zeigen« zu tun.

Erfüllen die Imponiergesten nicht ihren Zweck, kann der Hund sein Verhalten auch in Richtung Droh- oder Angriffsverhalten ändern. Dies wird weiter hinten unter »Drohverhalten« (siehe S. 190) beschrieben.

► Markieren

Um die optischen Signale zu verstärken, kann es zum Absetzen von Duftmarken und Imponierscharren kommen. Die Tiere setzen unter Umständen mehrmals kleinere Mengen Urin oder sogar Kot ab. Nach dem Urin- oder Kotabsatz scharrt das Tier mit den

IMPONIERVERHALTEN

Der mittlere Hund zeigt seine ganze Pracht und Stärke. Er imponiert. Sein Gegenüber reagiert darauf mit direktem Blickkontakt. Er droht.

Hinterbeinen kräftig nach hinten. Auf diese Weise werden geruchliche (durch Schweißdrüsen zwischen den Zehen) und optische Signale (das Scharren an sich, aber auch die Scharrspur) gesetzt. Die Tiere können auch so genanntes Imponierschieben zeigen. Hierbei drängt der imponierende Hund sein Hinterteil gegen die Vorderbrust des anderen oder schiebt ihn seitlich weg.

▶ **T-Sequenz**

Im Laufe solcher Interaktionen kann es auch zur Ausbildung einer so genannten »T-Sequenz« kommen. Hierbei stehen die Hunde so zueinander, dass sie den Buchstaben »T« darstellen. Der Querbalken des T's wird dabei von dem Tier gebildet, welches sich dem anderen in den Weg gestellt hat. Einschränkungen der Bewegungsfreiheit eines Tieres werden meist vom Ranghöheren (bzw. dem, der das von sich meint) vorgenommen. Das würde bei dem Beispiel der T-Sequenz bedeuten, dass derjenige, der den Querbalken bildet, momentan eine höhere Position einnimmt. Diese hat er aber nur so lange, wie der andere Hund dies auch zulässt. Auch hier ist im Verlauf der Interaktion ein Wechsel der Positionen möglich.

Weitere mögliche Imponiergesten von Hunde wären z. B. das »Pfoteauflegen« (der Hund legt seine Pfote oder Kopf auf die Schulter oder den Rücken des Gegenübers), oder das »Imponiertragen« (dabei werden vor dem Gegenüber Gegenstände demonstrativ herumgetragen, diesem aber nicht gegeben).

Die Zeichnung macht deutlich: Beide Hunde imponieren. Der schwarze Hund bildet den Querbalken und nimmt momentan die höhere Position ein. Die weit zurück gelegten Ohren verraten, dass er sich seiner Sache nicht so sicher ist.

Offensives und defensives Verhalten

Der Begriff »Agonistisches Verhalten« kommt aus dem englischen Sprachgebrauch und wird auch in Deutschland mehr und mehr verwendet. Es ist eine Bezeichnung für alle Verhaltensweisen gegenüber Artgenossen, die das eigene Verhalten störend beeinflussen. Agonistisches Verhalten besteht aus offensiven und defensiven Elementen. Mit dem agonistischen Verhalten kann der Hund Störungen und Konflikte beseitigen und notwendige räumlich-zeitliche Distanzierungen aufrechterhalten.

BEISPIEL ▶ Stellen Sie sich einen Hund vor, der dasselbe Spielzeug haben möchte, mit dem sich ein anderer Hund zurzeit gerade beschäftigt. Es könnte sich die Situation ergeben, dass der erste Hund (der ohne Spielzeug) sich mit Drohverhalten vor den Hund mit dem Spielzeug stellt. Der bedrohte Hund fühlt sich gestört und belästigt, er sieht sein Besitztum in Gefahr und strebt nun nach einem möglichst großen Abstand zwischen sich und dem drohenden Hund, denn hierbei ist die Gefahr am geringsten, dass er sein Spielzeug abgeben muss. Dieses Ziel (großer Abstand) kann er erreichen, in-

Der braune Hund droht (deutlich unsicher). Dadurch möchte er den Schäferhund auf Abstand halten, dieser versteht ihn und geht.

> **Wichtig**
>
> Alle Elemente des Aggressionsverhaltens (Drohverhalten als aggressive Kommunikation und der direkte Angriff) gehören zum agonistischen Verhalten.

dem er sich selber zurückzieht (defensive Verhaltensweise) oder den anderen dazu bewegt sich zurückzuziehen (offensive Verhaltensweise). Der eigene Rückzug wäre dann Meideverhalten oder Fluchtverhalten, je nach Intensität des Rückzuges. Durch eigenes Drohverhalten oder Angriffsverhalten könnte er versuchen, den potenziellen Spielzeugräuber zum Rückzug zu bewegen.

▶ **Offensive Verhaltensweisen**
»Offensives Verhalten« steht für Angriffsverhalten. Hiermit sind alle Verhaltensweisen gemeint, die gehemmt oder ungehemmt auf eine minimale bis endgültige Beschädigung des Gegners abzielen. Dabei sind die Übergänge zwischen reinem Drohen und der offensiven Attacke fließend; es ist schwer zu definieren, ab wann ein gehemmter Angriff letztendlich kein reines Drohverhalten mehr darstellt. Offensive Verhaltensweisen können von Tieren gezeigt werden, die sich in oder bei einem bestimmten Verhalten gestört fühlen und mit Stress darauf reagieren, oder die sich in einer bestimmten Situation so bedrängt fühlen, dass sie mit einem Angriff reagieren.

Auch offensive Verhaltensweisen gehören zum Normalverhalten bei Hunden, denn es kann für jeden Hund überlebensnotwendig sein, in bestimmten Situationen zu beißen – zumindest wenn es darum geht, ernsthaft die eigene Haut zu verteidigen.

BEISPIELSITUATION BEI WÖLFEN ▶
Ein natürliches Verhalten einer Mutterwölfin bei Bedrohung durch andere Raubtiere ist die Verteidigung ihrer Welpen und von sich selbst, notfalls mit einem Angriff.

Eine bis heute wichtige Aufgabe von vielen Hunden ist es – zumindest aus der Sicht des Menschen – das Hab und Gut seiner Besitzer zu verteidigen. Aus Hundesicht verteidigt er dabei sich selbst, nämlich sein eigenes Territorium und seinen Sozialpartner. Dies sind zwei wichtige Dinge im Leben eines Hundes, ohne die er nicht existieren kann. Bei sozialen Tieren ist allerdings auch in diesem Bereich eine fein differenzierte Kommunikation notwendig. Denn ein Hund, der sich bei jedem Konflikt sofort und uneingeschränkt in körperliche Auseinandersetzungen stürzt, unterliegt jedes Mal einer Verletzungsgefahr und gefährdet dadurch sowohl das eigene als auch das Überleben der Gemeinschaft.

AGGRESSION ▶ Vor dem eigentlichen Angriff gezeigtes Drohverhalten (siehe S. 190) im Rahmen der aggressiven Kommunikation bietet dem Gegenüber die Möglichkeit, sein eigenes Verhalten noch einmal zu überdenken und damit einer körperlichen Auseinandersetzung aus dem Wege zu gehen. Drohverhalten senkt also das Verletzungsrisiko zwischen Lebewesen! Drohverhalten ist aber keine Einbahnstraße im Sinne von »wer nicht sofort zügig beißt, ist immer der Verlierer«. Es besteht die Möglichkeit, dass nach einem Drohen tatsächlich auch ein Angriff erfolgt. Ändert der Gegner sein Verhalten, welches den Hund zum Drohen

Von Menschen gewünschtes aggressives Verhalten. Viele Menschen brauchen den Hund, um sich vor anderen Menschen zu schützen.

Die Zeichnung macht deutlich: Der Schwarze droht durch Fixieren. Ohren und Rute verraten leichte Unsicherheit. Der Blonde antwortet mit Demutsgesten.

veranlasste, nicht, könnte es zu einer körperlichen Auseinandersetzung kommen. Aber es besteht in der Regel, zumindest bei Hunden, die sozial und kommunikativ kompetent sind, zu jeder Zeit solch eines Konfliktes die Möglichkeit der Beendigung, wenn einer der Kontrahenten sein Verhalten ändert. Dies könnte z. B. bedeuten, dass er submissive Gesten zeigt, sich zurückzieht oder flieht.

Üblicherweise werden von Lebewesen dann Verhaltensänderungen vorgenommen, wenn das ursprünglich gezeigte Verhalten nicht den gewünschten Erfolg bringt – dies ist auch beim Hund nicht anders.

ROLLENWECHSEL ▶ Im Verlauf einer aggressiven Auseinandersetzung ist es daher möglich, dass Angreifer und Angegriffener unterschiedlich offensive und defensive Verhaltensweisen zeigen. Man kann auch sagen, dass die Rollen zwischen Angreifer und Angegriffenem wechseln. Der Initiator einer Auseinandersetzung kann z. B. seinem Gegenüber plötzlich Demutsgesten zeigen, wenn er merkt, dass sein Gegner ihm körperlich überlegen ist.

Wichtige Ressourcen

Die Ursachen offensiven Verhaltens können sehr vielseitig sein und von unterschiedlichen Faktoren beeinflusst werden. Häufig wird es in Konkurrenzsituationen um lebensnotwendige Dinge des Lebens (Ressourcen) gezeigt. Für den Hund wichtige Ressourcen sind:
Nahrung, Territorium, Sozialpartner, Fortpflanzungspartner, Rangposition und letztendlich auch die eigene körperliche Unversehrtheit.

Ein drohender Blick, wer ihn wahrnimmt kann so manchen Konflikt aus dem Weg gehen. Der Schwarze hat es verstanden.

KONFLIKTSITUATIONEN ▶ Es gibt verschiedene Faktoren, die auf die Entwicklung und den Ablauf einer aggressiven bzw. agonistischen Interaktion Einfluss nehmen. Einige Faktoren betreffen das Tier selbst: z. B. sein Alter, sein Geschlecht, sein hormoneller Status oder sein momentaner Gesundheitszustand. Natürlich hat auch die genetische Veranlagung einen Einfluss. Dies allerdings bei weitem nicht in dem Ausmaß, wie uns manche Befürworter von Rassenlisten in den so genannten »Kampfhundeverordnungen« glauben machen wollen.

Eine wichtige Rolle im Hinblick auf Entwicklung und Ablauf aggressiver Interaktionen spielt die individuelle Entwicklung der Hunde, z. B. ihre Sozialisation sowie Lernerfahrungen, die sie aus früheren ähnlich verlaufenen Situationen gewonnen haben. Aber auch die jeweilige Situation nimmt Einfluss: z. B. durch das Vorhandensein von Fluchtwegen, und schließlich spielt auch die Beziehung der Gegner zueinander, z. B. ihre Bindung oder ihre Rangverhältnisse bei der Entstehung und Entwicklung von Konfliktsituationen eine entscheidende Rolle.

Im Spiel werden Teile des gesamten Ausdrucksrepertoires gezeigt: Angreifen, Drohen, Schnauzengriff.

HUNDESPRACHE VERSTEHEN

Der fixierende Hund (rechts) zeigt trotz Drohung Unsicherheiten durch Ohrstellung und Maulspalte. Der Terrier nimmt die Drohung wahr (Schnauzenlecken) und beginnt zu meiden.

▶ **Defensive Verhaltensweisen**

Sich defensiv zu verhalten bedeutet, sich zu verteidigen oder eine Gefahr abzuwehren. In der Ethologie gehört hierzu zum einen das Beißen aus der Defensiven, ebenso wie alle Verhaltensweisen, die anderweitig nützlich sind, um Schaden für einen selber abzuwenden: z. B. Fluchtverhalten oder Meideverhalten sowie entsprechende Gesten der Unterwerfung.

Defensive Verhaltensweisen werden in der Regel nur als Reaktionen auf eine situative Bedrohung gezeigt, während offensives Verhalten auch in Situationen gezeigt werden kann, wo keine, oder zunächst nicht unbedingt für einen Beobachter sofort erkennbar, direkte Bedrohung vorhanden sein muss. Allerdings ist es gerade im Bereich des Konfliktes um Ressourcen nicht immer einfach erkennbar, ob ein beobachtetes Zubeißen nun aus der Defensiven oder Offensiven erfolgte.

Einzelne Elemente des agonistischen Verhaltens

▶ **Drohverhalten**

Drohverhalten findet häufig im Rahmen von Rangordnungsstreitigkeiten oder Rivalitäten um andere Ressourcen statt. Die meisten Unstimmigkeiten zwischen Hunden können auf der Ebene des Zeigens von Droh- und Submissionsverhalten geklärt werden. Der Ausgang solch eines Konfliktes ist dabei immer abhängig vom Verhalten beider Kontrahenten. Insgesamt, im Verhältnis zur Häufigkeit von Konflikten unter Hunden generell und der Intensität des gezeigten Drohverhaltens, erfolgt der Übergang zum Angriff aber eher selten.

Das Drohverhalten über optische Signale kann durch akustische Signale, z. B. Knurren und/oder Bellen, unterstützt werden.

Je sicherer ein Hund droht, desto weniger offensichtlich sind seine Drohsignale meist für den Menschen. Hier-

Sicheres Drohen

Ausdruckselement	Stellung
Maulspalte	rund und kurz beim sicheren Drohen; die Maulspalte wird länger und spitzer je unsicherer ein Hund sich während des Drohens fühlt
Schnauze	dezentes Heben der Lefzen, dabei können die vorderen Zähne sichtbar werden; je unsicherer ein Hund ist, desto mehr Zähne werden gezeigt der Nasenrücken wird gekräuselt
Augen	auf das Gegenüber gerichtet (fixieren)
Stirn	mehr oder weniger in Falten gelegt
Ohren	auf das Gegenüber gerichtet
Kopfhaltung	erhoben
Körperhaltung	angespannt und aufgerichtet, das Nackenfell kann zusätzlich aufgerichtet werden
Rute	hoch und angespannt über der Rückenlinie

bei werden wenig bis keine akustischen Signale eingesetzt. Ein gut sozialisierter Hund nimmt diese Warnungen allerdings deutlich beim Gegenüber wahr. Auch die Zähne werden, wenn überhaupt, beim sicheren Drohen nur wenig gebleckt. Da der Mensch, von seiner Sprache her, eher gewohnt ist, auf akustische Signale zu achten, übersieht er diese Signale häufig.

Daher ist es wichtig sich zu merken, dass die früheste Stufe des Drohens das Fixieren ist. Dabei ist der Hund meist angespannt und schaut sein Gegenüber starr an. Bringt dieses Verhalten nicht den gewünschten Erfolg, ist es möglich, dass der Hund sein Drohverhalten steigert bis hin zum Schnappen. Vom Menschen wird es meist als Schnappen ohne Vorwarnung empfunden, wenn er diese feinen Signale nicht wahrnimmt. Gerade kleine Kinder sind nie in der Lage diese dezenten Signale zu sehen, geschweige zu verstehen.

Der schwarze Junghund ist dem Gelben, trotz Zeigen von aktiver Demut, zu aufdringlich, er zeigt dezentes, sicheres Drohen
Rechts: Dem Gelben hat sein Drohen (momentan) nichts genützt, der Junghund zeigt noch deutlicher aktive Demut.

Abwehrdrohen

Ausdruckselement	Stellung
Maulspalte	lang und spitz
Schnauze	stark gekräuselter Nasenrücken durch Hochziehen der Lefzen, dabei werden sämtliche Zähne gezeigt, zum Teil Aufreißen des Maules (volles Zähneblecken)
Augen	Blickkontakt wird vermieden
Stirn	glatt, ohne Falten
Ohren	weit zurück gelegt, zum Teil berühren sie sich hinter dem Kopf
Kopfhaltung	weit zurück; der Kopf wird zwischen die Schulterblätter gezogen
Körperhaltung	zusammengekauert
Rute	gesenkt bis unter den Körper

ABWEHRDROHEN ▶ Hunde zeigen Abwehrdrohen als Reaktion auf Drohverhalten oder eventuell schon Imponierverhalten des Gegenübers. Häufig wird es gezeigt, wenn ein Rückzug oder Meideverhalten nicht oder nicht mehr möglich ist.

Zur Verstärkung der optischen Signale können auch hier zusätzlich akustische Signale wie Bellen, Knurren, Knurrbellen gezeigt werden. Manchmal kommt es auch zum Luftschnappen. Der Abwehrende orientiert sich dabei zwar in Richtung des Gegners, stoppt seine Bewegung jedoch deutlich vor diesem ab und schnappt in die Luft.

Das Abwehrdrohen kann bei Nichtbeachtung durch den Gegner auch in Abwehrschnappen übergehen. Genauso ist ein Wechsel zum Angriff möglich.

▶ **Angriff**

Es wird unterschieden zwischen:
▶ gehemmtem Angriff
▶ ungehemmtem Angriff

GEHEMMTER ANGRIFF ▶ Beim gehemmten Angriff werden die Waffen des Hundes, die Zähne, nicht oder zumindest stark kontrolliert eingesetzt. In der Regel kommt es hierbei nicht zur Verletzung der gegnerischen Haut. Beim gehemmten Angriff kann es zum Vorspringen des Hundes und Stoßen mit geschlossener Schnauze kommen. Auch Anrempeln oder Niederdrücken des Gegners durch das eigene Körpergewicht wird im Rahmen eines gehemmten Angriffes gezeigt.

Der geöffnete Fang des angreifenden Hundes wird zum Teil auch beim gehemmten Angriff eingesetzt, jedoch beißt der Hund hierbei nicht zu, sondern umfasst z. B. nur den Fang des Gegners oder er drückt ihn mit geöffnetem Fang runter.

UNGEHEMMTER (FREIER) ANGRIFF
▶ Beim ungehemmten Angriff setzt der Angreifer seine Zähne ein. Dies heißt aber nicht, dass es zwangsläufig zu ernsten Verletzungen oder zum Tod

Abwehrdrohen kann auch beim Spielen gezeigt werden. Der Schäferhund fühlt sich bedrängt und zeigt eine spitze Maulspalte und viele Zähne. Die Dogge spielt vorsichtiger, der Schäferhund fühlt sich nicht mehr bedrängt.

> **Ernstkampf**
>
> Ziel eines Ernstkampfes ist es in der Regel, einen Kontrahenten dauerhaft aus dem Weg zu räumen und nicht die Rangverhältnisse zweier Tiere festzulegen. Dafür gibt es (eigentlich) nur zwei Möglichkeiten: Der Gegner flieht und kehrt nicht mehr zurück oder er wird getötet. Ist eine Flucht aufgrund räumlicher Gegebenheiten (Gehege, Hunde im gemeinsamen Haushalt) nicht möglich, kommt leider nur die zweite Möglichkeit in Betracht. Befinden sich zwei Tiere in einer Ernstkampfsituation führt das reine Zeigen von Submissionsgesten durch ein Tier nicht zu einer Beendigung des Kampfes.

des Gegners kommt. Im Verlauf eines Kampfes ist es möglich, dass der Überlegene seinen Griff lockert oder sogar den Gegner loslässt. Allerdings ist es möglich, dass er danach noch eine Weile über oder neben dem Unterlegenen stehen bleibt und erwartet, dass dieser sich nicht bewegt. Denkbar wäre auch, dass er sich ein Stück vom Unterlegenen entfernt, er aber erwartet, dass dieser noch in Demutshaltung verharrt. Verhält sich der Unterlegene nicht entsprechend, ist ein erneuter Angriff nicht ungewöhnlich.

Während eines ungehemmten Angriffes kann es zum Beißen, zum Beißen und Festhalten oder Festhalten und Schütteln des Gegners kommen.

▶ **Beschwichtigungsverhalten**

Ein Hund zeigt Beschwichtigungsverhalten, um das aggressive Verhalten seines Gegenübers zu besänftigen und umzulenken. Beschwichtigungsverhalten wird auch bei Hunden gezeigt, die sich allein durch die Anwesenheit eines anderen Hundes bedroht fühlen, ohne dass dieser tatsächlich droht. Das Gegenüber soll über das Beschwichtigungsverhalten zu einem Verhalten animiert werden, welches nicht mit seinem vorherigen, z. B. aggressiven Verhalten, vereinbar ist. Daher beinhalten Beschwichtigungsgesten viele Elemente des Spielverhaltens, wie z. B. auffordernde Spielbewegungen

Die Zeichnung macht deutlich: Trotz Festhalten des Gegners, deutliche Unsicherheit (Ohrstellung, spitzer Maulwinkel).

OFFENSIVES UND DEFENSIVES VERHALTEN

(Hin- und Herhüpfen, im Kreis laufen, plötzliches Losrennen sowie Vorderkörpertiefstellung, etc.).

Weitere Beschwichtigungsgesten sind das Maulwinkellecken oder Maulwinkelstoßen (siehe auch aktive Unterwerfung, S. 182). Manche Hunde zeigen auch das so genannte Pföteln: dabei hebt der Hund zur Beschwichtigung des Gegenübers eine Vorderpfote in dessen Richtung.

▶ **Passive Demut**

Die passive Demut kann als Reaktion auf Droh- oder Imponierverhalten sowie auf einen Angriff hin gezeigt werden.

Ein Tier, welches passive Demut zeigt, berührt sein Gegenüber nicht. Trotz des Begriffes »passive Demut« ist das Zeigen von solchen Demutsgesten an sich ein aktiver Vorgang!

Dies bedeutet auch, dass der sich Unterwerfende die Demutsgesten von sich aus zeigt. Er wurde z. B. nicht vom Überlegenen auf den Rücken geworfen, sondern hat sich nach eigener Einschätzung der Situation selber hingelegt. Was bei der Ohrhaltung im Zustand der Demut eigentlich noch klar ist (jeder versteht, dass der Unterlegene seine Ohren selber anlegt), hat gerade beim Verhaltenselement »auf dem Rücken liegen« für viele Fehlinterpretationen durch Menschen gesorgt. Darauf wird im Kapitel »Mensch und Hund im Gespräch« (siehe S. 201) noch näher eingegangen.

Im Rahmen einer Auseinandersetzung zwischen Hunden, kann es allerdings auch passieren, dass ein Hund unten liegt und der andere darüber – doch der Untere muss nicht gleichzeitig derjenige sein, der sich unterwerfen will (dies passiert z. B. häufig bei Konfliktpartnern aus unterschiedlich großen Rassen). Der unten liegende Partner kann aus seiner Position immer noch drohen (z. B. Knurren) oder einfach nur nicht still liegen. Damit geht

Pfoteheben als Beschwichtigung, Nackenfell zeigt Unsicherheit.
Die Beschwichtigung hat Erfolg, ein für beide Seiten entspanntes Spiel folgt.

Die Zeichnung macht deutlich: Ein Konflikt ist entfacht, der Untenliegende ist jedoch (noch) nicht der Unterwürfige. Beide Hündinnen zeigen anhand der Maulspalte Unsicherheit.

Passive Demut

Ausdruckselement	Stellung
Maulspalte	zurückziehen der Lippen (lange Maulspalte)
Schnauze	glatter Nasenrücken
Augen	schlitzförmig durch glatt ziehen der Stirnhaut, Blick abgewandt
Stirn	glatt gezogen
Ohren	je nach Intensität leicht zurückgedreht bis flach hinten am Kopf anliegend, zum Teil bis sich die Ohrspitzen berühren
Kopfhaltung	abgewandt, gesenkt
Körperhaltung	von gesenkt oder geduckt bis hin zum Hinsetzen oder auch Auf-den-Rücken-drehen
Rute	gesenkte bis hin zur eingezogenen Rute

Die Zeichnung macht deutlich: Ein Junghund zeigt Demutsverhalten mit Hinlegen.

die Auseinandersetzung weiter und der oben stehende oder liegende Partner darf nach unten reagieren (z. B. Beißen), ohne dass er »verhaltensgestört« ist. Für den oben liegenden Partner ist die Auseinandersetzung erst beendet, wenn der unten liegende Hund Demutsgesten zeigt.

Zusätzlich zu den optischen Signalen kann bei der passiven Demut auch Harn abgesetzt werden. Dies wird besonders oft bei jungen Tieren beobachtet. Zur Verstärkung kann weiterhin auch Winseln auftreten.

Die Intensität der Demutsgesten, die der Unterlegene bzw. Beschwichtigende zeigt, ist abhängig vom Sender der Drohsignale. Für einen Hund ist es ausreichend, dass der Unterlegene einfach nur den Kopf oder den Blick abwendet; ein anderer Hund erwartet, unter Umständen ein deutliches Abwenden oder sich Kleinmachen.

Unterwerfungsgesten haben den Sinn, eine mögliche Aggression des Gegenübers zu hemmen. Erfüllen die Unterwerfungsgesten nicht ihren Zweck, kann der Hund versuchen zu fliehen oder auch Droh- oder Angriffsverhalten zeigen; die schon früher erwähnten »4 F's« gelten auch hier.

Spielverhalten

Gesellige Tiere wie Hunde spielen gern und viel. Im Spiel wird die Beziehung der Tiere zueinander sowie ihr gegenseitiges Vertrauen gefördert. Die Rang-

Ein Ballspiel mit mehreren Hunden muss nicht im Konflikt enden. Man sollte seine Spielgefährten dazu genau kennen, dann ist auch ein Ballwechsel möglich.

ordnung der Tiere wird über gemeinsames Spiel gefestigt. Denn ranghohe Tiere verfügen über Privilegien. Ein Privileg ist es, über den Zeitpunkt und das Ausmaß von Sozialkontakten zu bestimmen. Daher ist es bei erwachsenen Tieren häufig so, dass der Ranghöhere ein Spiel ermöglicht. Zum einen dadurch, dass er entweder das Spiel einleitet (Initiator des Spieles), oder dass er auf die Spielaufforderung des anderen eingeht (siehe auch unter »Rangordnung«, S. 211). Eine Untersuchung in diesem Bereich belegt, dass es Auswirkungen auf die Rangordnung hat, wer ein Spiel beginnt, aber nicht wer Gewinner ist (bei Spielen mit Objekten). Es wurde festgestellt, dass in der Regel der Initiator eines Spieles eine ranghöhere Position hatte, als der, der zum Spiel aufgefordert wurde. Beendet wurde das Spiel sowohl vom Ranghöheren als auch vom Rangniederen.

Allerdings ist zu bemerken, dass ranghohe Tiere seltener die Initiative zum Spiel ergreifen oder aber mit Partnern mit ebenfalls hohem Sozialstatus spielen. Fordern ranghohe Tiere deutlich im Rang unten stehende Tiere auf, sind diese z. T. so verunsichert, dass sie nicht auf die Spielaufforderung eingehen.

> **Wichtig**
>
> Spielen fördert das Erlernen des Umganges mit Artgenossen oder anderen Sozialpartnern.
> ▶ Im Spiel werden wichtige Elemente der Kommunikation trainiert, z. B. Dominanz- und Demutsgesten, Aggressionsverhalten und Deeskalationsgesten sowie die Beißhemmung.
> ▶ Im Spiel werden auch körperliche Fähigkeiten erlangt und erhalten. Muskeln sowie Ausdauer werden trainiert. Jagdsequenzen werden eingeübt. Reaktionsschnelligkeit und Koordinationsfähigkeit werden verbessert, ebenso wie die Konzentrationsfähigkeit.

von 4–5 Wochen tritt erstmals bei den Welpen aggressives Verhalten auf. Dies hat erst einmal keine bestimmte Ursache, sondern wird allein durch den Anblick der Geschwister ausgelöst. Die Welpen machen nun ziemlich schnell die Erfahrung, dass, wenn sie jemanden beißen, ihnen selbst Schmerzen entstehen. Nämlich dadurch, dass der Gebissene nun wiederum seine Zähne in den Pelz des Angreifers gräbt. Setzt ein Welpe im Spiel seine Zähne zu

Ein stolzer Ballbesitzer bemerkt die interessierten Blicke des Gelben und bewacht seinen Ball.

Der Gelbe hatte sowieso etwas gaaanz anderes vor. Oder nicht? Schnuppern als Übersprungshandlung.

Hunde können alleine spielen oder mit Partner, dabei wird mit oder auch ohne weitere Objekte gespielt. Es gibt einige typische Körperstellungen des Spieles, ansonsten können Elemente aus dem gesamten Ausdrucksrepertoire zum Einsatz kommen. Jedoch werden einzelne Elemente stark akzentuiert oder Elemente aus unterschiedlichen Bereichen zu einer Sequenz zusammengefasst, so dass als Gesamteindruck das Spiel erkennbar ist.

▶ **Die Beißhemmung**
Sie ist eine erlernte und keine angeborene Fähigkeit. Die ersten Erfahrungen im Sozialkontakt machen die Welpen mit ihren Wurfgeschwistern. Im Alter kräftig ein, macht er auch bei einem Spielpartner der aufquiekt und sich zurückzieht eine wichtige Erfahrung. Das Spiel endet immer dann, wenn sich seine Zähne mit einem gewissen Druck in den Pelz des anderen graben. Da er aber in der Regel gerne weiterspielt, wird er dafür sorgen, dass keine Unterbrechungen auftreten und daher vorsichtiger zubeißen. Aggressives Verhalten während des Spieles ermöglicht den Welpen das Erlernen des korrekt dosierten Einsatzes der Zähne. Es ist wichtig, dass der Welpe diese Erfahrungen mit möglichst vielen Sozialpartnern macht, da nicht alle gleich dick behaart sind und bei einigen schon relativ früh die Schmerzgrenze erreicht ist.

▸ **Übersprungshandlungen**
Sie werden häufig in Konfliktsituationen gezeigt. Sie helfen zwar nicht den Konflikt zu lösen, dienen aber dem eigenen Stressabbau. Sie sind daher kein bewusst eingesetztes Signal für das Gegenüber. Übersprungshandlungen sind allerdings, vielfach im Verlauf einer Kommunikation zwischen zwei Hunden zu beobachten.

Typische Übersprungshandlungen:
▸ Gähnen
▸ sich kratzen
▸ sich strecken
▸ intensiv an einer Stelle schnuppern oder kratzen

Ein Anzeichen von Stress kann das Hecheln oder verstärktes Hecheln sein. Man sollte stets die Umgebungstemperatur berücksichtigen, um zu beurteilen, ob ein Hund aus Stress hechelt oder weil ihm gerade warm ist. Hechelt ein Hund beim Weihnachtseinkauf in der Innenstadt, ist sicherlich nicht die Temperatur daran schuld.

▸ **Ranganmaßende Gesten**
Ranganmaßende Gesten werden unter Tieren gezeigt, die noch keine oder keine geklärte Rangbeziehung zueinander haben. Als ranganmaßende Geste gilt z. B. das Kopf- oder Pfotenauflegen auf die Schulter, den Rücken oder den Kopf des Gegenüber. Eine weitere ranganmaßende Geste ist das Aufreiten oder das Umfassen der gegnerischen Schnauze mit der eigenen. Beim Aufreiten umklammert ein Hund den anderen mit den Vorderpfoten wie beim Geschlechtsakt.

▸ **Rangzeigende Gesten**
Rangzeigende Gesten werden vom Ranghöheren gegenüber einem rangniederen Tier gezeigt. Hierbei demonstriert ein Tier seinen (bestehenden) Rang dem Gruppen- oder Rudelgenossen. Die Gesten sind die, die unter ranganmaßenden Gesten schon aufgeführt sind:
▸ Umfassen der Schnauze
▸ Kopfauflegen
▸ Aufreiten

Das Kopfauflegen als ranganmaßende Geste.

Mensch und Hund im Gespräch

201	▶	Auf dem Weg zum Verständnis
204	▶	Bedeutung von Sozialkontakten
211	▶	»Rangordnung« – Hierarchie zwischen Hunden und Menschen

Auf dem Weg zum Verständnis

In den vorausgegangenen Kapiteln dieses Buches haben Sie etwas über Kommunikation an sich gelesen und erfahren, wie Hunde untereinander kommunizieren. In diesem Teil soll nun auf die Kommunikation zwischen Hunden und Menschen eingegangen werden.

Die Grundlagen der Kommunikation sind die gleichen, wie zwischen Hunden: Auch hier gibt es das System aus Sender, Empfänger und Signal, welches die Information trägt. Damit die Kommunikation im Sinne des Senders und des Empfängers erfolgreich ist, müssen sich beide vorher über den Informationsgehalt der benutzten Signale verständigen. Wenn das nicht passiert, kann es zu Missverständnissen kommen.

BEISPIEL AUS DEM ALLTAG ▶ Ein Mensch steht im Park und fuchtelt mit den Händen in der Luft. Für einen Hund kann dieses optische Signal ganz unterschiedliche Bedeutungen haben: »Hallo, hier bin ich, komm zu mir« oder auch »komme nicht näher, ich habe Angst vor dir«. Obwohl der Mensch ein deutliches Signal sendet, ist für den Hund nicht von vornehrein klar, welche Information damit verbunden ist. Eine für beide Seiten effektive Kommunikation setzt aber voraus, dass beide Kommunikationspartner mit einem bestimmten Signal den gleichen Informationsgehalt verbinden.

Ob in einer bestimmten Situation die Kommunikation für eine oder beide Seiten effektiv ist, oder ob man »aneinander vorbeiredet«, spielt keine Rolle: Kommunikation findet auf jeden Fall statt, solange ein Empfänger irgendein Signal eines Senders aufnimmt. Solange ein Lebewesen lebt, zeigt es auch immer ein Verhalten gegenüber seiner Umwelt – auch »Schlafen« ist ein Verhalten und ebenso das Ignorieren von irgendwem oder irgendetwas – und wenn ein anderes Lebewesen dieses Verhalten empfängt und dadurch in seinem eigenen Verhalten beeinflusst wird, findet auch Kommunikation statt.

Wenn Mensch und Hund sich gut »verstehen«, fühlen sich beide wohl.

▸ Wo Probleme entstehen

Ein Ausgangspunkt für Probleme in der Kommunikation zwischen Mensch und Hund sind die unterschiedlichen Ansprüche und Zielsetzungen – dies wird von uns auch in der Verhaltenstherapie oft beobachtet: Häufig haben Verhaltensprobleme ihren Ursprung in Kommunikationsproblemen.

Wenn Menschen zielgerichtet und absichtsvoll mit Hunden kommunizieren, tun sie dies in der Mehrzahl aller Situationen, um den Hund zu erziehen, um irgendein Verhalten auf Signal zu trainieren oder Verhalten allgemein zu verändern. Die Komponente des sozialen Zusammenlebens wird dabei vom Menschen meist nicht direkt be-

Manchmal haben Mensch und Hund unterschiedliche Interessen – ein nettes Wort bringt Aufmerksamkeit.

SOZIALPARTNER ▸ Hunde sehen Menschen als Sozialpartner. Aus ihrem Verhalten uns gegenüber können wir eindeutig darauf schließen. Das bedeutet, dass der Hund mit uns kommuniziert, um das soziale Zusammenleben zu regeln. Es geht für den Hund dabei um Kooperation und Kompetition – wie in der Kommunikation unter Hunden auch. Hunde wollen wissen, welchen Platz sie in der Hierarchie einer Gruppe einnehmen, wer wann welche Rechte hat und welche Pflichten. Dazu gehört natürlich auch der angenehme gegenseitige Kontakt wie Schmusen oder Spielen.

Wenn Menschen mit Hunden kommunizieren, haben sie diesen direkten Aspekt des sozialen Zusammenlebens eher selten im Kopf. Menschen denken hier in anderen Maßstäben als Hunde und das kann Probleme schaffen.

dacht und auch nicht die Tatsache, dass Training immer eine Form von Sozialkontakt darstellt.

▸ Formen der Signalübertragung

Ein weiterer Ausgangspunkt für Probleme in der Kommunikation zwischen Mensch und Hund sind die unterschiedlichen Schwerpunkte bei der Form der Signalübertragung.

Wir Menschen kommunizieren – zumindest bewusst – überwiegend über die Sprache, senden dabei aber immer – meist unbewusst – Signale über unsere Körpersprache aus. Der Hund kommuniziert auch über Lautäußerungen, aber er »unterhält sich« hauptsächlich über Signale der Körpersprache. Diese unterschiedlichen Schwerpunkte bei der Signalübertragung können zu Kommunikationsproblemen zwischen Menschen und Hun-

Obwohl dieser Hund freundlich angesprochen wird, reagiert er unsicher – die erhobene Hand über seinem Kopf stellt in »Hundesprache« eine Bedrohung dar. Wird die Hand unten gehalten, entspannt sich der Hund.

den führen. Ein Hund, der freundlich von einem sich über ihn beugenden Menschen angesprochen wird, kann sich dennoch fürchten, weil er »schwerpunktmäßig« auf die für ihn bedrohliche Körpersprache des Menschen reagiert. Der Mensch hat also unbewusst Signale ausgesendet, die beim Empfänger (Hund) eine ganz andere Reaktion auslösen, als vom Menschen erwartet.

Aber auch, wenn beide »Gesprächspartner« auf entsprechende Weise miteinander kommunizieren (Sprechen/Hören oder Zeigen/Sehen), kann es zu Missverständnissen kommen. Ein Mensch, der seinem Hund den Befehl SITZ gibt, wird von seinem Hund vielleicht gehört, aber ob der Hund weiß, was das zischende Geräusch aus Herrchens oder Frauchens Mund in diesem Moment bedeutet, hängt von vielen Faktoren ab.

Ein ängstlicher Hund sieht natürlich die sich ihm nähernde Hand, mit der ein Mensch ihn streicheln und beruhigen will, kann sich dadurch jedoch sehr bedroht fühlen und noch ängstlicher werden.

Auf die Probleme, die sich durch unterschiedliche Ansprüche von Hund und Mensch ergeben und die durch unbewusste Kommunikation und unklare Signale entstehen, wird im Folgenden immer wieder beispielhaft eingegangen. Es soll erklärt werden, warum Hunde bestimmte Verhaltensweisen zeigen und wie Menschen bestimmte, erwünschte oder nicht erwünschte Verhaltensweisen bewusst oder unbewusst fördern können.

Training ist eine Form von Sozialkontakt – und kann beiden Spaß machen.

Bei vielen Aktivitäten bilden Hund und Mensch ein Team.

Bedeutung von Sozialkontakten

Damit das Zusammenleben von Hunden und Menschen für beide Seiten möglichst angenehm und stressfrei verläuft, müssen den Ansprüchen beider Seiten Rechnung getragen werden. Menschen halten Hunde als Haustiere, weil sie ihnen in vielen Bereichen ein »Partner« sind und weil sie Eigenschaften haben, die für den Menschen nützlich sind. Hunde werden z. B. als Wach- oder Schutzhunde gehalten oder helfen dem Hirten beim Hüten seiner Herde. Manche Hunde »dienen« dem Menschen, indem sie ihm im alltäglichen Leben helfen (Blindenführhunde, Behindertenbegleithunde) oder Aufgaben übernehmen, die der Mensch so nicht leisten kann (z. B. Drogenspürhunde, Fährtenhunde, etc.). Hunde werden als Partner im Hundesport eingesetzt oder »nur« als Familienhund, Freund und Begleiter gehalten. In allen Fällen ist es jedoch absolut notwendig, dem Hund als sozialem Tier gerecht zu werden.

▶ Leben in der Gruppe

Hunde sind obligat sozial, das bedeutet, dass für Hunde sozialer Kontakt überlebenswichtig ist – ohne Kontakt zu einem Sozialpartner würde ein Hund früher oder später sterben. In einem Wolfsrudel kommt es regelmäßig zu Kontakten zwischen den einzelnen Tieren. Gegenseitiges Putzen, Berührungen am ganzen Körper (besonders im Bereich des Kopfes und der Schnauze), aber auch miteinander Spielen oder einfach nebeneinander Liegen sind wichtige Formen sozialer Kontakte. Dadurch wird die Bindung der Rudelmitglieder untereinander gestärkt und es entwickelt sich ein »Gemeinschaftsgefühl«, welches für das Zusammenleben der Gruppe (gemeinsame Jagd und Aufzucht von Nachwuchs, Teilen von Beute, Liegeplätzen, etc.) von großer Bedeutung ist. Sozialkontakte spielen auch bei dem Herausbilden und Bestätigen von Rangunterschieden zwischen den einzelnen Individuen eine große Rolle.

▶ Sozialpartner Mensch

In unserer heutigen Zeit leben Hunde häufiger mit Menschen als mit anderen Hunden zusammen und gehen bei entsprechender Sozialisation eine enge soziale Bindung zu ihnen ein. Der Mensch übernimmt dabei die Rolle des Sozialpartners und häufige Sozialkontakte zwischen Hund und Mensch sind für den Hund enorm wichtig.

Obwohl ein Mensch, der mit einem Hund zusammenlebt, ständig auch unbewusst mit dem Hund kommuniziert und Kontakt hat (beiläufiges Streicheln, Reden mit dem Hund), sollte sich ein Hundebesitzer auch regelmäßig »aktiv« mit seinem Hund beschäftigen.

Soziale Kontakte, die im »sozialen Miteinander« unter Wölfen oder Hunden eine große Rolle spielen, müssen auf die Hund-Mensch-Gemeinschaft übertragen werden. Dazu gehört z. B. das gegenseitige Putzen (»Allogrooming«) und andere Berührungen (siehe auch »soziale Annäherung«, S. 181). Ein Hundebesitzer kann durch regelmäßiges Bürsten seines Hundes und tägliche, intensive »Streicheleinheiten« seinen Anteil an dieser Form des sozialen Kontaktes leisten. Im Gegenzug dazu will auch der Hund dem Menschen gegenüber »Kontakt pflegen«. Er tut dies auf seine hundliche Weise – die manchmal dem Menschen unangenehm ist: Beispielsweise durch Lecken oder vorsichtiges Benagen des Sozialpartners Mensch. Hundebesitzer, die diese Verhaltensweisen (manchmal auf recht drastische Art) unterbinden, sind sich dabei oft nicht bewusst, dass sie ihrem Hund das Zeigen normaler und wichtiger sozialer Gesten verbieten. Um den Ansprüchen beider Seiten gerecht zu werden, ist es notwendig, sich über das »Warum« des Hundeverhaltens in diesem Zusammenhang Gedanken zu machen.

Lecken oder Benagen des Sozialpartners gehört zum normalen Hundeverhalten.

Sozialkontakte wie Bürsten fördern die Bindung zwischen den »Rudelmitgliedern« Mensch und Hund.

Je nach Temperament kann eine Begrüßung mehr oder weniger stürmisch ausfallen.
Unten: Aktive Demut bei der Begrüßung.

▸ Begrüßungsrituale

Die Begrüßung ist ein schönes Beispiel dafür, wie Hunde und Menschen »aneinander vorbeireden«. Stellen wir uns mal eine typische Begrüßungssituation vor: Ein Hundebesitzer kommt nach einem Theaterbesuch wieder nach Hause. Er wird von seinem Hund überschwenglich begrüßt und dabei auch angesprungen. Da er seine Kleidung vor Hundehaaren und anderen Beschädigungen schützen will, wehrt er den Hund ab. Der Hund könnte darauf mit noch heftigerem Anspringen reagieren – und wird nun energisch von seinem Besitzer durch Schimpfen zurechtgewiesen. Für beide Seiten ist die Begrüßung nun ein eher unerfreuliches Erlebnis gewesen. Auf S. 182 wurde bereits beschrieben, wie Hunde sich gegenseitig begrüßen. Das dazugehörige Ausdrucksverhalten, die »aktive Unterwerfung« (oder »aktive Demut«) wurde in diesem Zusammenhang ausführlich besprochen. In unserem Beispiel versucht der Hund eben diese Verhaltensweisen zu zeigen: Hoch-

springen, um an die Schnauze und den Maulwinkel zu gelangen, um dann diese Stellen zu belecken. Er will damit das zurückkehrende »Rudelmitglied« freundlich stimmen und signalisiert damit parallel, dass er dessen Überlegenheit anerkennt. Sein Besitzer reagiert nun aber eher unfreundlich, er lässt die Versuche seines Hundes, aktive Unterwerfung zu zeigen, nicht zu. Also wird der Hund noch deutlicher in seinem Verhalten und seinem Bemühen seine »Botschaft« zu übermitteln. Und auch Herrchen wird noch deutlicher. Ein Teufelskreis entsteht!

Sicherlich wäre es für beide Seiten sinnvoll, eine Möglichkeit zu finden, die allen Beteiligten gerecht wird. Beispielsweise könnte man dem Hund beibringen, dass das Lecken im Gesicht nicht erwünscht ist, ihm aber die Gelegenheit geben, an der Hand zu lecken. Auf diese Weise wird die Kleidung des Menschen geschont und der Hund kann die für ihn wichtigen Verhaltenselemente der »aktiven Unterwerfung« zeigen. Die Begrüßung wäre wieder eine Situation, die beiden Sozialpartnern gerecht wird!

▶ Haben Hunde ein »schlechtes Gewissen«?

Das Beispiel der Begrüßung eignet sich auch, um einen anderen »Knotenpunkt« in der Kommunikation zwischen Hunden und Menschen zu besprechen: nämlich die Frage, ob ein Hund ein schlechtes Gewissen hat oder nicht? Versetzen wir uns noch einmal in den Hund, der gegenüber seinem Besitzer aktive Unterwerfung zeigt und dafür weggeschubst oder ausgeschimpft wird. Der Besitzer reagiert also mit einem Verhalten, das der Hund als »gegen ihn gerichtete Maßnahme« empfindet. Es wurde schon früher besprochen, dass eine mögliche Reaktion, in diesem Fall die »passive Demut«, ein Komplex von Verhaltenselementen wäre, die gezeigt werden, um ein bedrohliches Gegenüber, zum Beispiel den unwirsch reagierenden Besitzer, zu besänftigen und die (Konflikt)Situation zu entspannen (siehe auch »Passive Demut«, S. 195). Das Ausdrucksverhalten bei der »passiven Demut« ähnelt nun dem, was wir Menschen als »schlechtes Gewissen« bezeichnen. Aber der Hintergrund für das

Der Hund wird von seinem Besitzer ausgeschimpft und reagiert auf dessen Körpersprache mit »passiver Demut«.

Dinge, die zerkaut werden dürfen, sind wichtig.

Zeigen des entsprechenden Verhaltens ist ein ganz anderer! Der Hund hat kein schlechtes Gewissen, weil er seinen Besitzer verbotenerweise angesprungen hat, sondern reagiert nur auf dessen Verhalten.

ZERSTÖRUNG VON DINGEN ▶

Noch schwieriger wird die Situation, wenn der Hund bei Abwesenheit seines Besitzers in der Wohnung regelmäßig Dinge herumschleppt und anknabbert oder seine »Geschäfte« auf dem Teppich erledigt. Wenn sein Besitzer dann nach Hause kommt, ignoriert er vielleicht die Begrüßung seines Hundes und geht erst mal durch die Wohnung, um sich das Ausmaß der vermeintlichen Zerstörung anzuschauen. Wird er fündig, wird der Hund ausgeschimpft oder sogar körperlich gestraft. Der Hund lernt dabei, dass es Ärger gibt, wenn Herrchen nach Hause kommt und ein zerkauter Schuh im Eingang oder ein »Häufchen« hinter dem Sofa liegt. Einen direkten Zusammenhang zwischen diesen Dingen und seinem Verhalten (Zerkauen, auf den Teppich koten) erkennt der Hund aber nicht! Er zeigt beim nächsten Mal sofort Verhaltensweisen der passiven Demut, um seinen Besitzer zu besänftigen, indem er von vornherein deutlich seine Unterwerfung signalisiert. Der Besitzer interpretiert das Verhalten seines Hundes als »schlechtes Gewissen« und bestraft ihn – seinem Verständnis nach zu Recht. Für den Hund ist die Situation »zweifach ungerecht«. Erstens erfährt er von seinem Besitzer eine grobe Behandlung (eine wirkliche Strafe wäre es nur, wenn der Hund die Bestrafung auch tatsächlich mit seinem Verhalten verbinden könnte). Und zweitens reagiert der Besitzer auf die passive Demut seines Hundes nicht so, wie es unter Hunden üblich wäre: mit Anerkennung der Unterwerfung und der Beendigung der Situation, ohne dass dazu weitere aggressive Verhaltensweisen nötig wären.

Der Hund in unserem Beispiel hat kein »schlechtes Gewissen«, er weiß nicht, dass er etwas verkehrt gemacht hat, und das gilt auch für andere Situationen, in denen Menschen das manchmal von ihren Hunden glauben. Das Verhalten des Hundes, also das Zeigen von passiver Demut ist stets eine Reaktion auf das Verhalten des Besitzers. Es steht nicht in direkter Verbindung mit dem zerkauten Schuh, dem »Häufchen« hinter dem Sofa oder dem gemopsten Stück Kuchen, etc.

▸ **Spielverhalten**

Zu den wichtigen Sozialkontakten zwischen Hunden gehört auch das Spielen (siehe auch »Spielverhalten«, S.156). Hunde spielen auf unterschiedliche Weise: allein (mit irgendeinem Objekt) oder mit einem Partner. Bei den Partnerspielen unterscheidet man unter so genannten Kontaktspielen (Beiß- oder Kampfspiele) und Rennspielen. Dabei können alle Formen ineinander übergehen – auch der Übergang von Spiel zu Ernst ist jederzeit möglich.

LERNEN DER BEISSHEMMUNG ▸
Besonders bei ganz jungen Hunden sind Übergänge in ernsthafte Auseinandersetzungen häufig. Im Abschnitt über die »Entwicklung der Kommunikation in der Verhaltensentwicklung von Welpen« wurde schon einmal auf die Entwicklung einer Beißhemmung eingegangen (siehe S. 198). Wenn man seinen Welpen vom Züchter abholt, ist dieser Prozess noch nicht abgeschlossen. Ein Welpe, der seine Besitzer beißt, ist in den allerwenigsten Fällen »aggressiv« oder »gestört«. Beißen

gehört zum normalen Verhaltensrepertoire eines Hundes. Beißen bei einem Welpen ist meist ein Zeichen dafür, dass er noch keine ausreichende Beißhemmung gegenüber menschlicher Haut gelernt hat, bzw. diese noch verfeinern muss. Der neue Besitzer muss weiter mit seinem Hund daran arbeiten, die Beißhemmung auszubilden. Das funktioniert nicht, wenn man beim wilden Spielen mit seinem Welpen einen Pulloverärmel über die Hand zieht oder den ganzen Arm mit einer dicken Jacke schützt. Der Welpe wird so nur lernen, dass menschliche Haut bzw. was darüber liegt eine Menge Druck verträgt und nicht, seine Zähne vorsichtig einzusetzen.

Man provoziert den jungen Hund, etwas rauer zu spielen, mit der Schnau-

Der vorsichtige Umgang mit menschlicher Haut muss vom Welpen erst gelernt werden.

Gemeinsames Zerren an einem Spielzeug bringt Spaß ...

... wichtig ist ein gut gelerntes »Aus«-Kommando.

ze zu knabbern oder eventuell sogar schon minimal zu beißen. Dann sagt man jedes Mal laut AU, bricht demonstrativ das Spiel ab und ignoriert den Hund eine Weile. Auf diese Weise lernt der Hund, auch gegenüber dem Menschen seine Zähne vorsichtig zu gebrauchen.

SPIELARTEN ▶ Menschen und Hunde können auf vielfältige Weise miteinander spielen. Rennspiele (miteinander- bzw. nebeneinander herlaufen oder gegenseitiges Jagen) sind genauso möglich wie Stöckchen werfen oder Zerrspiele mit einem Tau. Auch Gegenstände verstecken und vom Hund suchen lassen, kann ein spannendes Spiel sein. Der Fantasie des Menschen sind dabei kaum Grenzen gesetzt. Manche Hundebesitzer sagen, dass ihr Hund nicht gerne spielt. Das ist in den allermeisten Fällen nicht richtig. Gerade das Spielen mit Objekten kann man einem Hund in kurzer Zeit antrainieren. Jeder Hund hat andere Vorlieben, und jeder Besitzer muss herausfinden, womit sein Hund gerne spielt.

Spielen mit dem Hund ist auch ein wichtiges Element in Bezug auf die hierarchische Struktur zwischen Mensch und Hund. Dabei kommt es weniger darauf an, wer »gewinnt«, sondern vielmehr, wer mit dem Spielen beginnt, bzw. den anderen erfolgreich zum Spielen auffordert.

> **Vorsicht**
>
> Auch zwischen Mensch und Hund gilt, dass ein Übergang von Spiel zu Ernst jederzeit möglich ist. Um Konflikten, z. B. um einen Ball oder beim Ziehen an einem Tau, vorzubeugen, sollte der Mensch die Spielregeln bestimmen. Ein gut auftrainiertes »Aus«-Kommando ist dabei auf jeden Fall wichtig.

»Rangordnung« – Hierarchie zwischen Hunden und Menschen

Für Hunde als soziale Tiere ist es selbstverständlich und wichtig, im Rudel eine Hierarchie auszubilden. Über die Bedeutung und das Entstehen von Rangunterschieden bei Wölfen bzw. Hunden wurde bereits auf S. 161 gesprochen. Da Hunde in unserer Gesellschaft (meist) eng mit Menschen zusammenleben, bilden sie auch mit diesen gewisse Hierarchien aus. Auch hier gilt, dass man sich eine Rangposition nicht einfach so nehmen kann. Es wurde schon darauf hingewiesen, dass dazu immer zwei gehören: einer ist höher und der andere niedriger, der Rangniedrigere akzeptiert in entscheidenden Momenten den höheren Rang des anderen. Dies funktioniert gut zwischen Hunden, da sie die gleiche Sprache sprechen – führt aber häufig mangels eindeutiger Kommunikation zu Problemen zwischen Mensch und Hund. Für Menschen hat dies nicht nur im Ernstfall der aggressiven Auseinandersetzung mit dem Hund negative Konsequenzen. Auch im »normalen« Zusammenleben mit einem »normalen« Hund ist es besser, wenn der Mensch die Leitfunktion behält. Es macht das Zusammenleben leichter und hat letztendlich auch in Erziehungsfragen eine gewisse Bedeutung: Je weiter unten der Hund in der Hierarchie seines gemischten Mensch-Hund-Rudels ist, desto abhängiger wird er vom Verhalten des ranghöheren Menschen und desto mehr achtet er auf ihn. Auf diese Weise kann der Mensch seine Einflussmöglichkeit auf seinen Hund erhöhen.

▶ Entwicklung von Rangunterschieden

Beim Etablieren einer hierarchischen Struktur geht es um den Zugang zu Ressourcen. Warum das so ist und was für den Hund wichtige Ressourcen sind, wurde schon an anderer Stelle ausführlich besprochen und gilt weitestgehend auch im Zusammenleben mit dem Menschen. Auch dass Hunde ihre jeweilige Rangposition gegenüber einem anderen Rudelmitglied auf subtile Weise klären oder demonstrieren und dass das Zeigen aggressiver Verhaltensweisen dabei eher selten ist, wurde schon erwähnt. Was bedeuten diese Dinge, wenn sie auf das Zusammenleben von Hunden und Menschen übertragen werden? Für den Hund ändert sich grundsätzlich nichts, er wird genauso wie unter Seinesgleichen versuchen, eine möglichst hohe Rangposition einzunehmen und dabei die gleiche »Vorgehensweise« wählen: Zugang zu Ressourcen (Territorium, Futter, Streicheleinheiten, Spielzeug, erhöhte Ruheplätze) sichern und darüber verfügen. Für den Menschen bedeutet das, dass er wissen und erkennen muss, warum der Hund ein bestimmtes Verhalten zeigt.

Futter ist eine wichtige Ressource.

SOZIALKONTAKT ▶ Die Ressource »Sozialkontakt« spielt hier eine besonders wichtige Rolle. Machen wir uns noch einmal klar, warum die meisten Menschen einen Hund als Haustier halten: Als Freund und Partner, zu dem man soziale Kontakte unterhält. Der Hund wird täglich gestreichelt, man redet mit ihm und spielt mit ihm. Häufig macht man das unbewusst, ganz »nebenbei«. Gerade das »Streicheln« ist ein schönes Beispiel dafür, dass Menschen und Hunde derselben Sache ganz unterschiedliche Bedeutung beimessen können und dies Auswirkung auf die hierarchische Struktur zwischen beiden haben kann. Wenn ein Hund zu seinem Besitzer kommt und gestreichelt werden will, macht er das in der Regel nicht »nebenbei«. Für den Hund ist die Aufforderung zum Streicheln häufig auch eine Anfrage an den Besitzer: Ich möchte etwas von dir und wenn du darauf eingehst, signalisierst du mir damit auch, dass ich in genau diesem Moment eine höhere Rangposition habe. Und der Besitzer, der seinen

Aufforderung zum Anspringen – hier bestimmt der Mensch, wann eine spielerische Rangelei beginnt.

Hund streichelt, weil er ihn einfach mag, gibt ihm eigentlich zu verstehen: Ja, du hast gerade jetzt eine höhere Rangposition! Man kann sich also ausrechnen, wie häufig einem Hund nur durch beiläufiges Streicheln eine hohe

Rangposition gewährt wird. Geschieht das regelmäßig über einen längeren Zeitraum, ist für den Hund die Sache klar: Ich habe hier eine hohe Rangposition und das Anrecht auf viele wichtige Dinge.

Das Beispiel »Streicheln« kann in ähnlicher Weise auf viele Dinge im Zusammenleben von Hund und Mensch übertragen werden: Spielen, Spazierengehen, Füttern, etc. Für den Besitzer können sich dadurch sehr viele verschiedene Probleme ergeben.

VERTEIDIGUNG VON RESSOURCEN ▶

Ein Problem, das Hundebesitzer bei uns durchaus häufiger in der Verhaltenstherapie vorstellen, ist folgendes: Der Hund knurrt, wenn er auf dem Sofa sitzt und lässt seine Besitzer nicht mehr darauf sitzen. Aus der Vorgeschichte lässt sich dann sehr oft erkennen, dass der Hund von seinen Besitzern schon seit längerem unbewusst zum »Rudelboss« erklärt wurde und nun auf den Zugang zur Ressource »erhöhter Liegeplatz« – also das Sofa – besteht. Der Hund, der nach dem Besitzer schnappt, wenn dieser ihn vom Sofa ziehen will, wehrt sich damit gegen den »anmaßenden Übergriff« eines (seiner Meinung nach) Rangniederen. Auch, wenn dieses Verhalten für den Besitzer problematisch ist, zeigt der Hund in dieser Situation ganz normales Hundeverhalten!

Allerdings kann auch ein rangniederer Hund in solchen Situationen aggressiv reagieren. Er knurrt nun nicht, um den Sofaplatz zu verteidigen, sondern schützt eine andere wichtige Ressource: seine »körperliche Unversehrtheit«.

WANN DARF MAN SEINEN HUND STREICHELN UND DARF EIN HUND ÜBERHAUPT AUF DAS SOFA? ▶

Wenn der Mensch in der Hierarchie höher stehen soll als der Hund, muss er Ressourcen »verwalten« können. Man darf seinen Hund im Grunde so oft streicheln, wie man es will – aber eben nicht, wenn der Hund die »Schmuseeinheit« einfordert.

Genauso verhält es sich mit dem Sofa. Ob Sie Ihren Hund auf dem Sofa oder Bett haben wollen, entscheiden Sie! Wenn ein Besitzer seinem Hund unter besonderen Umständen erlaubt, auf das Sofa zu springen (z. B. wenn eine bestimmte Decke dort liegt oder der Hund ein bestimmtes Kommando bekommt), ist das völlig in Ordnung. Aber auch hier sollte man darauf achten, dass der Hund nicht frei über den Sofaplatz verfügen kann.

Ranganzeigende Gesten beim Spielen – kein Problem, wenn die Rangpositionen geklärt sind und Vertrauen zwischen Mensch und Hund besteht.

> **Wichtig**
>
> **Ranghöhe – Aggressionsproblem**
> Es wurde gesagt, dass es im Zusammenleben zwischen Mensch und Hund sinnvoll ist, dass der Mensch eine ranghöhere Position und der Hund eine rangniedere Position im »Rudel« einnimmt. Das bedeutet aber nicht, dass ein ranghöherer Hund automatisch in bestimmten Situationen aggressiv reagiert. Wenn ein ranghöherer Hund sehr sicher im Umgang mit Menschen ist und ein gutes Vertrauensverhältnis zwischen Mensch und Hund besteht, kann das Zusammenleben ganz unproblematisch sein.

▸ Kinder und Hunde

Wenn Kinder mit Hunden zusammenleben, kommen so genannten »ranganmaßenden Gesten« eine besonders wichtige Bedeutung zu. Die meisten Eltern wollen, dass der Hund in der hierarischen Struktur unter den Kindern steht – und den wenigsten ist klar, dass das zumeist erst der Fall sein kann, wenn die Kinder die Pubertät erreichen. Vorher wird ein erwachsener Hund immer eine Rangordnung herausbilden, in der er über den Kindern steht. Kinder bis zu einem bestimmten Alter sind einfach noch nicht in der Lage, aktiv an einer Rangbeziehung zu einem Hund mitzuarbeiten.

Probleme entstehen dann, wenn Kinder gegenüber dem (ranghöheren) Hund Verhaltensweisen zeigen, die dieser als ranganmaßendes Verhalten empfindet. Dazu gehört zum Beispiel, dass dem Hund die Arme um den Kopf oder auf die Schulter oder ihm eine Hand auf den Rücken gelegt werden. Auch sich bei einem liegenden Hund aufstützen ist ranganmaßendes Verhalten. Wenn ein Hund ein solches Verhalten von einem Rangniederen nicht dulden will, wird er ihn »verwarnen«, erst subtil, gegebenenfalls deutlicher.

Kinder und Hunde können sich prima verstehen.

Eine freundschaftliche Umarmung – der Hund reagiert unsicher auf das Verhalten des Kindes und zeigt Schnauzenlecken als Zeichen passiver Demut.

Und genau wie bei dem Beispiel »Sofa« kann der Hund das Verhalten eines Kindes rein als Bedrohung empfinden und sich dagegen verteidigen wollen.

Da schon Erwachsene manche Signale von Hunden übersehen oder falsch interpretieren, kann man sich vorstellen, dass Kinder hier noch mehr Probleme haben. Aufgrund von Kommunikationsproblemen können dann schnell Konfliktsituationen entstehen, die besonders für Kinder unangenehm oder sogar gefährlich sein können. Eltern sollten Kinder und Hunde also nie unbeaufsichtigt lassen – zumal Kinder ja auch durchaus ihre Späße mit Tieren treiben und auch so Konfliktsituationen entstehen können. Eltern können ihren Kindern übrigens keine generelle Rangposition gegenüber dem Hund zuweisen. Sie können zwar in ihrer Anwesenheit das Verhalten des Hundes gegenüber den Kindern steuern, das hat aber keine Auswirkung auf Situationen, in denen sie nicht dabei sind.

▶ **Rangzeigende Gesten**
Wenn ein Wolf oder ein Hund eine bestimmte Rangposition gegenüber einem anderen Mitglied seiner Gemeinschaft hat, wird er diese Position durch »rangzeigende Gesten« immer mal wieder demonstrieren.

Auch Hunde, die mit Menschen in einer hierarchischen Struktur leben, zeigen dieses Verhalten. Beispielsweise durch nachdrückliche Aufforderungen zum Streicheln oder Spielen oder dadurch, dass sie ein Spielzeug oder einen Kauknochen demonstrativ vor den Augen ihrer Besitzer herumtragen. Solche Verhaltensweisen können einen Hinweis darauf geben, dass die Rangbeziehung zwischen Mensch und Hund anders aussieht, als der Mensch vielleicht denkt.

Dann reagiert der Besitzer auf seinen Hund, indem er ihn streichelt, mit ihm spielt oder ihn auch nur anspricht oder anschaut, erkennt er (in diesem Moment) dessen höhere Rangposition an.

> ### Rangordnung
>
> Einem Hund sollte auf subtile Art (ohne Gewalt!) gezeigt werden, wo sein Platz im Rudel ist: am unteren Ende, egal in welcher Situation. Simple Demonstrationen der Rangordnung sind die folgenden:
> - Ein ranghöherer Mensch beginnt jede Form von Sozialkontakt (z. B. Streicheln/verbale Zuwendung, Spiel) und beendet ihn auch.
> - Ein ranghöherer Mensch hat Anspruch auf die besten (meist erhöhten) Plätze.
> - Ein ranghöherer Mensch darf als erster Neuankömmlinge (Besuch) begrüßen und wird auch als Erstes begrüßt.
> - Ein ranghöherer Mensch geht als Erster durch eine Tür in/aus der Wohnung; erst dann folgt der Hund.
> - Ein rangniederer Hund isst in der Regel erst nach den ranghöheren Rudelmitgliedern. Dabei bestimmt der ranghöhere Mensch Menge und Fütterungszeit.

Es muss täglich mit dem Hund gekuschelt oder gespielt werden – aber der Mensch bestimmt den Zeitpunkt.

Die im Kasten aufgeführten Punkte sind nur Beispiele für verschiedene Situationen, in denen es um die Verfügbarkeit einer Ressource geht. Dabei gibt es für jedes Individuum unterschiedliche Schwerpunkte. Ein Hund, der immer als Erster durch die Tür geht, muss nicht automatisch eine ranghöhere Position haben als sein Besitzer.

Wenn die Ressource »Spielen« für diesen Hund sehr wichtig ist und sein Besitzer dabei regelmäßig Ende und Anfang bestimmt, hat der Hund zumindest in dieser Situation eine rangniedere Position. Über die Rangbeziehung zwischen zwei Individuen entscheidet niemals eine einzelne Situation, sondern immer die Summe aller möglichen Situationen in einem bestimmten Zeitrahmen.

Aufgrund neuerer Untersuchungen über das Zusammenleben von Menschen und Hunden spielen alle Formen sozialer Kontakte bei der Herausbildung von Rangbeziehungen zwischen Menschen und Hunden eine wichtige Rolle. Bei der Verwaltung der »Ressource« Sozialkontakte – der Mensch bestimmt Anfang und Ende – muss man natürlich daran denken, dem Hund als sozialem Tier gerecht zu werden. Deshalb muss jeden Tag häufig mit dem Hund gespielt und gekuschelt werden – aber eben nur, wenn der Mensch dies will.

Verständigung im Training

Verständigung im Training

218 ▸ Wie Probleme entstehen
222 ▸ Ausüben von Druck und Bestrafung beim Training
223 ▸ Rangordnung und Gehorsam
227 ▸ Verhaltensprobleme erkennen

Wie Probleme entstehen

Einen Hund erziehen bedeutet immer auch, mit dem Hund kommunizieren. Alles, was allgemein zur Kommunikation gesagt wurde, gilt auch bei der Erziehung und beim Training. Durch Lernerfahrungen können Signale, die zunächst keine Bedeutung für den Empfänger haben, einen Informationswert bekommen. Ob dieser Informationswert und die daraus resultierende Reaktion des Empfängers, mit dem übereinstimmt, was der Sender beabsichtigt hat, hängt davon ab, ob beide tatsächlich »die gleiche Sprache sprechen«. In dem Fall von Hund und Mensch müssen beide lernen, die »Sprache« des anderen zu verstehen. Der Hund muss lernen, was ein bestimmtes Signal bedeutet und der Mensch muss lernen, das Verhalten des Hundes und dessen Signale (das Ausdrucksverhalten) richtig zu deuten – sonst kann bei der Erziehung einiges schief laufen. In diesem Zusammenhang ist der Einfluss von unbewusster Kommunikation (des Menschen) auf die Trainingssituation besonders hervorzuheben.

Training ist Kommunikation.

▸ Unzureichend auftrainierte oder unklare Signale

Wenn wir von einem Hund erwarten, auf ein bestimmtes Signal hin (z. B. das Wort SITZ) ein bestimmtes Verhalten zu zeigen (z. B Hinsetzen), müssen wir dem Hund erst einmal klar machen, was das Wort SITZ bedeutet. Im Abschnitt »Informationssysteme« (S. 129) wurde schon ausführlich auf die Begriffe »Signal« und »Information« eingegangen. In diesem Zusammenhang wurden auch kurz einige Aspekte des Lernverhaltens beleuchtet. An dieser Stelle sollen einige Punkte noch einmal aufgegriffen werden, um zu verdeutlichen, warum es beim Training manchmal nicht so klappt, wie man sich das wünscht.

Was im Wohnzimmer klappt, muss bei Ablenkung auf der Wiese erst gelernt werden.

Wenn man seinem Hund das Signal (= Kommando) SITZ beibringen will, kann man damit beginnen, dass man ihm ein Leckerli über den Kopf hält (= Handsignal). Der Hund fixiert das Leckerli mit den Augen und setzt sich dabei zwangsläufig hin. Dafür bekommt er das Leckerli. Er lernt, dass es in genau dieser Situation lohnenswert ist, sich mit dem Po auf den Boden zu setzen und setzt sich das nächste Mal schneller hin. Während der Hund sich hinsetzt, sagt man das Wort SITZ und führt so ein akustisches Signal ein. Diese Trainingssituation besteht oberflächlich betrachtet aus einem Handzeichen und einem akustischen Signal für das Verhalten »Sich Hinsetzen«. Der Hund nimmt aber in diesem Moment auch noch andere Signale aus seiner Umgebung wahr: ein Sofa in der Ecke, ein Fenster, eine weitere Person im Raum, Geräusche aus dem Radio, etc. Auch diese Dinge bestimmen die Situation und gehören zu Beginn des Training für den Hund zu den Signalen für das Verhalten »Hinsetzen« dazu. Geht man nun zum Üben auf eine Wiese, ist das für den Hund eine völlig andere Situa-

tion: manche Dinge fehlen (z. B. das Sofa und das Fenster), andere kommen neu hinzu (z. B. Passanten, andere Hunde, Vogelgezwitscher). Man muss nun fast von vorne anfangen, um dem Hund die Gelegenheit zu geben, die eigentlichen Signale für das SITZ (Handzeichen und/oder Wort) herauszufiltern. Ein Hund, der im Wohnzimmer perfekt SITZ macht, kann das auf der Wiese noch lange nicht. Dabei ist er nicht ungehorsam, er muss die Übung auf der Wiese oder an anderen Orten nur erst lernen.

KOMM bedeutet zu Herrchen oder Frauchen hinlaufen – und dafür belohnt werden.

VERKNÜPFUNG VON SIGNALEN ▶
Es wurde schon besprochen, dass Dinge, die in einem sehr engen zeitlichen Abstand – also fast gleichzeitig – geschehen, miteinander verknüpft werden. Wenn ein Hund zum Beispiel ein Rückruf-Signal KOMM erlernen soll, ruft man zunächst das Signal immer dann, wenn der Hund sowieso auf einen zugelaufen kommt. Der Hund verknüpft das Wort KOMM und das Hinlaufen zum Besitzer miteinander. Erst nach mehreren tausend (!!) Wiederholungen ist die Verknüpfung so stark, dass das Wort KOMM beim Hund das dazugehörige Verhalten »Hinlaufen zum Besitzer« in einer Vielzahl an Situationen und unter vielen möglichen Ablenkungen auslöst. Häufig sind Hundebesitzer ungeduldig und glauben nach kurzem Üben, der Hund wisse schon in jeder Situation, was das Wort KOMM bedeutet. Das Kommando wird dann oft in dem Moment gerufen, in dem der Hund von seinem Besitzer wegläuft. Auch das Weglaufen von seinem Besitzer verknüpft der Hund dann aber mit dem Wort KOMM – beides geschieht ja gleichzeitig. Wenn so etwas häufiger passiert, verliert das Wort KOMM für den Hund immer mehr die Bedeutung »Hinlaufen zum Besitzer«. Und in ganz extremen Fällen bekommt es dafür die Bedeutung »Weglaufen vom Besitzer«. Man sollte beim Auftrainieren eines Signals also immer darauf achten, dass das Signal tatsächlich eng mit dem gewünschten Verhalten verknüpft wird. Bei der Wortwahl eines Signals ist es deshalb auch wichtig, darauf zu achten, kein Wort auszuwählen, das häufig »nebenbei« benutzt wird (»komm, stell Dich nicht so an« oder »komm, hör damit auf«). Sinnvoller wäre es zum Beispiel dann, statt des Wortes KOMM das Wort HIER als Rückruf-Signal zu verwenden.

▶ Unbewusste Kommunikation beim Training

Beim Training konzentrieren wir uns oft sehr stark auf den Hund und sein Verhalten – befolgt er ein Kommando oder tut er es nicht. Dabei vergessen Menschen oft, dass sie durch ihr eigenes Verhalten, besonders die Körpersprache, ständig mit dem Hund kommunizieren und dass es durch diese unbewusste Kommunikation zu Missverständnissen kommen kann. Ein schönes Beispiel ist folgendes Ereignis während eines Hundekurses: Die Hunde und ihre Besitzer üben auf einer Wiese den Rückruf. Die Hunde sitzen in einiger Entfernung von ihren Besitzern und damit sie nicht weglaufen können (das Signal soll ja erst gelernt werden), sind sie an einer langen Leine. Wenn ein Besitzer seinen Hund ruft, wickelt er gleichzeitig die Leine dabei auf, damit der Hund sich nicht darin verfängt. Nach einiger Zeit wird ohne Leine geübt und alle Hunde kommen auf den Rückruf – bis auf einen. Dieser Hund guckt abwartend zu seinem Besitzer, setzt sich aber nicht in Bewegung. Erst als der Besitzer so tut, als würde er mit den Händen etwas aufwickeln, kommt der Hund angelaufen. Der Hund hat den Rückruf prima gelernt, hat aber nicht das verbale Signal KOMM, sondern das Signal, das sein Besitzer mit den Händen gibt, mit dem »Hinlaufen zum Besitzer« verknüpft. In diesem Fall musste das gesprochene Signal KOMM durch Üben für den Hund deutlicher auftrainiert werden und das unbewusst auftrainierte Handsignal »Wickeln« langsam abgebaut werden.

BESCHWICHTIGUNG ▶ Der Rückruf ist auch ein schönes Beispiel für ein anderes Problem, das durch unbewusste Kommunikation (des Menschen) hervorgerufen werden kann: Ein Hundebesitzer ruft seinen Hund und der gehorcht nicht. Also ruft der Besitzer noch einmal, diesmal lauter und geht vielleicht auch ein Stück vor oder beugt sich vor. Der Hund guckt, kommt aber nicht ganz zu seinem Besitzer heran. Unter Umständen läuft er um seinen Besitzer herum und zeigt Ansätze von Spielverhalten. Meist denkt der Besitzer nun, sein Hund führe ihn an der Nase herum. Aus »Hundesicht« könnte es dafür eine Erklärung geben, die in dem Verhalten des Besitzers liegt. Vielleicht ist der Hund beim ersten Rufen nicht gekommen, weil er sehr abgelenkt war und der Rückruf in dieser Situation noch nicht ausreichend geübt wurde. Wenn der Hund dann auf das zweite laute Rufen zumindest mit Umgucken reagiert, sieht er seinen Besitzer, der ihm mit seiner Körpersprache bedrohlich erscheint. Dadurch ist der Hund verunsichert und entscheidet, dass es im Moment nicht angeraten ist, sich weiter anzunähern. Das gezeigte Spielverhalten in diesem Zusammenhang gehört zu den Verhaltensweisen der Beschwichtigung (Umlenkung aggressiven Verhaltens, siehe S. 194). Es hat nichts damit zu tun, dass der Hund seinem Besitzer auf der Nase herumtanzt, es soll nur dessen vermeintlich aggressives Verhalten beschwichtigen.

Sich derart über einen Hund beugen kann wie eine Bedrohung wirken.

Der Hund reagiert auf die erhobene Hand und das Wiederholen des bereits befolgten »Platz«-Kommandos mit Unsicherheit.

Ausüben von Druck und Bestrafung beim Training

Wenn man während des Trainings unbewusst oder bewusst Druck auf den Hund ausübt, kann ihn das verunsichern und zu Stress führen. Bei Stress laufen im Gehirn verschiedene Vorgänge ab, die den eigentlichen Lernvorgang behindern oder sogar ganz verhindern können.

Ohne Stress lernt es sich besser.

▶ Druck durch unbewusste Kommunikation

Ein Beispiel dafür, wie Menschen durch unbewusste Kommunikation Druck auf ihren Hund ausüben können, haben wir am Beispiel Rückruf bereits besprochen. Auch in anderen Trainingssituationen könnte sich ein Hund durch die unbewusste Körpersprache seines Besitzers »unter Druck gesetzt« und verunsichert fühlen. Daher sollte man beim Training darauf achten, wie sich der Hund verhält, wenn man ihm beispielsweise direkt in die Augen schaut, sich nach vorne beugt oder die Hand hebt. Reagiert ein Hund dann unsicher, ist es sinnvoll, die eigene Körperhaltung zu verändern, sich z. B. beim Üben des Rückrufes zunächst Hinzuhocken und sich dann langsam »Hocharbeiten«.

▶ Druck durch bewusste Kommunikation (Bestrafung)

Strafen haben in der Erziehung eines Hundes eine Rolle gespielt, seitdem der Mensch sich Hunde als Haustiere hält. Warum das so ist und ob das so sein muss, ist ein Thema, über das man ein

eigenes Buch schreiben könnte. An dieser Stelle sei nur darauf hingewiesen, dass Strafmaßnahmen vom Hund sehr häufig als eine aggressive Reaktion aufgefasst werden. Vielfach ist es gerade in Trainingssituationen für Hunde nicht verständlich, warum der Mensch nun aggressiv reagiert – und dies führt wieder zu Verunsicherung und Stress und erschwert so das Lernen (oder verhindert es sogar).

Training bedeutet Sozialkontakt – und Hunde geben sich im sozialen Miteinander keine Kommandos wie »Setz dich hin« oder »Komm zu mir«. Hunde signalisieren sich aber in entsprechenden Situationen gegenseitig »Lass mich in Ruhe«, »Geh weg (dies ist mein Knochen, etc.)« oder »Du darfst zu mir kommen«.

Training sollte also immer so aufgebaut werden, dass der Hund das Verhalten seines Menschen auch in diesen sozialen Kontext einordnen kann und versteht, was der andere jetzt in dieser Situation von ihm will. So leidet weder das Vertrauensverhältnis noch die Kommunikation zwischen Mensch und Hund.

Rangordnung und Gehorsam

Häufig reagieren Besitzer ungehalten, wenn ein Hund nicht gehorcht. Wir haben schon besprochen, dass es dafür verschiedene Gründe geben kann: Der Hund hat die Bedeutung des Signals noch nicht verstanden (gelernt), das Signal wurde in der entsprechenden Situation noch nicht ausreichend geübt oder die Ablenkung war einfach zu groß. Oder der Besitzer drückt sich auf der sozialen Ebene missverständlich aus und der Hund ist verunsichert.

▶ Ungehorsam

Dieser wird heute noch von vielen Hundebesitzern und einigen Trainern als ein »Rangordnungsproblem« angesehen und es wird dann geraten, dass der »dominante« Hund mal deutlich in seine Schranken verwiesen und für seinen Ungehorsam bestraft werden muss. Oft wird der Hund dazu im Nacken gepackt und geschüttelt (»Nackenschütteln«) oder auf die Seite geworfen (»Alpha-Rolle«). Hier liegen zwei Missverständnisse vor.

Nähert sich der Mensch weiter an, zeigt der Hund Verhaltenselemente aus dem Bereich der passiven Demut: Schnauzenlecken, Wegschauen. Verstärkt sich der Druck durch die bedrohlich erscheinende Körperhaltung des Menschen, weicht der Hund zurück.

Druck durch bewusste Kommunikation
Oben und rechts: »Platz«-Übung mit Druck –
die Körpersprache des Menschen und der Zug
am Halsband verunsichern den Hund deutlich
und führt zu Stress.

Unten: »Platz«-Übung ohne Druck – ein entspannter
Hund lernt besser.

ZUSAMMENHANG ZWISCHEN UN-GEHORSAM UND RANGORDNUNG?

▶ Es ist ein Missverständnis anzunehmen, dass zwischen Ungehorsam und Rangordnung ein direkter Zusammenhang besteht.

Ein Hund, der ein bestimmtes Kommando nicht befolgt, tut das aus verschiedensten Gründen, aber in den aller seltensten Fällen, weil er ranghöher als sein Besitzer ist. Folglich ist »Unterwerfen« auch nicht die Lösung für das Problem. Vielmehr wäre es sinnvoll, sich die Situation, in der der Hund nicht gehorcht, einmal genau anzuschauen (unter Umständen auch von einem Außenstehenden) und zu überlegen, wo das Problem liegen könnte. Hat der Hund das Signal wirklich verstanden, hat er z. B. tatsächlich das Wort SITZ mit der Bewegung »Hinsetzen« verknüpft? Wurde das Kommando in dieser Situation, z. B. unter dieser speziellen Ablenkung, schon ausreichend geübt? Sendet der Besitzer vielleicht unbewusst missverständliche Signale aus (z. B. Wort SITZ und gleichzeitig ein Handzeichen, was für den Hund PLATZ bedeutet)? Drückt die Körpersprache des Besitzers Ärger aus und der Hund befolgt den Rückruf nicht, weil er in diesem Moment ängstlich auf seinen Besitzer reagiert?

Die Rangordnung spielt bei der Erziehung nur insofern eine Rolle, als dass ein rangniederer Hund gegenüber seinem ranghöheren Besitzer aufmerksamer ist. Er »schätzt« die Belohnung (Streicheln, Leckerli, etc.) mehr, als ein ranghöherer Hund, der über diese Ressourcen sowieso frei verfügen kann. Und je höher die Bedeutung einer Belohnung ist und den Hund motiviert etwas zu tun, desto besser kann man sie beim Training einsetzen und Übungserfolge erzielen.

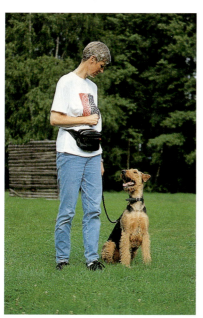

Die Aufmerksamkeit des (ranghöheren) Besitzers ist für den (rangniedrigeren) Hund eine wichtige Belohnung bei der Erziehung.

So könnte der Beginn einer »Alpha-Rolle« aussehen. Der Hund versucht schon bei der bedrohlichen Annäherung des Menschen auszuweichen – eine Situation, die auch beim Einfangen oder Anleinen auftreten kann.

NACKENFELLSCHÜTTELN UND ALPHA-ROLLE ▶ Ein weiteres Missverständnis liegt in der Annahme, dass Nackenfellschütteln oder die Alpha-Rolle bei der Etablierung einer Rangbeziehungen zwischen zwei Individuen überhaupt eine Rolle spielen. Beide Verhaltensweisen werden unter Hunden, aber in anderen Zusammenhängen, gezeigt.

Beispielsweise kann es beim Spielen zweier Hunde durchaus vorkommen, dass ein Hund einen anderen im Halsbereich im Fell packt und daran zieht. Es ist auch möglich, dass der auf diese Weise Festgehaltene sich dann auf die Seite wirft. Er tut dies aber freiwillig, denn auch aus dieser Position kann das Spiel weitergehen! Mit direkter Rangeinweisung hat dieses Verhalten zunächst wenig zu tun! Natürlich werden über Spielsequenzen auch Rangverhältnisse unter Hunden geklärt – aber hier kommt es wieder, wie schon erwähnt, auf die Gesamtheit vieler einzelner Situationen an.

Hunde zeigen in einem weiteren Zusammenhang Nackenfellschütteln und tatsächliches Umwerfen, nämlich im Rahmen agonistischen Verhaltens beim Ernstkampf. Wenn ein Hundebesitzer seinen Hund also packt, auf die Seite wirft und runterdrückt, vermittelt er seinem Hund, dass es in dieser Situation um Leben oder Tod geht und ein Beenden des Konfliktes nur noch durch Losreißen und Flucht oder durch Gegenwehr und eventuell den Tod des Gegners möglich sein kann. Ein Hund, der sich in dieser Situation wehrt und vielleicht auch beißt, ist nicht »dominant«, sondern verteidigt sein Leben. Viele Hunde lassen eine solche Behandlung durch ihren Besitzern dabei eher über sich ergehen und »ergeben sich ihrem Schicksal«. Mit einer Unterwerfung im Sinne der passiven Demut hat das nichts zu tun, denn die zeigt ein Hund als Reaktion auf ein Gegenüber von sich aus, das heißt, er wird nicht umgeworfen, sondern legt sich freiwillig hin (siehe »Passive Demut«, S. 195).

Zeigt ein Hund »passive Demut«, legt er sich auf die Seite. Er wird nicht umgeworfen.

Verhaltensprobleme erkennen

▸ **Angst und Aggression**

Auf einige für den Menschen »problematische« Verhaltensweisen von Hunden (Anspringen bei der Begrüßung, Besitzer nicht auf das Sofa lassen, Nicht-Gehorchen, Jagen, etc.) wurde in den vorigen Kapiteln schon eingegangen. Dass es sich bei diesen Verhaltensweisen weitgehend um Normalverhalten von Hunden handelt wurde ebenfalls besprochen.

Ein weiterer Problemkomplex in dem Zusammenleben von Hund und Mensch ist das Zeigen von Angst und aggressivem Verhalten. Beides hängt eng miteinander zusammen.

Auf S. 158 wurde schon erwähnt, dass es verschiedene Strategien gibt, mit denen ein Tier bei Stress oder Angst reagieren kann (Modell der »4 F's«). Ein Tier kann in entsprechend bedrohlichen Situationen fliehen, erstarren, angreifen oder versuchen zu kommunizieren.

Für welche »Strategie« sich ein bestimmtes Tier entscheidet, hängt immer von verschiedenen Umständen ab: von der jeweiligen Situation, eventuellen Erfahrungen in ähnlichen Situationen, der Reaktion des Gegenübers, etc. Und es ist zu jeder Zeit möglich, dass ein Tier von einem Verhalten (z. B. Flucht) zu einem anderen Verhalten (z. B. Angriff) wechselt, wenn es der Auffassung ist, dass das zuerst gezeigte Verhalten keinen Erfolg bringt. Wenn ein Hund Angst vor einem Menschen hat und nicht davonlaufen kann, wie er es in dieser Situation für notwendig hält (z. B. weil er an der Leine ist), wird er eventuell entscheiden, den Abstand zum Menschen auf andere Art zu vergrößern: er wird dann aggressives Verhalten, zum Beispiel in Form von Drohverhalten, zeigen, um den ihn ängstigenden Menschen auf Abstand zu halten.

Stress oder Angst sind daher häufige Ursachen für das Zeigen aggressiver Verhaltensweisen.

▶ Warum reagiert ein Hund ängstlich?

Angst ist ein negativer Gefühlszustand, der in scheinbar oder tatsächlich bedrohlichen Situationen eintritt. Angstverhalten gehört zum normalen Verhaltensrepertoire. Aber manche Hunde reagieren ängstlicher auf Menschen bzw. auf bestimmte Menschen als andere Hunde.

Ein »Umwelt«-sicherer Hund.

In der Sozialisationsphase werden dafür schon die Wege gebahnt. In dieser Phase »eicht« der Hund ein Referenzsystem für sein ganzes späteres Leben. Alles, was er in dieser Zeit kennen lernt, wird als zumeist ungefährlich, Artgenosse oder befreundete Spezies abgespeichert. Ein Hund, der keine oder nur wenig Stimulation in seiner Welpenzeit hatte und vielleicht auch schon mit einem eher ängstlichen Grundcharakter auf die Welt gekommen ist, kann unter Umständen Situationen als bedrohlich empfinden, die eigentlich »alltäglich« sein sollten. Um ein normales, artgerechtes Sozialverhalten zu entwickeln, benötigt der Welpe in der Sozialisationsphase entsprechende Umweltsignale. Dazu gehören neben den Dingen des alltäglichen Lebens (verschiedene Großstadtgeräusche und -gerüche, unterschiedliche Hunde, etc.) auch das Kennenlernen unterschiedlicher »Menschen-Typen«: z. B. Männer, Frauen und Kinder, alte und gebrechliche Menschen, Menschen mit unterschiedlicher Hautfarbe.

▶ Wichtig

Es kommt bei der Sozialisation mehr darauf an, dass Kontakte zu anderen Menschen oder Hunden möglich sind – erst sekundär ist die Qualität der Kontakte wichtig. Bei Hunden, die Angst vor einem bestimmten Typus Mensch haben, vermuten viele Besitzer, dass ein Mensch dieses Typus den Hund früher einmal geschlagen oder anderweitig geärgert/gequält haben muss. Dies ist fast nie so. Eher ist es so gelaufen, dass der Hund diesen Typus Mensch in seiner Sozialisationsphase nicht kennen lernen konnte und darum als älterer Hund Angst davor hat.

ÄNGSTLICHES VERHALTEN ▶ Dies kann vom Besitzer verstärkt werden. Als Verstärkung (Belohnung) empfindet ein Hund beispielsweise »beruhigende Worte« in einer Krisensituation. Der Hund versteht den Inhalt ja nicht. Wenn ein Hund beim Tierarzt sehr ängstlich ist und sein Besitzer ihm mit tröstenden Worten gut zuredet und ihn zur »Ablenkung« auch noch streichelt, lernt der Hund zwei Dinge: Erstens findet Frauchen (oder Herrchen) es gut, wenn ich vor Angst zittere, denn sie lobt und streichelt mich dafür und zweitens reagiert auch Frauchen in dieser Situation anders als sonst, also muss an der komischen Sache etwas dran sein und es ist richtig, dass ich mich so aufrege. Man will dem Hund also eine bestimmte Sache beibringen (»Du brauchst keine Angst zu haben«) – und der Hund lernt durch das belohnende Verhalten des Besitzers (»Du bekommst Aufmerksamkeit, wenn Du Angst hast«) genau das Gegenteil. Ein echtes Kommunikationsproblem!

und mangels anderer Möglichkeiten weiter erhöht. Das eben Gesagte soll natürlich keine Anleitung dafür sein, die Hand nicht zurückzuziehen, in der Ernstfallsituation soll jeder Schaden vermieden werden. Man sollte nur dann aus dem Verhalten des Hundes die richtigen Schlüsse ziehen und den Angstabbau trainieren.

Um aus diesem Teufelskreis wieder

Dieser Hund guckt angespannt in Richtung Skateboardfahrer und folgt dann unsicher seiner Besitzerin – ohne Leine würde er wahrscheinlich ausweichen.

Weil »Angst haben« belohnt wurde, ist es sogar möglich, dass der Hund beim nächsten Tierarztbesuch noch schneller und deutlicher ängstlich reagiert. Der Hund reagiert dabei nicht bewusst, er »schauspielert« nicht, sondern empfindet tatsächlich Angst. Man kann den Faden sogar noch weiterspinnen. Denken wir wieder an die »4 F's«: eine mögliche Reaktion bei Angst ist aggressives Verhalten (den Tierarzt anknurren oder nach ihm schnappen). Der Tierarzt zieht wahrscheinlich die Hand schnell zurück – und wieder wird das Verhalten des Hundes belohnt – diesmal zusätzlich zur Angst auch noch das Knurren oder Schnappen. Nun muss der Hund bei der Behandlung stärker festgehalten werden; er empfindet noch mehr Angst und seine Bereitschaft, aggressives Verhalten zu zeigen, wird aufgrund bisheriger Lern(erfahrungen)

herauszukommen, ist ein entsprechendes Verhaltenstraining nötig, bei dem der Hund und vor allem der Besitzer lernen muss, dass nicht Angst oder aggressives Verhalten belohnt wird, sondern nur entspanntes Verhalten. Natürlich ist es viel sinnvoller und vor allem angenehmer für den Hund, wenn er von Anfang an lernt, dass ein Tierarztbesuch auch seine guten Seiten hat. Man kann schon mit einem Welpen üben, dass es für Entspannung und Stillhalten eine Belohnung gibt. Und der Hund kann lernen, dass nicht jeder Tierarztbesuch unangenehm ist – manchmal gibt es auf dem Behandlungstisch nur ein Leckerli und dann darf man wieder gehen! Wenn es wirklich einmal unangenehm beim Tierarzt ist, sollte man sich als Besitzer möglichst neutral verhalten, um die Situation nicht emotional »aufzuladen«.

Der Hund reagiert auf den fremden Menschen unsicher. Je näher der Mensch kommt und (für den Hund) bedrohlich erscheinende Signale aussendet, desto unsicherer reagiert der Hund und weicht zurück. Dabei zeigt er viele Elemente aus dem Bereich »Passive Demut«: Ohren leicht zurückgelegt, Schnauzenlecken, Vorderkörper niedrig gestellt, Gewicht auf die hintere Körperhälfte gelegt, Hinterläufe leicht eingeknickt.

▸ Individualdistanz

Ein weiteres Beispiel soll noch einmal verdeutlichen, wie eng Angst und aggressives Verhalten zusammenhängen.

In einer als bedrohlich empfundenen Situation kann aggressives Verhalten (Drohverhalten, z. B. Bellen, Knurren) dazu dienen, die Bedrohung auf Abstand zu halten. Wird der Abstand trotzdem aktiv durch den »Bedrohenden« verringert, kann Angriffsverhalten gezeigt werden. Ein alltägliches Beispiel hierfür könnte ein Hund sein, der angebunden vor einem Geschäft steht und (nach Meinung vorbeikommender Menschen) recht unglücklich dreinschaut. Vielleicht ist der Hund auch wirklich »unglücklich« – sein Besitzer hat ihn allein gelassen und das ängstigt den Hund, weil er es nicht gewöhnt ist, und der Verkehrslärm und die Passanten beunruhigen ihn zusätzlich. Ein Mensch, der jetzt stehen bleibt und den Hund durch Ansprechen beruhigen will, erreicht in dieser Situation meist das Gegenteil. Der Hund fühlt sich bedroht und weicht zurück. Der Passant geht einen Schritt näher und beugt sich vor. Nun bellt der Hund und vielleicht knurrt er auch. Der Hund möchte damit erreichen, dass der Mensch den Abstand beibehält oder sogar vergrößert. Häufig beugt sich der »freundliche« Mensch jetzt noch vor und streckt dem Hund die Hand entgegen, um seine »guten Absichten« stärker zu verdeutlichen. Für den Hund bedeutet das, dass er mit seinem bisherigen Verhalten nichts erreicht hat, er muss also deutlicher werden – und er schnappt nach der Hand. Der Mensch, dem die Hand gehört, ist entrüstet: Der böse Hund, dabei wollte man ihn doch nur trösten! Das sind zwei völlig verschiedene Ansichten derselben Situation.

▶ Lernen am Erfolg

Häufig lernt ein unsicherer oder ängstlicher Hund, dass er eine bedrohliche Situation beenden kann, wenn er seine Angst mit einem offensiven Display überspielt. Er lernt, dass man ihm aus dem Wege geht, wenn er aggressives Verhalten zeigt. Auch das lässt sich auf die Situation des angebundenen Hundes vor dem Geschäft übertragen: Macht der Hund häufig die Erfahrung, dass Menschen nicht auf sein Zurückweichen reagieren und sich weiter annähern, reagiert er von vorneherein mit deutlichem Drohverhalten (Bellen oder Knurren) gegenüber vorübergehenden Menschen. Macht er nun wiederum häufig die Erfahrung, dass sich Menschen trotz seines Drohens weiter annähern, sich aber sehr schnell und ganz unvermittelt zu aggressivem Verhalten (z. B. Schnappen) kommen. Durch die Bestrafung lernt der Hund, dass das Zeigen von Drohverhalten nicht erwünscht ist, aber das ändert nichts an seinem emotionalen Zustand der Angst. In unserem Beispiel würde der Passant denken, dass der Hund »einfach so« in die ausgestreckte Hand gebissen hätte.

ERSTE ANZEICHEN ERKENNEN ▶

In vielen Fällen übersehen Menschen die dezenten Anzeichen im Ausdrucksverhalten des Hundes oder können sie nicht richtig deuten. Ein Hund kann mit dem Menschen nur im Rahmen seiner genetisch festgelegten und später erlernten Möglichkeiten kommunizieren – und er geht davon aus, dass wir Menschen »seine« Sprache verstehen.

zügig entfernen, wenn er schnappt, wird er immer weniger drohen, sondern immer eher bereit sein, zu schnappen. Lernen am Erfolg findet statt und der Hund ist immer schneller dazu bereit, das für ihn »erfolgreiche Verhalten« zu zeigen. Auch, wenn das Zeigen von Drohverhalten, das ja eine Warnung darstellt, durch Eingreifen (der Besitzer kommt aus dem Geschäft und bestraft seinen Hund für das Bellen und Knurren) unterbunden wird, kann es beim nächsten Mal scheinbar

Der Hund reagiert auf die knieende Person etwas weniger unsicher, aber die ausgestreckte Hand wirkt trotz Leckerli bedrohlich auf ihn.
Der Mensch nimmt die Hand zurück, guckt den Hund aber noch direkt an: Der Hund entspannt sich jetzt etwas. Das Körpergewicht wird mehr auf die vordere Körperhälfte verlagert und die Mimik ändert sich.
Wendet der Mensch den Blick ab, traut sich der Hund näher und nimmt sogar ein Leckerli aus der Hand.

Derselbe Hund reagiert in der gleichen Situation auf einen ihm bekannten Menschen mit aktiver Demut.

In dem Abschnitt »Kommunikation unter Hunden« wurde bereits ausführlich das Ausdrucksverhalten des Hundes beschrieben, und auf die Anzeichen von Unsicherheit und Angst in der Körpersprache eingegangen.

Im Kasten »Verhalten Mensch – Hund« werden noch einmal Verhaltensweisen von Menschen (oder auch von einem anderen Hund) aufgezählt, die von Hunden als bedrohlich empfunden werden können.

Verhalten Mensch – Hund

Menschenverhalten	Hundeverhalten
Dem Hund direkt in die Augen sehen	Direkter Blickkontakt = Drohfixieren
Von vorne über den Hund beugen, Hand dem Hund (Kopf) entgegenstrecken	Frontale Annäherung, Einschränken der Bewegungsfreiheit
Dem Hund auf den Oberkopf fassen	Kopf- oder Pfotenauflegen
Dem Hund auf den Rücken fassen	Kopf- oder Pfotenauflegen
Dem Hund in den Flankenbereich fassen	Aufreiten

Ein Wort zum Schluss

In dem ersten Kapitel dieses Buches wurden die theoretischen Grundlagen der Kommunikation besprochen. Es wurde erläutert, dass zur Kommunikation ein Sender, ein Signal und ein Empfänger gehören. Und dass Kommunikation eigentlich immer stattfindet, bewusst oder unbewusst – solange ein Lebewesen am Leben ist, kann es Signale aussenden und/oder empfangen.

Im zweiten Teil dieses Buches wurde auf eine Form der Kommunikation eingegangen, bei der das Aussenden und Empfangen optischer Signale den Schwerpunkt bildet: das Ausdrucksverhalten. Es wurde besprochen in welchem sozialen Kontext Hunde untereinander welches Verhalten zeigen und auf die Feinheiten der hundlichen Ausdrucksweise hingewiesen.

Im letzten Teil wurde das Zusammenleben von Hunden mit Menschen näher betrachtet. Es wurde versucht an verschiedenen Beispielen zu erklären, warum es manchmal bei der Kommunikation zwischen Hunden und Menschen Missverständnisse geben kann und wie man diese vermeidet.

Seit Jahrtausenden begleiten Hunde den Menschen. Meist wurden Hunde zu einem bestimmten Zweck gehalten; zur Jagd, als Wachhund oder zum Hüten einer Herde. Erst in den letzten 100 Jahren wurden Hunde vermehrt zur Gesellschaft des Menschen gehalten, als Begleiter und Familienmitglieder. Über fast die gleiche Zeit beschäftigt man sich mit der Erziehung von Hunden. Bestimmte (erwünschte) Verhaltensweisen sollen gezeigt werden, andere (unerwünschte) Verhaltensweisen sollen unterbleiben.

Der Familienhund soll sich auf Kommando Setzen, Zurückkommen oder auf seinen Platz gehen; er soll aber nicht jagen oder den Besuch verscheuchen – auch wenn dieses Verhalten im Rahmen ganz normalen Hundeverhaltens gezeigt wird.

Bevor man durch Grundlagenforschung zu Erkenntnissen über Kommunikation, Lerntheorie, Sozialverhalten von Wölfen etc. gelangte, war die Erziehung von Hunden überwiegend durch Anwendung von Strafe geprägt: Unerwünschtes Verhalten wie Ungehorsam oder bestimmte »Unarten« wurden bestraft. Heute weiß man, dass viele Probleme mit Hunden durch den richtigen Umgang gar nicht erst entstehen – und dass der Einsatz von Strafe bei der Erziehung eine Methode ist, zu der es viele Alternativen gibt, die das Vertrauensverhältnis zwischen Mensch und Hund weit weniger belasten

Wir hoffen, in diesem Buch einige Missverständnisse in der Kommunikation zwischen Menschen und Hunden ausgeräumt und durch ein besseres Verständnis für den Partner »Hund« die Grundlage für ein harmonisches Zusammenleben geschaffen zu haben.

▸ Danksagung

Wir haben in unserem Buch sehr viele Fotos veröffentlicht, die während der Kurse in unserer Hundeschule gemacht wurden. Einige Fotos wurden zur Demonstration verschiedener Zusammenhänge gestellt und entsprechen somit natürlich nicht dem üblichen »Umgangston« zwischen dem entsprechendem Hund und seinem Besitzer. Wir möchten an dieser Stelle allen geduldigen Zweibeinern und Vierbeinern für die Mitarbeit an diesem Buch danken. Natürlich danken wir in diesem Sinne auch der Fotografin Josephine Sydow und unserer Lektorin.

Service

234 ▸ Lexikon
236 ▸ Zum Weiterlesen
236 ▸ Quellen
237 ▸ Nützliche Adressen
237 ▸ Register
240 ▸ Impressum

Lexikon

AGONISTIK: Alle Verhaltensweisen, die geeignet sind, eine räumlich-zeitliche Distanz zu einem Gegner herzustellen. Dazu gehören defensive Verhaltensweisen (Drohen) und offensive Verhaltensweisen (Attacke).

AGGRESSION: hier im Sinne von gehemmter und ungehemmter Attacke gemeint.

BIOLOGISCHE FFITNESS: Ausmaß, wie weit ein Lebewesen die eigenen Gene zum Genpool der nächsten Generation beisteuert.

DEESKALATION: Konfliktbereinigung ohne offensive Elemente. Auf Schadenminimierung bei beiden Seiten ausgerichtet.

DEPRIVATION: Mangel; z. B. Mangel an wichtigen Stimuli und Einflüssen während der Welpenentwicklung.

DISTRESSGERÄUSCHE: Sie zeigen an, dass sich ein Lebewesen unwohl fühlt, Angst oder generell Stress empfindet.

DOMESTIKATION: Haustierwerdung

DYADE: Zwei Lebewesen interagieren miteinander.

ERBGUT: Information, wie sich ein Lebewesen entwickeln soll; wird von den Elterntieren weitergeben an den Nachwuchs; liegt in Form von Genen vor.

ERNSTKAMPF: Kampf auf Leben und Tod.

ETHOLOGIE: Vergleichende Verhaltensforschung bzw. heute Verhaltensforschung schlechthin.

EVOLUTION: Entwicklung der Tier- und Pflanzenarten seit Entstehung biologischer Lebensformen.

FÄHE: weiblicher Wolf

GENETISCHE PRÄDISPOSITION: Veranlagung zu einer bestimmten anatomischen und physiologischen Entwicklung aufgrund der Erbinformation.

GESCHLECHTSREIFE: Ab Erreichen der G. kann sich ein Lebewesen fortpflanzen.

HABITUATION: Gewöhnung

HIERARCHIE: Rangordnung im weitesten Sinne, Struktur einer Gruppe.

HOMÖOSTASE: Gleichgewicht

HORMONE: Botenstoffe im Körper, um Verhaltensänderungen zu erreichen. Werden zumeist mit dem Blut transportiert.

IMPONIEREN: »Angeben« im weitesten Sinne. Zeigen wer man ist und was man hat. Kann Bluff beinhalten.

INFANTIZID: Kindstötung

INSTINKT: Alter Begriff für eng genetisch fixierte Verhaltensweisen, wird heute nicht mehr benutzt.

KERNTERRITORIUM: Bereich den ein

Lebewesen mindestens zur Bedarfsdeckung braucht.
- **KOMMUNIKATION:** Nachrichtenaustausch: es findet eine Verständigung zwischen biologischen oder technischen Systemen statt.
- **KONDITIONIERUNG:** Festigung von etwas Erlerntem durch sehr häufiges Wiederholen im kurzen Zeitabstand.
- **KONSOLIDIERUNGSPHASE:** Phase des Trainings; hier Einschleifen von Handlungsmustern und Bewegungsabläufen.
- **KONVENTION:** Gebrauch bestimmter Dinge bzw. zeigen von bestimmten Verhaltensmustern aufgrund häufig stillschweigender Übereinkünfte.
- **LONELINESS CRY:** Verlassenheitssignal; Ruf nach den Rudelkumpanen.
- **MODULATION:** Verändern, beeinflussen; auch im Sinne von gegenseitigem Zusammenspiel.
- **MOTIVATION:** Zustand der inneren Bereitschaft zu bestimmten Handlungen.
- **NATURE VS. NURTURE:** Englische Phrase für den Streit, welche Elemente im Verhalten eines Lebewesens angeboren und welche erlernt sind.
- **OBLIGAT SOZIALE LEBEWESEN:** Das soziale Miteinander mit Lebewesen der eigenen Art ist zum Überleben unbedingt nötig.
- **ÖKOSYSTEM:** Natürliche Einheit aus Organismen und unbelebter Umwelt, die durch ihre Wechselwirkung ein gleichbleibendes System bilden.
- **OPPORTUN:** Angebracht, geeignet
- **RESSOURCEN:** Lebens- bzw. überlebenswichtige Dinge wie Futter, Wasser oder Territorium.
- **REZEPTOREN:** Chemische Verbindungen auf Zelloberflächen, auf denen bestimmte Botenstoffe speziell andocken können.
- **RITUAL:** Verhalten nach festen Formen oder Ordnungen in bestimmten Situationen.
- **RÜDE:** Männlicher Hund oder Wolf
- **RUDEL:** Gruppe von Hunden oder Wölfen, die in einem Sozialverband leben.
- **SEMIOSPHÄRE:** Welt der uns umgebenden Signale.
- **SIGNAL:** Träger von Informationen (analoge Begriffe: Stimulus, Reiz)
- **SINNESORGAN:** Organ, welches Signale aufnimmt und sie dadurch dem Gehirn zugänglich macht.
- **SITUATIONSADÄQUAT:** angepaßt an eine bestimmte Situation.
- **SOZIAL EXPANSIVES VERHALTEN:** Verhalten, welches gezeigt wird, wenn das Tier innerhalb der sozialen Gruppe eine höhere Rangstellung erreichen will.
- **SOZIALE REIFE:** Ab jetzt gilt das Tier als sozial erwachsen.
- **SOZIALISATIONSPHASE:** Hier lernt das Tier die Spielregeln und die Kommunikation innerhalb seiner sozialen Gruppe. Es gewöhnt sich an die generelle Umgebung, in der es später leben soll/wird.
- **STRESS:** Belastungszustand für den Körper, der durch innere oder äußere Stressoren ausgelöst wurde.
- **STRESSOR:** bestimmter Faktor/Signal, welches das innere Gleichgewicht des Organismus stört und dadurch eine interne Belastung oder Schädigung auslöst.
- **SUBMISSION:** Unterordnung, Demut

▶ **Zum Weiterlesen**

... finden Sie hier eine Auswahl an Hunde-Ratgebern aus dem Kosmos-Verlag.

Abrantes, Roger: Hundeverhalten von A-Z.
Bloch, Günther: Der Wolf im Hundepelz.
Bloch, Günther: Die Pizza-Hunde. Freilandstudien an verwilderten Haushunden; Verhaltensvergleich mit Wölfen. Buch und DVD.
Bucksch, Martin: Ernährungsratgeber für Hunde.
Buksch, Dr. med. vet. Martin: Notfallapotheke für Hunde – für unterwegs.
Donaldson, Jean: Hunde sind anders ... Menschen auch – so gelingt die Verständigung zwischen Mensch und Hund.
Feddersen-Petersen, Dr. Dorit: Ausdrucksverhalten beim Hund. Mimik und Körpersprache, Kommunikation und Verständigung.
Feddersen-Petersen, Dr. Dorit: Hundepsychologie. Sozialverhalten und Wesen, Emotionen und Individualität.
Führmann, Petra und Nicole Hoefs: Das Kosmos-Erziehungsprogramm für Hunde.
Führmann, Petra und Nicole Hoefs: Erziehungsspiele für Hunde.
Glanz, Christiane: Der Rüde. Wesen, Haltung, Gesundheit, Erziehung.
Jones, Renate: Welpenschule.
Krämer, EvaMaria: Der große Kosmos-Hundeführer.
Kusch, Carola: Die Hündin. Wesen, Verhalten, Pflege, Gesundheit.
Lübbe, Perdita und Ulrike Thurau: Das Kosmos Buch vom Apportieren.
Pietralla, Martin: Clickertraning für Hunde.
Pryor, Karen: Positiv bestärken, sanft erziehen.
Rütter, Martin und Jeanette Przygoda: Angst bei Hunden.
Rütter, Martin: Hundetraining mit Martin Rütter. Buch und DVD.
Schöning, Barbara und Martin Pietralla: Clicker-Training für Welpen.
Schöning, Barbara, Nadja Steffen und Kerstin Röhrs: Hilfe, mein Hund jagt.
Schöning, Barbara: Hundeprobleme erkennen und lösen.
Schöning, Barbara, Nadja Steffen und Kerstin Röhrs: Hundesprache
Schöning, Dr. Barbara: Hundeverhalten. Verhalten verstehen, Körpersprache deuten.
Theby, Viviane: Das Kosmos-Welpenbuch. Mit Geräusch-CD.
Theby, Viviane: Hundeschule.
Whitehead, Sarah: Das Hundebuch für Kids.
Winkler, Sabine: Hundeerziehung.
Winkler, Sabine: Welpenkindergarten. Prägung, Spiel und Erziehung.
Wright, John C. und Judi Wright Lashnits: Wenn Hunde machen was sie wollen.

▶ **Quellen**

Lindsay, R.S.: Applied dog behaviour and training, Vol. I. Iowa State. University Press, USA 2000.
Niepel, Gabriele: Welpenspielstunde. Müller Rüschlikon, 2001.
Scott, J.P. & J.L.Fuller: Genetics and the social behaviour of the dog. The University of Chicago Press, USA 1965.

▶ **Nützliche Adressen**

Hunde-Akademie
Perdita Lübbe
Goethestraße 27
64347 Griesheim
Tel.: 0 61 55 – 44 34
Fax: 0 61 55 – 66 71 44
info@hundeakademie.de
www.hundeakademie.de

Hundeschule Struppi & Co.
Dr. Barbara Schöning
& Dr. Kerstin Röhrs
Neusurenland 4
22159 Hamburg
Tel.: 0 40 – 60 84 97 91
Fax: 0 40 – 46 77 54 18
info@struppi-co-hundeschule.de
www.struppi-co-hundeschule.de

Tierheim Viernheim
Alte Mannheimer Str. 4
68519 Viernheim
Tel. 0 62 04 - 21 05
Fax 0 62 04 - 60 83 62

kontakt@tierheim-viernheim.de
www.tierheim-viernheim.de

Tierheime in Deutschland
www.tierheim.de

Berufsverband der Hundeerzieher/innen und Verhaltensberater/innen (BHV)
Eichenweg 2
65527 Niedernhausen
Tel.: 0 61 28 - 95 00 80
info@bhv-net.de
www.bhv-net.de

Gesellschaft für Tierverhaltenstherapie e.V. (GTVT)
c/o Dr. Ursula Bonengel
Am Kellerberg 18a
84175 Gerzen
Tel.: 0 87 44 – 17 50
dr_u_bonengel@yahoo.de
www.gtvt.de

Bundestierärztekammer
Oxfordstr. 10
53111 Bonn
Tel.: 0228/72 54 60
Geschaeftsstelle@btk-bonn.de
www.bundestieraerztekammer.de

Verband für das Deutsche Hundewesen e.V. (VDH)
Westfalendamm 174
44141 Dortmund
Tel.: 02 31 - 56 50 00
Info@vdh.de
www.vdh.de

Deutscher Hundesportverband e.V. (dhv)
Gustav-Sybrecht-Straße 42
44536 Lünen
Tel.: 02 31 - 87 80 10
www.dhv-hundesport.de

Österreichischer Kynologenverband (ÖKV)
Siegfried Marcus Straße 7
A-2362 Biedermannsdorf
Tel.: 0 22 36 – 71 06 67
office@oekv.at
www.oekv.at

Schweizerische Kynologische Gesellschaft (SKG)
Postfach 8276
3001 Bern
Tel.: 031 - 306 62 62
skg@skg.ch
www.hundeweb.org

▶ **Register**
Abholen 46
Ablenkung 228
Abwehrdrohen 192
Abwenden 82
Aggression 186, 227
agonistisches Verhalten 186
Ahnentafel 26
aktive Unterwerfung 182, 206
akustische Signale 171, 219
Alleinsein 64
Allogrooming 182
Alphahund 26
Alpha-Rolle 226
andere Tiere 51, 100
angeleint 69
Angriff 158, 192, 186, 230
Angst 163
Angst und Aggression 227
Angstabbau 229
Annäherung, soziale 181
Ansteckungsgefahr 88
Apportieren 91
Arbeitslinien 25
Arterhaltungsmodelle 139
Artgenossen 100
Aufmerksamkeit 132, 159
Aufreiten 199
Auftrainieren eines Signals 134, 220
Augencheck 111

„Aus" 86
Ausdruckselemente 171, 174
Ausdrucksreduktion 172
Ausdrucksverhalten 181
Aussuchen 21
Autofahren 46, 102

Baden 109
Bedrohung, situative 190
Begegnung mit Menschen 98
Begrüßung 206
„Bei" 77
Beißen 163
Beißhemmung 67, 167, 198, 209
Bellen 159
Belohnung 225
Beschwichtigung 194, 221
Bestrafung 222
Betteln 108
Blickkontakt 126, 196
Bodenbeläge 103
Briefträger 98, 159
Bürsten 34, 109

Chorheulen 144

defensive Verhaltensweise 186, 190
Demut, passive 195
Demutsgeste 146
Do's 53
Domestikation 162
Dominanz 161
Dont's 54
Doppelpack 18
Drohen 163, 186, 190
Drohen, Abwehr 192
Drohen, sicheres 173
Drohsignal 145
Drohverhalten 163, 186, 190

Eigenschaften, Hundebesitzer 8
Entwurmung 114
Erbsubstanz 138
Erfahrung 159

Ernährung 105
Ernstkampf 194
Erstarren 158
Erziehung 202, 218
Evolution 137

F's, vier 158
Feinde 150
Fellpflege 109, 182
Fiepen 167
Fight 158
Fitness 139, 143, 160
Flight 158
Flirt 158
Flöhe 114
Flucht 158, 186, 190
Fortpflanzung 140
Freeze 158
Futter 33
Futtersuchspiel 91
Futterumstellung 106
Fütterung 105

Gähnen 199
Gefahrenabwehr 118
gehemmter Angriff 192
Gehorsam 223
Gehorsamsprobleme 123
Gehörsinn 131
Gen, egoistisches 139
Geräusche 168
Geruchskontrolle 181
Geruchssinn 44
Geschlecht 16
Geschmackssinn 44
Gesichtssinn 131
Gesten, ranganmaßende 199, 214
Gesten, rangzeigende 199, 215
Gesten, submissive 188
Gestik 171
Grenzen 119
Grundlagen der Kommunikation 201

Haftpflichtversicherung 32
Halsband 31
Handtücher 35
Heranrufen 73
„Hier" 73, 220
Hierarchien 161
Hindernisse überwinden 97
Hochspringen 206
Hörvermögen 43
Hörzeichen verknüpfen 83
Hundebesitzer, Eigenschaften 8
Hundekauf 166
Hundezüchter 165
Hündin 17

Ignorieren 201
Impfungen 113
Imponieren 161, 183
Individualdistanz 230
Infantizid 139
Informationsaustausch 129

Jogger 98

Katzen 51
Kauf, Vorüberlegungen 8
Kaumaterial 34
Kennel 33
Kinder 40, 214
Kleintiere 52
Knurren 190
„Komm" 220
Kommunikation 142, 158, 168, 201, 220
Kommunikationsmöglichkeiten 142, 168
Kommunikationsprobleme 202
Kommunikationsstrategien 156
Kommunikationssystem 141
Kommunikationstheorie 129
Konfliktentschärfung 159
Konfliktsituationen 163
Kontakt, sozialer 166, 204
Kontaktaufnahme 181
Kontaktliegen 182

Kontaktspiele 209
Kopfauflegen 199
Körbchen 32
Körperkontrolle 111
Körpermerkmale 172
Körperpflege 109
Körpersprache 123, 168
Kosten und Nutzen 141
Kratzen 199

Langzeitgedächtnis 143
Lärm 102
Lecken 205
Leckerchen 108
Leine 32, 69
Leinenführigkeit 77
Lernbiologie 134
Lernen 59
Lernen am Erfolg 231
Lernerfahrungen 159, 160
Lob 56
Luftschnappen 192

Markieren 146, 184
Maulwinkellecken 182
Meideverhalten 150, 186, 190
Menschen, Begegnung 98
Menschenansammlungen 98
Mensch-Hund-Beziehung 116
Mensch-Hund-Verhalten 232
Mimik 171
Missverständnisse 126
Motivationskonflikt 146

Nachbarschaft 24
Nackenfellschütteln 226
Nager 52
Nährstoffbedarf 105
Name 38
Nasenrückenkräuseln 145, 164
„Nein" 86
Not seen 53

obligat sozial 170, 204

offensive Verhaltensweise 186, 187
Ohren 111
optische Signale 171
Outdoor-Beschäftigungen 88

Parasiten 114
passive Demut 195
Pflege 105
Pfote auflegen 185
Pfotenpflege 112
Planung 8
Platz 83
Privilegien 119

Radfahrer 98
ranganmaßende Gesten 199, 214
Rangordnung 161, 181, 211, 216
Rangordnungstreitigkeiten 190
Rangverhältnisse 161, 189
Rassen 15
Regeln 38, 41, 53
Ressourcen 188, 211
Ritualisierung 145
Rivalitäten 190
Rüde 16
Rufzeichen 89
Rutenhaltung 173

Schadensvermeidung 156
Schlafplatz 50
Schmerzrezeptoren 131
Schnappen 163, 231
Schnauzengriff 87, 199
Schnauzenlecken 182
Schönheitslinien 25
Schutzreflexe 138
Schwanzwedeln 148
Sehvermögen 43
Sender-Empfänger-Systeme 129
sicheres Drohen 173
sicheres Verhalten 176
Sicherheit in Haus und Garten 36
Sichtzeichen 89

Signal 130, 131
Signal, akustisches 171, 219
Signal, Auftrainieren 220
Signal, Definition 131
Signale trainieren 218
Signalintensität 144
Signalübertragung 202
Sinnesorgane 131
Sit 80
„Sitz" 80, 219
soziale Annäherung 181
soziale Kommunikation 158
sozialer Umgang 170
soziales Verhalten 156
Sozialisation 176, 189, 228
Sozialisierung 94
Sozialkontakt 166, 204, 212
Sozialpartner 187, 202
Sozialstruktur 161
Sozialverhalten 156
Spaziergänge 69
Spiel, Initiator 197
Spielarten 210
Spielen 90, 196, 209
Spielregeln 125
Spielzeug 34
Stadtgang 99
Stimmungsübertragung 117
Strategien bei Gefahr 159
Streicheln 212
Stress 124, 146
Struktur, soziale 161, 170
Stubenreinheit 60
Submission 161, 197
Süßigkeiten 105

Tadel 56
Tastsinn 44, 131
Täuschungssignale 148
territoriales Verhalten 162
Territorium 124, 160, 187
Tierarzt 50, 112
Tiere, rudelfremde 162
Tierheim 24
Timing 54
Trainingseinheiten 84
Trainingswege 59
Transportbox 33

Treppen steigen 68
Trösten 118
T-Sequenz 185
Tunneltrick 84

Übersprungshandlung 198
unbewusste Kommunikation 220
ungehemmter Angriff 192
Ungehorsam 223
unsicheres Verhalten 176
Unsicherheit 163
Unterwerfung 161, 190
Urlaub 11
Verhaltensentwicklung, Welpen 164
Verhaltensweise, defensive 186, 190
Verhaltensweise, offensive 186, 187
Verteidigung von Ressourcen 212
Verunsicherung 146
Vorüberlegungen 8

Wahl 14
Warten lernen 72
Wasser 109
Wassernapf 33
Wedeln 148
Welpen-Fit 11
Welpenschutz 100
Welpenspielgruppen 95
Welpenzeit 228
Wolfsrudel 141

Zähne 112
Zähne zeigen 145
Zecken 114
Zerrspiele 210
Zerstören 208
Züchter 21, 27

Bildnachweis
Farbfotos von Heike Erdmann/Kosmos (2, S. 209), Thomas Höller/Kosmos (2, S. 15 unten, 159), Reinhard Tierfoto (8, S. 139, 140, 142, 145, 151, 153, 187), Christof Salata/Kosmos (37, S. 4/5, 34, 45, 75, 107, 122, 128, 136, 137, 148, 149, 157, 164, 165, 166, 167, 169, 174 zweites von oben, 180, 200, 204, 205, 208, 216, 217, 220, 221), Kersten Röhrs (2, S. 191), Barbara Schöning (9, S. 182, 189 u, 195 o, 200), Anna Sikora (3, S. 193), Sabine Stuewer/www.stuewer-tierfoto.de (23, S. 1, 8, 11, 12 oben, 15 oben, 22, 27, 28, 32, 40, 41 beide, 43, 49, 66, 67, 68, 82, 86 beide, 90 oben, 102, 120), Viviane Theby/Kosmos (7, S. 23 beide, 25, 26, 58, 97, 110), Karl-Heinz Widmann/Kosmos (4, S. 15 Mitte, 17 beide, 154).
Weitere 98 Bilder im vorderen Buchteil (Seite 6-121) wurden von Sabine Stuewer/Kosmos, weitere 110 Farbfotos im hinteren Buchteil (Seite 122-233) von Josephine Sydow extra für dieses Buch aufgenommen.

Farbzeichnungen Claudia Borchert (3, S. 39, 73, 118) aus dem Comic „Bill – Nein" von Perdita Lübbe-Scheuermann und von Marianne Golte-Bechtle (7, S. 178, 168, 185, 188, 194, 195, 196).

Impressum
Umschlag von eStudio Calamar unter Verwendung eines Farbfotos von Ulrike Schanz (Vorderseite) und Sabine Stuewer/Kosmos (Rückseite).

Mit 307 Farbfotos und 10 Farbzeichnungen.

> Alle Angaben in diesem Buch erfolgen nach bestem Wissen und Gewissen. Sorgfalt bei der Umsetzung ist indes dennoch geboten. Der Verlag und die Autorinnen übernehmen keinerlei Haftung für Personen-, Sach- oder Vermögensschäden, die aus der Anwendung der vorgestellten Materialien und Methoden entstehen könnten.

Unser gesamtes lieferbares Programm und viele weitere Informationen zu unseren Büchern, Spielen, Experimentierkästen, DVDs, Autoren und Aktivitäten finden Sie unter **www.kosmos.de**

Gedruckt auf chlorfrei gebleichtem Papier

© 2009, Franckh-Kosmos Verlags-GmbH & Co. KG, Stuttgart
Das Buch ist ein Doppelband aus den beiden aktualisierten Werken
„Unser Welpe" von Perdita Lübbe und Frauke Loup,
© 2006, Franckh-Kosmos Verlags-GmbH & Co. KG, Stuttgart,
und „Hundesprache" von Barbara Schöning, Nadja Steffen und Kerstin Röhrs,
© 2004, Franckh-Kosmos Verlags-GmbH & Co. KG, Stuttgart.
Alle Rechte vorbehalten
ISBN 978-3-440-11841-2
Redaktion des Doppelbandes: Angela Beck
Gestaltungskonzept: eStudio Calamar
Produktion: Eva Schmidt, Julia Katharina Höll
Printed in The Czech Republic / Imprimé en République Tchèque